KB262025

돌파경영
돌파전략

BREAKTHROUGH:

How Great Companies Set Outrageous Objectives and Achieve Them.

By Bill Davidson

돌파경영 돌파전략

빌 데이빗슨 지음 · 이경식 옮김

Human & Books

CONTENTS...

영민하고 진실한 리사에게,
그리고 여행을 기쁘게 해주는 브래드에게…

1장 | 돌파 전략이란 무엇인가?

돌파 전략은 기업이 성공하기 위한 기본 원리이다. 모든 기업의 성공 사이클은 혁신에서부터 시작된다. 이 혁신은 다른 기업보다 효율적인 기업 활동을 가능하게 하여 성공을 보장한다. 성공을 열망하는 기업은 자신의 에너지를 한곳에 집중하고 성공의 길로 이끌어줄 돌파구를 찾고자 애쓴다. 하지만 돌파구를 찾아내는 기업은 많지 않다. 게다가 돌파구를 찾아낸다고 해서 모든 기업이 자신들의 궁극적인 목표를 달성하는 것도 아니다. 그러나 돌파 전략으로 돌파구를 찾고 애초에 설정했던 목표를 달성하는 기업은 영광의 길을 걷게 된다. 그렇지만 이것 하나는 분명히 기억해야 한다. 돌파 전략을 도입해서 보다 우월적인 경영 활동을 한다 하더라도, 이후에 지속적인 혁신을 통해서 기업의 시장 위치와 운영을 새롭게 하지 않으면 모든 것이 원점으로 돌아가고 만다. 경영자는 스스로 다음과 같은 질문을 던져야 한다.

"다음엔 언제쯤 돌파구를 마련해야 할까? 무엇으로 돌파구를 삼아야 할까?"

참담한 실패의 싹이 당신의 다음 성공 사이클에서 고개를 쳐들 수 있다. 그 순간이 올 때까지 아무 준비 없이 기다린다면, 끝장이다.

하나의 성공 사이클에서 다음 성공 사이클로 자연스럽게 넘어가기란 결코 쉽지 않다. 연속하는 두 국면 사이에는 수많은 갈림길이 있다. 이 수많은 가능성 가운데 하나를 선택해야 한다. 이 가능성과 선택이라는 문제가 바로 이 책에서 다루려고 하는 주제다.

모든 것은 랠프 왈도 에머슨의 도서관에서 시작되었다. 1992년 가을, IBM의 최고위 간부 18명이 매사추세츠 서부에 있는 에머슨의 별장에서 연차 전략 회의를 가졌다. IBM이 놀라운 경영 성과를 내었던 10년을 막 마무리하던 시기였다. 1980년대에 IBM은 미국 시장에 대한 일본 기업의 침공을 거의 완벽하게 막아내고 일본 기업을 밀어내며 역전에 성공했다. 상업적 · 정치적 · 외교적 그리고 법적인 영역 등 모든 영역의 전선에서 격렬한 전투가 벌어졌고, IBM은 마침내 일본의 기술 수준을 따라잡았던 것이다. 1990년대가 시작되면서 IBM은 세계 경제의 최고봉에 우뚝 섰다. 1990년에 690억 달러 매출에 60억 달러 이익을 기록하며 세계 최고 수익률을 자랑하는 기업이 되었다. 1990년 말에 IBM의 주식 시가 총액은 500억 달러로 미국 최대였다. IBM은 1986년 이래로 《포춘》지가 선정한 미국 내 가장 존경받는 기업이었다. 하지만 이 모든 업적들이 머지않아 물거품이 될 판이었다.

간부들이 에머슨의 도서관에 모였을 때, IBM 제국의 기둥뿌리에
는 이미 금이 가 있었다. 컴퓨터 부문 세계 시장 점유율이 1983년 37
퍼센트에서 1991년에는 23퍼센트로 떨어져 있었던 것이다.[1] 컴퓨터
가격의 하락과 고수익 대형 컴퓨터의 가파른 매출 하락이 기업 전체
의 수익률을 잠식하고 있었다. 기업 고객들은 점차 강력한 개인용 컴
퓨터와 워크스테이션으로 눈을 돌렸다. IBM이 독점하던 대형 컴퓨
터의 족쇄를 던져버리고, 보다 싸고 개방적인 시스템을 찾아 나선 것
이다.

대형 컴퓨터는 수십 년 동안 IBM의 중심적인 사업 모델이었다. 하
지만 빅 블루(제품이 청색이라서 붙여진 IBM의 별명 – 옮긴이)의 문제들
은 대형 컴퓨터에 집착함으로써 빚어진 게 아니라 전체 컴퓨터 시장
의 흐름에서 비롯되었다. AS400 개인용 컴퓨터는 1991년에 150억
달러 매출을 기록하면서 제2의 하드웨어 업체인 DEC를 압박했다.
DEC는 10년 안에 무너질 것 같았다. 워크스테이션 시장에서 RS600
은 강력한 경쟁자였고, IBM은 가격을 60퍼센트나 낮추어 공급했다.
이처럼 빅 블루는 신속하고도 적극적으로 개인용 컴퓨터(PC) 사업에
뛰어들었다. 이런 변신은 기존 업체 가운데 유일하게 IBM만이 감행
한 것이었다. 컴퓨터 사업 부문에서 새로이 형성되는 시장을 무시하
던 거만한 태도를 IBM이 마침내 버린 것이다.

하지만 이러한 변신에도 불구하고 빅 블루가 시장 장악력을 상실
했다는 느낌이 드는 건 피할 수 없었다. 개인용 컴퓨터 부문에서,

IBM이 뒤를 봐주던 인텔과 마이크로소프트가 자신들의 상표를 독자적으로 시장에 내놓기 시작했다. IBM은 일본의 경쟁자들을 강력하게 견제하며 이 핵심적인 두 공급자들이 개인용 컴퓨터 사업에 신속하고도 성공적으로 진입할 수 있도록 포용하고 지원했다. IBM은 개인용 컴퓨터의 운용체제를 도스(DOS)로 채택함으로써 마이크로소프트가 '자리를 잡게' 만들었다. 1983년에 IBM은 인텔의 지분 12퍼센트를 매입했다. 그리고 추가로 2억 5천만 달러를 쏟아 부었다. 반도체 분야에서 일본의 강력한 압력 속에서도 장기간 살아남을 수 있게 하기 위한 조치였다. IBM의 지분은 20퍼센트까지 올라갔다. 전체 주식 매입 금액은 6억 4,200만 달러에 이르렀다. 1987년에 IBM은 인텔의 주식 지분 약 1,800만 주를 10억 달러 조금 넘는 금액에 팔았다. (2000년 기준으로 보자면 그 주식 가치는 660억 달러로 올랐다.) IBM이 아니었으면 지금의 마이크로소프트와 인텔은 존재할 수 없었을지도 모른다. 하지만 이후 두 기업은 개인용 컴퓨터 시장을 자신들에게 유리하게 이끌며 컴퓨터 업계의 성장과 수익 창출 흐름을 주도할 구상을 시작했다.

인텔과 마이크로소프트의 기업 전망은 밝았지만, IBM의 재정 전망은 불투명했다. 최고경영자이던 존 에이커스는 이사들을 랠프 왈도 에머슨 도서관으로 불러 모은 뒤 두 가지 사실을 분명하게 밝혔다. 영원히 헤어날 수 없는 파탄이 당장이라도 회사를 덮칠 수 있다는 것과, 임박한 위기를 극복하기 위해서는 혁신적인 사고가 필요하다는 것이었다.

그날 에머슨 도서관에서, 지난 10년 동안의 성공을 이끌어온 경영진은 IBM의 성공 사이클이 마침내 수명을 다했다는 사실을 인정했다. 참석한 사람들이 모두 다 이 결론을 받아들인 건 아니었지만, 몇몇 사람들은 긴급 처방을 내려야 한다고 강력하게 주장했다. 에이커스를 비롯한 몇몇 경영진도 새로운 발상이 필요하다는 확신을 가지고 있었다. 하지만 이날 모임은 새로운 전략이나 출발을 준비하는 자리가 아니었다. 여태까지 IBM이 누려온 영광의 시간이 끝났다는 사실을 인정하는 것으로 마무리되었다.

그로부터 넉 달도 지나지 않아 IBM은, 첫 번째 감원 작업에 따라 50억 달러에 이르는 비용이 들어간다는 사실을 공식적으로 발표했다. 기업 역사상 최대 규모의 손실이었다. 또한 1992년 4/4분기에는 79년이라는 기업 역사상 처음으로 경영 손실이 발생했다. 현금이 심각하게 부족한 상황을 맞아서 주식 배당금을 50퍼센트 이상 삭감하기도 했다. 가장 높을 때 175달러나 되던 주가도 50달러 미만으로 떨어졌다. 일주일 뒤 에이커스는 사임을 발표했다. 그는 떠나면서 이렇게 말했다.

"IBM이 기업 활동의 중심을 옮겨가기 위해서는 새로운 리더십이 필요합니다."

살아남기 위해서 변해야 한다는 건 분명했지만, 어떻게 변해야 할지, 즉 어떤 길을 새로이 열어젖히고 나아가아 힐지는 아무도 몰랐다. 이런 어려움 속에서 IBM은 내가 속한 메사(MESA, Management Education Services Associates) 리서치에 자문을 구해왔다. 다른 기업들은 어떤 방식으로 변신에 성공했는지 알고 싶었던 것이다. 이 작업을 최초로 함께 한 이후부터 우리와 IBM은 보다 큰 연구 프로젝트를 추진했다. 지난 10년 동안 우리는 성장 혹은 변신의 다양한 단계에 놓여 있던 70개 기업(여기에는 IBM도 포함되어 있었다.)을 관찰하고 연구하는 작업을 함께 했다. 이 작업을 통해서 우리는, 돌파구를 마련해서 변신에 성공한 기업들과 그 기업의 지도자들로부터 많은 걸 배웠다.

이 책에서 내가 목표로 삼는 건, 내가 배운 이 사실들을 일반화하고 또한 예리한 정식을 도출함으로써 이 책을 읽는 독자가 성공 신화를 이룩하는 데 도움을 주는 것이다. 모든 것은 돌파 전략에서 시작된다.

돌파 전략의 기원

'돌파'라는 개념을 기업 차원의 혁신으로 생각해야 한다. 즉 새로이 떠오르는 기업의 정체성을 규정하거나 기존 기업의 핵심 전략을 재조정하자는 것이 바로 돌파라는 개념의 출발점이다. 돌파 전략은 과정에서의 혁신이라는 개념에서 비롯되었다고 볼 수 있다. 하지만 돌파 전략은 궁극적으로 완전히 새로운 사업 모델을 추구한다. 즉, 보다 나은 기업 운영 방식과 수익 창출 그리고 새로운 기업 형태와 시장에서의 위상 등의 개념을 모두 포괄하며 기업을 완전히 새로운 것으로 바꾸는 것을 의미한다.(도표 1-1 참조) 성공적인 돌파 전략은

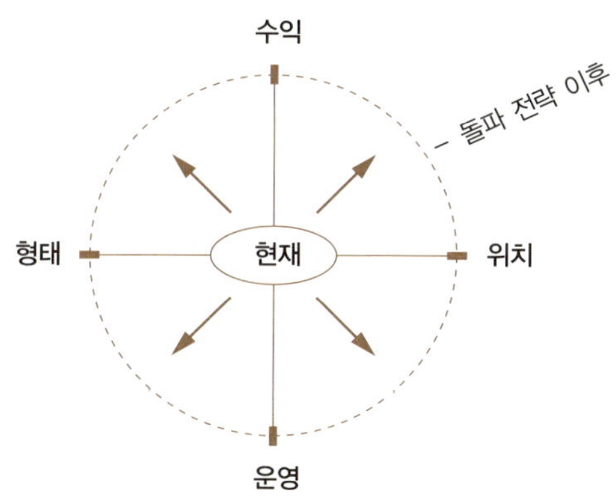

기업을 근본적으로 혁신하는 것이며, 많은 경우 기업이 현재 시장에서 차지하고 있는 위치까지도 바꾸는 것이다.

돌파 전략의 결과는 주로 수익, 기업 활동의 운영 체계, 기업의 형태, 그리고 시장에서의 위치라는 네 가지 핵심 영역에서 나타난다. 그렇다면 먼저 돌파 전략과 시장에서의 위치가 어떤 관련이 있는지 살펴보자.

시장에서의 경쟁과 위치

돌파라는 개념은 산업 구조 내의 어떤 영역에서도 적용될 수 있다. 가장 흔히 목격할 수 있는 것은 시장 진입 지점이다. 도표 1-2의 아래쪽 구름 모양의 영역은 새로운 기업 혹은 벤처 기업이라고 할 수 있는 시장 진입자들이 새로운 사업 모델을 시험하는 일종의 혼돈 영역이라고 할 수 있다. 이들 기업 가운데 극히 일부만이 시장 진입에 성공한다. 하지만 혼돈 영역에서 벗어난 기업들은 '돌파'를 해냄으로써 시장의 전체 지형을 바꿀 수가 있다.

새로 형성된 시장이라면, 최초의 혁신자는 기존 기업이 없는 상태에서 경쟁 과정을 거치지 않고 빠르게 시장 지배자로 성장할 수 있다. 마이크로소프트는 소프트웨어 패키지 시장에서 이런 과정을 밟았고, 인텔은 마이크로프로세서 시장에서 이런 과정을 밟았다. 이런 기업들이 시장 진입자에서 시장 지배자가 되기까지는 그다지 오랜 기간이 걸리지 않는다.

비록 혼돈 영역이 돌파에 가장 유리한 토양이긴 하지만, 이 돌파는 혼돈 영역에서뿐만 아니라 시장의 모든 영역에서 가능하다. 시장은 일반적으로 열 개의 위치로 구분할 수 있다. 어떤 기업이 있다고 할 때, 그 기업은 기업의 전체 생애를 통해 여러 개의 시장을 차지할 수 있다. 하지만 만일 그 기업이 자신이 속한 시장 위치를 바꾸고 싶다면, 다시 말해 상위 영역으로 이동하고 싶다면, 돌파 전략이 그 이동을 가능하게 해주는 매우 유용한 다리가 될 수 있다.

도표 1-2를 보며 간단한 예를 들어보자. A에 위치한 성공적인 벤처 기업이 B의 '반란의 성장 기업'으로 성장한다. 이 성장 기업은 낮은 시장 점유율에 비해 상대적으로 높은 가치를 인정받을 것이다. 하지만 이러한 상대적인 우위도, 이 성장 기업이 시장 점유율을 보다 많이

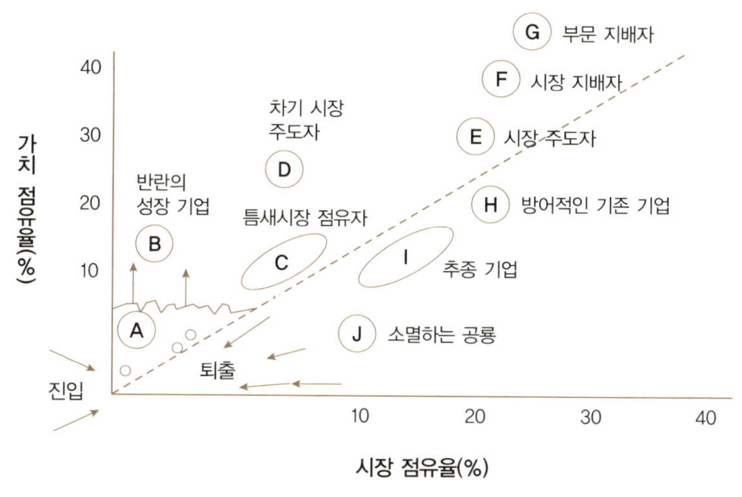

확보하면서 D의 '차기 시장 주도자' 위치로 옮겨가지 못할 경우 소멸해버린다. 성장 기업은 다음 단계의 성장 사이클로 이전하거나 아니면 다시 원래 자리로 후퇴하거나 둘 중 하나의 길을 밟게 된다.

도표 1-2는 단순한 시장 주도자와 시장 지배자를 구분한다. 단 한 번의 혁신으로 시장 점유자의 위치로 올라설 수 있다. 이걸 시장 주도자라고 한다면, 시장 지배자는 그 분야의 시장에서 가장 높은 시장 점유율을 차지할 뿐 아니라 그 분야 시장의 총 시장 가치 가운데 가장 많은 부분을 차지하고 있는 기업을 의미한다. 시장 지배자는 일반적으로, 새로운 경쟁자들 그리고 새로운 혁신에 맞서서 지속적으로 시장에서의 위치와 우월적인 수익을 유지할 수 있다는 사실을 오랜

시간을 통해 입증한 기업이다. 또한 시장 지배자들 가운데 다수는 눈앞에 놓인 시장 너머를 바라보며 관련 시장들로 확장해 나가거나, 부문 시장을 주도하거나 지배하는 위치로 올라선다.

시장에서 높은 위치를 차지하고 있는 기업 혹은 부문 지배자의 경우 성공 사이클의 정점에 서 있다. 이 궤도에 한번 올라섰다고 해서 영속적으로 그 위치를 지킬 수는 없다. 계속 이 위치를 고수하려면 끊임없이 추가 동력을 마련해야 한다. 중력 법칙은 시장 주도자와 시장 지배자에게도 작용한다. 돌파 전략이라는 개념이 없으면 이들의 시장 위치도 떨어질 수밖에 없다.

성공 사이클의 하락 국면은 기업이 시장 점유율은 그대로 유지한 채 가치 점유율이 시장 점유율 아래로 떨어질 때 시작된다. '방어적인 기존 기업'은 혁신적인 성장 기업에게 시장에서의 지도력을 빼앗길 수밖에 없다. 만일 추락이 계속될 경우, 쇠퇴하는 이 지도자는 추종 기업군으로 떨어지게 된다. 추종 기업들은 시장을 주도하는 기업을 단순 모방하는 기업들이다. 이런 기업들은 경기가 하락할 때 합병이나 도산이라는 과정을 통해 시장에서 가장 먼저 사라진다.

기업의 성공 사이클에서 두 번째로 바람직한 목표 지점은 '틈새시장 점유자'라는 시장 위치다. 어떤 시장에서 하나 이상의 기업이 어느 시기에서든 이 열 개의 시장 위치를 점유할 수 있지만, 어떤 산업에서건 의미 있는 틈새시장 점유자들이 있게 마련이다. 이 기업들은 자기들만의 경쟁력을 갖춘 특정한 시장 영역만을 고수한다. 이들은 자기들보다 덩치가 큰 기업들과의 경쟁을 피하는 대신 특화된 영역을 확보하고 방어하는 데 주력한다. 놀라운 것은, 돌파 경영의 혁신을 통해서 놀라운 성공 사이클을 만들어내는 기업들 가운데 많은 수가 바로 이 틈새시장 점유자 집단에서 배출된다는 사실이다.

틈새시장 점유자의 돌파 전략

우리와 함께 시간을 보낸 최초의 돌파 전략 기업들 가운데 하나가 틈새시장 점유자에서 성공적으로 성장한 고전적인 사례를 보여주었다. 매사추세츠의 에머슨 도서관에서 회의를 한 지 얼마 지나지 않은 때였다. 캘리포니아에서 열린 다른 회사의 회의에 참석했는데, 이 회의 분위기는 매사추세츠에서 가졌던 모임과 전혀 달랐다. 컨트리와이드 크레디트는 전례 없는 돌파의 와중에 서 있었다. 성공 사이클이 막 시작되던 시점이었다. 1980년대에 컨트리와이드 크레디트는 미국 내 대부 시장에서 틈새시장 점유자로서 위치를 굳혔다. 그들이 특화한 분야는 대부금 간접 투자의 전매 부문 거래를 중계하는 영역이었다. 1980년대가 끝나갈 무렵, 이 회사는 10억 달러의 대부 실적을 올리며 미국에서 대부금 규모로는 51위를 기록했다. 시장 점유율은 1퍼센트도 되지 않았다. 컨트리와이드 크레디트는 이 틈새시장에 머물 수도 있었다. 하지만 이들은 보다 큰 야망을 가지고 있었고, 1989년에 돌파 전략을 마련했다. 고객에게 직접 대출을 해주는 새로운 시장 개척에 나선 것이다. 컨트리와이드는 이 새로운 전략과 함께 과감한 목표를 설정했다. 미국 내 최대의 대부 기업이 되는 것이었다.

컨트리와이드는 자기보다 덩치가 열 배 이상이나 되는 경쟁자들을 기존 방식으로 맞서서는 이길 수도 없었고 따라서 그런 방식에는 눈을 돌리지 않았다. 그래서 속도와 효율성, 서비스 그리고 고객 가치 등의 측면에서 기존의 기업들을 뛰어넘을 수 있는 새로운 혁신적인 사업 모델을 채택했다. 그 결과 1992년 말, 컨트리와이드는 총 대부액 320억 달러를 기록하며 미국 내 대부업계 일인자로 우뚝 섰다. 4년 만에 매출을 거의 스무 배나 올린 것이다. 이것이 바로 돌파 전략의 힘이다.

그렇다면 컨트리와이드는 어떻게 단시간 안에 국외자나 다름없던 위치에서 시장 지배자로 올라설 수 있었을까? 그것은 돌파 전략의 혁신의 힘을 보여주는 고전적 사례라 할 수 있다. 컨트리와이드는 대부 직원들에게 강력한 온라인 도구들을 제공한다. 이 도구에는 정교한 의사결정 지원 시스템, 제3의 데이터베이스에 접근할 수 있는 장치, 그리고 상담을 통해서 (심지어 단 한 번의 상담만으로도) 대부를 결정할 수 있는 권한 등이 포함되어 있다. 전형적인 대부 승인 과정으로 하자면 열네 개 이상의 단계를 거쳐야 하고 시간도 4, 50일이 걸렸지만, 컨트리와이드에서는 단 한 사람의 직원이 불과 몇 시간 만에 (혹은 몇 분 만에) 승인 결정을 내렸다. 경쟁 업체에서는 상상도 할 수 없는 일이었다. 1992년 기준으로 대부 신청을 처리하는 데 드는 업계의 평균 비용이 2,350달러였지만, 컨트리와이드는 이걸 750달러로 줄였다. 컨트리와이드는 신용도가 높은 고객에게는 이자율을 낮

순위 \ 연도	1986년	1992년
1	시티코프	컨트리와이드
2	시티페드	프루덴셜
3	시어스	노웨스트
4	골돔	플리트/노스타
5	GMAC	케미컬
6	로머스 & 네틀론	노스아메리칸
7	커먼웰스	시어스
8	파이어맨스 펀드	네이션스뱅크
9	뱅크보스턴	뱅크보스턴
10	와이어하우저	마가레텐

출처 : Mortgage Banking, American Banker, inside Mortgage Finance

취주었는데, 이 또한 경쟁력을 높이는 요인이었다. 고객은 컨트리와이드의 이 새로운 모델에 폭발적인 반응을 보였다. 이러한 서비스를 하는 기업이 나타났는데 아는 것 많은 고객들이 기존의 대부 시스템에 만족할 리가 없었다. 컨트리와이드가 이끄는 새로운 혁신 집단이 시장을 주도하자, 1980년대에 시장을 장악했던 기존 기업들은 곤두박질칠 수밖에 없었다. 도표 1-3에서 보듯, 1986년의 상위 10개 부동산 중개 은행[주택 대출 기관과 투자자들 사이에 중개인 역할을 하는 부동산 회사: 부동산 중개 은행은 담보 증서(mortgage)를 대출 기관으로부터 매입하고 담보 사산에 내한 모든 위험을 떠안는다-옮긴이] 가운데 불과 6년 뒤에도 여전히 상위 10개 은행으로 남은 건 뱅크보스턴과 시어스 두 곳밖에 없다.

내가 아는 한, 반란의 성장 기업이 신속하고도 결정적으로 시장을
장악한 사례는 미국 내 대부 사업에서만큼 뚜렷한 데가 없다. 이 사
례에서 보듯, 안정적으로만 보이던 사업 구조는 불과 몇 년 사이에
산산조각이 나고 말았다. 도표를 통해서도 확인할 수 있듯이, 기존의
기업들은 시장에서 도대체 무슨 일이 벌어지고 있는지 깨닫기도 전
에 시장 밖으로 밀려나버렸다. 기존의 여러 기업들, 특히 웰스 파고
와 체이스는 분투 결과 복귀할 수 있었지만 다른 많은 기업들은 시장
이 재편되는 과정에서 사라지고 말았다. 현재 미국 내 대부 시장을
주도하는 기업들을 보면, 새로운 체제와 질서에 기민하게 대처한 기
존 기업과 컨트리와이드처럼 돌파를 이루어낸 기업들로만 구성되어
있음을 알 수 있다.

돌파를 성공적으로 이룩해낸 모범적인 사례 가운데 다수를 기존의
틈새시장 점유자가 차지하고 있다. 이 책 뒷부분에서, 틈새시장 점유
자라는 시장 위치에서 전체 시장의 주도권을 장악하며 때로는 시장
의 지형까지 바꾸어놓은 성공적인 돌파 전략의 사례들로 사우스웨스
트 항공, 프로그레시브 보험 등을 살펴볼 것이다. 틈새시장 점유자
영역은 돌파 전략의 훌륭한 산실이 될 수 있다. 하지만 돌파 전략은
모든 분야의 시장에 존재하는 열 군데 영역 모두에서 발휘될 수 있
다. 시장을 주도하게 될 '반란의 성장 기업'은 시장의 모든 위치에서
가능하다는 뜻이다.

돌파 전략의 힘

　돌파 전략의 혁신은 고객에 대한 서비스 기준이나 가격 경쟁력, 사이클의 주기 그리고 시장에서의 가치 점유율을 근본적으로 바꾸어놓으면서 시장을 주도하는 기업에 유리하게끔 작용한다. 또한 시장에 형성된 균형을 일거에 무너뜨리면서, 돌파해 들어가는 기업이 경쟁 기업을 상대로 해서 점유율을 창조하거나 늘릴 수 있는 공간을 형성한다.

　돌파 전략은 전형적으로, 기업의 운영이나 재정적 결과 그리고 시장에서의 위치라는 제반 측면에서 뚜렷한 성과를 이루기 위해 앞선 기술력을 사용하거나 전체 과정을 근본적으로 혁신하는, 장기간에 걸친 대규모 주도권 행사로 드러난다. 이상적인 상태로 보자면, 돌파 전략은 매출을 높이고 이윤과 수익을 높이며, 시장 점유율과 가치 점유율을 높여준다. 한마디로, 다차원적인 측면에서 경쟁력을 높여준다고 할 수 있다.

다차원적인 시장 주도력

　돌파 전략은 가격과 고객에 대한 서비스 그리고 제품 등의 측면에서 주도권을 동시에 높여준다. 이런 유형은 우리가 관찰한 수많은 돌파 전략의 사례에서 확인할 수 있다. 먼저 컨트리와이드 크레디트의 경우부터 살펴보자. 이 회사는 1990년 미국 내 대부 시장에서 돌파 전략을 수행함으로써, 당시 업계에서 평균 2,357달러이던 업무 처리

비용을 748달러로 낮추었다. 이런 수치는 컨트리와이드가 가격이라는 측면에서 놀랄 만한 경쟁력을 확보했음을 뜻한다. 또한 동시에, 특히 대부 승인 처리 시간을 90퍼센트 이상 단축함으로써, 그리고 고객에게 통합적인 서비스를 제공함으로써 고객 서비스를 획기적으로 개선했다. 이 회사는 또 고객에게 대부 기간 중 특정 시점에 이자율을 묶어둘 수 있는 기회를 제공함으로써 제품 자체에 대한 차별화된 매력을 부각시켰다. 컨트리와이드는 가격과 서비스 그리고 제품이라는 측면에서 동시에 주도권을 쥘 수 있었고, 이 다차원적인 경쟁력을 시장 주도력으로 현실화하면서 4년 만에 50위권에서 1위로 올라섰다.

사우스웨스트 항공은 여러 해 동안 업계에서 가격뿐만 아니라 고객에 대한 서비스 측면에서 주도권을 행사하는 걸로 인식되어왔다. 프로그레시브 보험과 유나이티드 서비시즈 오토모티브 보험(USAA, United Services Automotive Asurance)도 보험업계에서 가격 및 고객 서비스 측면에서 비슷한 경쟁력과 주도력을 가지고 있다. 제조업에서도 이런 유형을 확인할 수 있다. 델 컴퓨터는 개인용 컴퓨터 시장에서 가격과 사이클 주기 그리고 고객 서비스 측면에서 시장을 주도하고 있다.

이러한 사실에 비추어볼 때, 성공적인 시장 주도자들은 경쟁력 있는 단일한 요소에 초점을 맞추어야 한다는 주장은 설득력이 없다. 상품의 가격, 상품의 질, 사이클 주기, 고객 서비스 등의 전반적인 분야에서 주도권을 갖춘 기업이야말로 시장에서 주도적 역할을 할 충분한 자격을 갖춘 것이라 할 수 있다. 돌파 전략으로 다차원적인 경쟁력을 갖춘 대부분의 기업은 곧바로 시장에서 주도권을 행사할 수 있다. 물론, 경쟁력이 있는 주도권은 결코 정적인 개념이 아니다. 어떤 기업이 어떤 분야 어떤 시장에서 주도권을 행사한다 하더라도 그건 일시적인 현상일 뿐이며, 언제든 상황이 바뀔 수 있다는 사실을 명심해야 한다. 끊임없는 혁신만이 시장에서의 지도력을 보장해준다.

반反중력 효과

돌파 전략에 성공한 기업들은 주류의 경영 원칙을 무시하고 바꾸어놓는다. 몇몇 요인들이 제대로 결합할 경우, 돌파 전략에 성공한 기업은 성장을 하는 동안에도 이윤의 폭이 줄지 않고 계속 늘어난다. 간단한 예를 들어보자. 질과 서비스 그리고 제품의 특성이란 측면에서 경쟁력을 갖출 만큼 개선이 이루어질 경우 기업은 고객에게 보다 높은 수준의 만족을 줄 수 있다. 그리고 이와 동시에 비용과 사이클 주기를 줄임으로써 이윤의 폭을 늘릴 수 있다. 1990년대에 보험업계의 평균 수익률이 8.4퍼센트였지만 프로그레시브 보험은 22퍼센트를 기록했다. 1990년대의 10년 동안 이 회사의 성장률은 업계 평균을 두 배나 웃돌았으며, 동시에 자동차 보험 시장의 점유율도 다섯 배로 껑충 뛰었다.[2] 1990년대에 찰스 슈왑은 보다 인상적인 성과를 기록했다. 고개은 130만 명에서 660만 명으로 늘어났으며, 자산은 250억 달러에서 7,250억 달러로 늘어났다. 10년 동안 연평균 성장률은 45퍼센트였다. 이렇게 성장한 기간 동안 이윤율은 5퍼센트에서

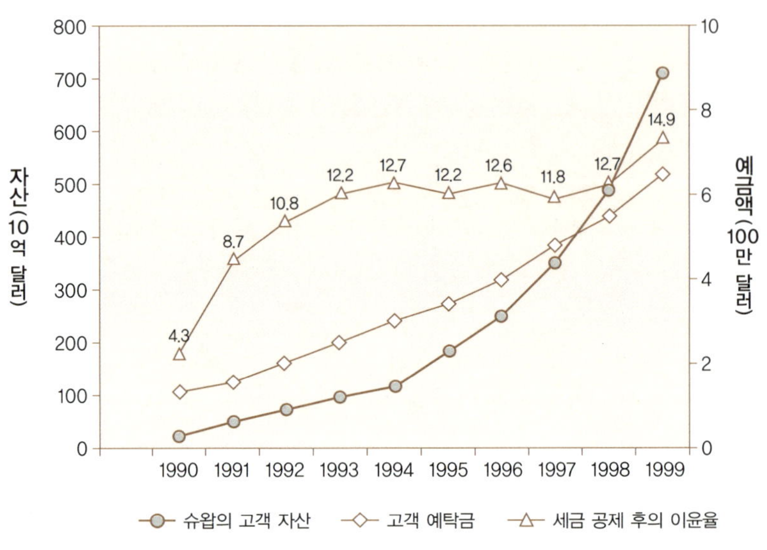

출처 : Annual reports

14.9퍼센트로 거의 세 배나 뛰었다.(도표 1-4 참조)

이런 결과들은 돌파 전략에 성공한 시장 지배자의 특징이다. 가격, 서비스, 사이클 주기 그리고 가치 점유율에서의 이런 우월적 경쟁력은 곧바로 수익과 이윤율 그리고 시장 점유율의 상승으로 나타난다.

이 책을 읽는 독자가 지휘하는 기업도 비슷한 결과를 낼 수 있다. 시장의 주도권은 기존에 존재하던 기업이든 신생 기업이든 상관없이, 돌파 전략을 훌륭하게 수행해낸 기업에게 돌아가는 것이다. 첫 단계는 당신의 기업을 돌파 전략에 초점을 맞추는 것이다.

가능성은 신생 기업, 즉 시장에 새로 진입하는 기업이 더 높을 수도 있다. 신입자新入者는 운영 체계나 일련의 과정 그리고 조직이란 측면에서 보다 자유로울 수 있기 때문이다. 또 경쟁력 확보에 초점을 맞추어 과감한 사업 모델 혹은 처리 과정을 채택할 수도 있다. 이들은 다른 분야에 의해 개발되고 검증된 기술력을 과감하게 도입해서 완전히 새로운 판을 짤 수도 있다. 신입자는 기업들이 21세기를 열어나가는 데 필요한 혁신을 해당 분야의 산업 및 시장에 끌어들이는 주체가 될 것이다.

하지만 변화에 기민하게 대응하는 기존 기업들 역시 자신의 힘만으로 혁신을 이루어낼 수 있다. 그러기 위해서는 현재 시장을 주도하거나 지배하는 기업이라 하더라도 신입자의 관점으로 냉정하게 시장을 읽어야 한다. 신입자는 시장에 형성된 현재의 제반 관계와 아무 연관성이 없다. 만일 신입자가 현재 시장에 형성되어 있는 제반 원칙이나 구조를 그대로 따른다면 결코 성공하지 못할 것이다. 새로운 전략을 마련하고 새로운 제안을 해야만 한다. 이것만이 변화하는 시장에서 우월적인 경쟁력으로 살아남을 수 있는 조건이다. 현재의 시장을 주도하거나 지배하는 기존의 기업도 시장 지배력을 계속 유지하려면 신입자의 눈으로 시장을 바라보아야만 한다.

만일 당신의 기업이 틈새시장에서 기존 기업으로 존재한다면, 이런 마음가짐으로 당신의 기업을 변화시켜야 한다. 국외자의 눈으로 냉정하게 당신의 기업을 바라보아야 한다. 관습적인 운영 체계나 조직은 제거해야 한다. 고객은 당신 기업의 내부 조직이나 실체가 어떻든 전혀 상관하지 않는다. 새로이 시장에 진입한다는 생각을 가정이 아닌 실제로 받아들이고 추진해야 한다. 과거 조직에 미련을 가져서는 결코 미래 시장에 살아남을 조직을 만들 수가 없다. 당신의 경쟁 상대는 결코 과거의 족쇄를 찬 채로 당신과 경쟁하려 들지 않을 것이다. 당신도 무거운 족쇄를 풀어야 한다. 이런 생각을 받아들이지 않으면, 언젠가 당신의 기업이 맞이하게 될 암담한 미래에 대한 준비는 불가능하다.

자, 무엇부터 시작할 것인가?

돌파 전략을 성공적으로 수행하는 기업은 일련의 태도와 접근 방식에서 공통점을 보인다. 이 핵심적인 특징들은 두 개의 범주로 구분된다. 하나는 전략적 철학과 원칙이고 다른 하나는 리더십의 철학과

도표 1-5 **돌파 전략의 원칙**

1. 과감한 목표를 설정하라.
2. 미래에 초점을 맞추어라.
3. 우선적으로 고객에 대해서 알고, 고객의 관심에 귀를 기울이고, 고객과의 관계를 생각한 다음, 비용 절감을 생각하라.
4. 현재의 활동을 개선하기보다는 공정 자체를 혁신하라.
5. 제반 기업 활동에 앞선 기술을 사용하라.
6. 궁극적으로 전체 기업을 확장시켜줄 소수의 핵심 사안에 집중하라.
7. 직원의 권한 부여를 체계화하고, 새롭고 창조적인 방식으로 인적 자원을 활용하라.
8. 돌파 전략으로 확보한 새로운 성장의 기회를 정확하게 파악하고 효과를 극대화하라.

실천이다. 먼저 돌파 전략의 기초인 전략적 요소부터 살펴보기로 하자. 돌파 전략으로 가는 길은 도표 1-5에 명기한 여덟 가지 원칙에서 출발한다.

과감한 목표를 설정하라

목표를 과감하게 설정함으로써 대안으로 채택할 과정이나 기술을 근본적으로 다시 생각할 수 있고, 이런 과정을 통해서 혁신을 이루어 낼 수 있다. 자동차 보험업계의 예를 들어보겠다. 자동차 보험업계에서 고객의 배상 청구를 처리하는 과정은, 고객이 불만을 품고 다른 기업으로 옮겨가는 데 가장 직접적인 계기로 작용해왔다. 소비자와 접촉하는 직원들은 정직하지 못한 고객으로부터 회사를 보호하는 게 자기들의 업무라고 생각하는 듯하다. 일반적으로 보험 회사들은 가입자들의 보험 불입액이 수입의 원천이기 때문에 고객에게 보험금을 지불할 때는 신속하게 처리하지 않는 경향이 있다. 고객들은 흔히 담당 직원이 성의가 없을 뿐 아니라 인정도 없다고 불평한다.

이런 일반적인 분위기 속에서 차별화된 서비스를 찾던 프로그레시브 보험은 가장 신속하고 가장 우호적인 사고 처리 서비스를 채택했다. 이를 위해서 1990년대 초에 이 회사는 언제 어디서나 즉각 상황에 대응할 수 있는 '800 전화번호 서비스'를 시작했다. 회사는 신속한 사고 처리를 지원하기 위한 팩맨(PACMAN, Progressive Automated Claims Management) 시스템을 구축하는 데 3억 달러를 투자했다. 이와 더불어 고객이 처한 문제를 우선적으로 해결하는 걸 업무의 기본으로 생각하게끔 하는 데 초점을 맞춘 감정 훈련 과정을 담당 직원들로 하여금 먼저 이수하게 했다. 새로운 접근법을 채택하자 회사의 초기 배상 청구 처리 주기가 6일로 줄어들었다. 당시 업계 평균 주기는 42일이었다. 이로 인해 고객의 만족도가 놀랄 만큼 올라갔을 뿐만 아니라 고객의 해약률도 3분의 2나 감소했다.

초기의 이런 노력 속에서 프로그레시브 경영진은 흥미로운 사실을 발견했다. 처리 주기가 짧아지면서 전체 처리 비용이 줄어들었던 것이다. 뿐만 아니라 소송 비용과 병원 관련 분쟁, 보험 사기 그리고 고객의 해약률 등이 모두 감소했다. 빠르면 빠를수록 비용은 적게 든다. 이 사실을 깨달은 최고경영자 피터 루이스는 목표를 과감하게 설정했다. 빠르면 빠를수록 고객으로서는 만족을 느끼고 기업으로서는 비용이 적게 드는 게 분명한 만큼, 고객의 배상 청구와 분쟁 조정을 최대한 신속하게 처리하기로 했다.

루이스가 설정한 과감한 목표는 기존의 체계로는 불가능했다. 결국 혁신이라는 개념이 도입되었다. 본사의 담당 센터로 전화가 걸려오면 이는 곧바로 자동차를 타고 대기 중인 직원으로 중계되며, 직원은 지체 없이 사고 현장으로 달려가는 시스템이다. 사고 현장에 도착한 직원이 맨 먼저 하는 일은 고객의 정신적 고통이나 관심을 처리하는 것이다. 그리고 직원은 자동차의 손상된 부분을 사진으로 찍어 무선 통신을 이용해 고객 센터로 전송한다. 고객 센터에서는 1,800종 이상의 차종에 대해 방대하게 축적해놓은 컴퓨터 자료를 토대로 수리비 견적을 뽑는다. 그 다음 이 내용은 곧바로 담당 직원의 자동차로 다시 전송되고, 사고를 당한 고객은 대부분의 경우 한 시간 이내에 결과를 받아보고 회사가 제시하는 보상 내용을 받아들일지 말지 판단하고 서명할 수 있다.

프로그레시브의 처리 과정은 몇 가지 중요한 원칙을 제시한다. 첫째, 과정이 고객에서 출발해 고객에서 끝난다는 것이다. 둘째, 최고의 과학 기술로 구축된 하부 구조의 도움을 받아서 문제를 그 자리에서 곧바로 해결한다는 것이다. 이렇게 함으로써 고객을 접촉하는 직원은 차량 수리비를 계산하고 때에 따라서 고객과 다투어야 하는 부담에서 벗어나 고객의 관심사에 초점을 맞추어서 인간적으로 접근할 수 있다. 셋째, 사고 처리 과정이 고객 중심으로 되어 있다는 사실이다. 구체적으로 살펴보자. 직원은 고객 센터에서 날아온 견적서와 보상 내용을 고객에게 제시하고, 만일 실제 수리비가 고객 센터에서 산출한 견적보다 많이 나올 경우 전액을 추가로 보상하겠다고 약속한다. 그 다음에는 고객에게 이렇게 말한다.

"하지만 제가 할 일은 선생님께 이 견적서를 드리고 차 잘 고치십시오, 라고 말씀드리고 돌아가는 게 아닙니다. 선생님께서 원하신다면 선생님 차를 우리 회사와 협약을 맺고 있는 부근의 정비공장으로 견인해가도록 해드리겠습니다. 파손된 부분을 제대로 정비해드리고, 정비 내용에 대해서는 저희들이 보증을 해드리겠습니다. 그리고 선생님 차가 수리를 받는 동안 렌트카를 제공해 드리겠습니다."

고객은 이제 직원이 제시한 견적 및 보상 내용을 받아들이거나, 아니면 회사에 다른 요구를 하거나 둘 중 하나를 선택하면 된다.

프로그레시브는 회사와 고객의 관계를 다음과 같이 규정하고 있다.

(우리 회사는) 고객에게 기쁨을 주는 효과적인 방식으로, 경제적 비용과 자동차 사고로 인한 고객의 정신적 충격을 줄임으로써 수익을 창출하고 기업 활동을 영속적으로 유지한다.

프로그레시브의 이 시스템이 '즉각 응답 서비스(IRS, Immediate Response Service)'이다. 이 시스템은 신속함과 고객의 만족도뿐만 아니라 비용 절감 차원에서도 획기적인 성과를 낳았다. 고객이 회사 측에 자동차 수리를 맡길 경우 회사는 비용 절감 효과를 현실화할 수 있다. 회사가 확보한 정비공장의 네트워크를 통해서 수리비를 할인할 수도 있기 때문이다. 프로그레시브의 관리 및 의사소통 체계를 정비업체 망에 도입하자 정비업체와의 관계에서 발생하는 비용도 현저하게 줄었다. 정비업체에서 수리비를 과다하게 책정하는 일도 눈에 띄게 줄어들었다. 소송비나 병원 관련 비용도 줄어들었다.

프로그레시브의 이런 접근법은, 비용은 절반으로 줄이면서도 고객에게는 더 높은 만족을 제공했다. 덕분에 회사는 자동차 보험업계의 먹이사슬에서 맨 꼭대기에 올라설 수 있었다. 결국 이 회사는, 한때는 (위험률이 높은) 특수한 영역에만 한정되었던 틈새시장에서 벗어나 이제 주류 시장에서 빠르게 성장하고 있다. 프로그레시브는 비용과 서비스라는 두 측면에서 경쟁력을 확보하고 과감한 목표를 설정해두고 있다. 세계 최고의 자동차 보험 회사가 되는 게 이 회사의 목표이다.

미래에 초점을 맞추어라

온라인이 세상을 지배하는 새로운 시기에 가장 발 빠르게 적응한 통신회사의 사례를 찾아 세계를 모두 뒤졌다. 드디어 찾아냈다. 한데 이 회사는 전혀 의외의 지역에 있었다. 캐나다의 뉴브런즈윅이었다. 뉴브런즈윅은 캐나다의 다른 지역에 비해 실업률이 높고 평균 수입은 낮은 가난한 지역이다. 이 지역의 산업은 옛날부터 정보통신 쪽과는 거리가 멀었고, 주로 사냥과 고기잡이에 의존했다.

사냥과 고기잡이는 지금도 뉴브런즈윅에서 많은 사람들이 의지하는 삶의 방식이다. 2000년에는 10만 명 이상이 사슴 사냥 면허증을 받으려고 이 지방을 찾았다. 하지만 면허증을 발부 받기 위해 이들이 모두 뉴브런즈윅을 직접 찾은 건 아니었다. 그 가운데 97퍼센트 이상이 뉴브런즈윅 텔(NB텔. 지금은 알리안트 코퍼레이션으로 이름을 바꾸었다)을 통해서 면허증을 발부 받았다. 만일 사슴 사냥이라는 계기를 전자 경제로 현실화할 수만 있다면 어떤 회사라도 엄청난 성공을 거둘 수 있는 조건이었다.

역사가 백 년이나 된 오래된 지방 통신회사인 NB텔은 자신의 사업을 통합 전자 서비스로 규정한다. 이 회사는 새로운 서비스를 고객에게 제공하는 '전자 세상의 문'(이건 그들의 표현이다)들을 창출하는 데 사업의 초점을 맞추고 있다. 전자 세상의 문은 즉각적이고 고객과 회사가 상호 작용을 하며, 또한 서비스의 내용이 통합적이라는 특징을 가지고 있다. 이 문은 또 세계를 향해서도 열려 있다. 모든 고객이 접근할 수 있는 서비스의 질을 높이기 위해서 이 회사는 1900년대 초에 개인용 컴퓨터보다는 저가의 액정 화면 전화기를 매개로 한 전자 서비스에 초점을 맞추었다. 2000년에 이르자 고객의 60퍼센트 이상이 NB텔의 파워터치 전화기를 사용했다. 보다 강력한 액정 화면을 갖춘 전화기가 등장함으로써, 고객은 은행 관련 업무나 일반 상품 구매 서비스를 받을 수 있는 '전화기 속의 백화점'에 접속할 수 있게 되었다. 이 전자 상점에서는 시어스, 로열 뱅크, 캐나다 트러스트, 사냥어업국, 시네플렉스 오데온, 오르비스 등이 고객에게 서비스를 제공하고 있다. 별점을 봐주거나 복권을 파는 서비스는 이미 널리 대중화되어 있다.

NB텔은 액정 화면 온라인 서비스를 통해서 세분화된 고객에게 구매를 자극하는 구체적인 메시지를 보낼 수 있다. NB텔은 이 신속한 티저 광고(광고에 대한 소비자의 주목도를 높이기 위한 광고 기법의 하나. 광고주나 제품을 일부러 숨겨 소비자의 호기심을 자아내는 방식이다—옮긴이) 메시지를 발송할 때마다 몇 센트의 수수료를 받는다. 만일 고객이 전화기의 '더(more)'라는 단추를 누르면 그때마다 추가 수수료를 받는다. 또 만일 고객이 '통화' 버튼을 눌러서 서비스를 제공하는 업체와 접속이 되면 다시 추가 수수료를 받는다. 고객에 대한 이러한 정보들은 축적이 되어 다시 마케팅에 활용된다. 1997년 일반 전화기를 사용하는 고객으로 인한 한 달 수입은 1인당 평균 28.65달러인 데 비해 액정 화면 온라인 서비스를 이용하는 고객으로 인한 수입은

49.85달러로 거의 두 배 가까이 되었다.

액정 화면 온라인 서비스는 통신회사의 매출을 놀라울 만큼 올려주었을 뿐만 아니라, 이보다 더 큰 규모의 비용 절감 효과를 거둘 수 있게 해주었다. NB텔은 1992년 이 지역의 병원에 도입된 ASAP 서비스를 확장하기 위해 'NB텔 익스프레스'라는 시스템을 구축했다. ASAP는 병원에 입원하거나 혹은 퇴원하는 환자가 하루 24시간 가운데 언제라도 (낮이든 밤이든!) 전화기를 통해 전화 서비스를 중단하거나 혹은 중단된 서비스를 계속할 수 있게 하는 제도였다. NB텔 익스프레스는 고객이 스스로 서비스를 중단하거나 시작할 수 있게 하고, 필요한 서비스 내용을 요청하게 하고, 요금 청구서를 결제하게 하고, 전화기의 기능을 추가하거나 삭제하게 하고, 또 언제라도 필요한 통신 서비스를 구매할 수 있게 했다. 이 모든 과정을 고객이 직접 전화기의 버튼을 눌러서 신청하면 자동으로 처리되게 했다.

NB텔은 서비스 수준을 한층 높이면서도 고객 서비스 비용을 현저하게 줄였다. 1992년에 NB텔이 각 고객의 서비스 요청을 처리하는 데 든 평균 비용이 11.27캐나다달러였지만, 2000년에는 이 비용이 5캐나다달러 미만으로 떨어졌다. 또 2000년에는 NB텔 익스프레스를 이용해서 고객이 직접 처리하는 비용이 전체 처리 비용의 절반을 넘어섰다. (한편, 현재 미국 통신회사가 들이고 있는 평균 비용은 20달러이며, 게다가 미국에서의 고객 콜서비스 3분의 2는 한 번에 끝나는 게 아니라 두 번 이상 반복된 요청 내용이다!) NB텔의 2002년 평균 처리 비용은 2.31캐나다달러였으며, 모든 서비스의 90퍼센트 이상이 직원의 도움이나 연결 없이 고객이 NB텔 익스프레스를 통해서 혼자 알아서 처리한다. 이렇게 함으로써 NB텔은, 비용은 현격하게 줄이면서도 고객에 대한 서비스 질을 높이는 데 더 많은 투자를 할 수 있게 되었다. NB텔은 고객이 NB텔 익스프레스를 통해서 직접 서비스를 처리할 때 드는 비용은 12캐나다센트밖에 되지 않을 것으로 추정한다.

NB텔이 초기에는 주로 파워터치 액정 화면 전화기에 노력을 집중했지만, 지금은 개인용 컴퓨터와 텔레비전 쪽에 공격적으로 투자하고 있다. 액정 화면 전화기가 전자통신 사업 분야를 형성하는 데 상대적으로 낮은 기술력이 필요했다면, NB텔이 확장된 영역을 대상으로 새로이 노력을 기울이는 분야는 보다 높은 기술 수준을 요구한다.

최고경영자인 게리 폰드는 다음과 같이 말했다.

우리는 한계가 있는 좁은 전자통신 영역에서는 살아남을 수 없습니다. 하지만 우리의 몸체를 바꾸지 않고서 확대된 영역을 대상으로 투자를 할 수는 없습니다. 문제는 새로운 서비스를 전개하느냐 마느냐가 아닙니다. 우리 자신을 바꾸는 게 문제입니다. 영역을 확대해서 새로운 네트워크를 형성한다는 건 우리를 통합적인 전자 서비스를 제공하는 기업으로 새로이 규정하는 것입니다. 이걸 좁은 전자통신 영역에서는 해낼 수 없습니다.

다른 전자통신 업체들이 광역 네트워크 구축 계획을 철회할 때 NB텔은 공격적으로 밀어붙였다. 다른 기업들은 기술적 불확실성 그리고 재정적 어려움 등의 이유로 기회를 놓치고 말았다. 다른 기업들이 확장된 영역에서 성공에 대한 불확실성과 막대한 투자비 때문에 망설이고 있을 때 NB텔은 명확한 계획을 세웠으며 지금은 그 시장을 현실화시켰다. 2002년에 이르면 이 지역 가구의 60퍼센트 이상 그리고 기업의 90퍼센트가 이 광역 네트워크에 가입했다.

오늘날 NB텔의 광역 네트워크는 한 달에 20캐나다달러라는 놀라운 가격으로 각 가정에 초당 10메가바이트의 전송 서비스를 제공하고 있다. 이 기본적인 서비스 외에도 인터넷 접속과 VIBE라는 콘텐츠 서비스를 각각 20캐나다달러로 제공한다. 이 회사는 이 지역 인터넷 접속 시장의 70퍼센트를 차지하고 있는데, 이는 북미에서 인터넷 접속 사업을 하는 어떤 전자통신 회사도 감히 상상하지 못하는 높은 점유율이다. VIBE는 이 회사가 독점적으로 제공하는 포털 사이트로서 스포츠, 날씨, 오락 등의 콘텐츠를 제공한다.

NB텔의 사업 모델을 볼 때, 이 기업은 각 고객이 전화기와 TV, 개인용 컴퓨터라는 확장된 영역에서 정보를 주고받는 광역 전송 서비스를 받길 원하며, 월드와이드웹과 VIBE 콘텐츠 패키지에 접속하고 TV 서비스를 위해 인터넷 엑서스 서비스 받기를 기대한다고 볼 수 있다. 이 모든 서비스를 NB텔은 패키지로 제공할 수 있으며 또한 제3의 조직을 통해서 제공할 수도 있다. 이 회사는 지금 이 모든 것들로 구성되는, 수위 '영상 네트워크'라는 새로운 분야를 개척하고 있다. 이 회사는 북미에서 최초로 진정한 의미의 광역 전자통신 네트워크를 구성하고 있다. NB텔은 뉴브런즈윅을 인류의 전자 생활을 실험하는 '천연 실험실'로 생각한다. 광역 멀티미디어 패키지의 한 부분으로서 이런 다양한 서비스들을 축적하는 걸 NB텔은 통합 전자 서비스라고 부른다.

진정한 21세기 네트워크를 즐기려면 뉴브런즈윅으로 이사를 가야 할까? 그럴 필요는 없다. NB텔이 직접 우리를 찾아오기 때문이다. 1991년부터 NB텔은 이런 노력을 시작했다. 그해에 NB텔은 이웃한 세 개의 통신회사를 합병해서 알리안트 코퍼레이션을 창립했다. 알리안트는 NB텔의 성공 사례를 보다 많은 사람들에게 알리고 그들이 함께 혜택을 누릴 수 있게 했다. 알리안트는 최근 미국의 메인과 뉴햄프셔까지 영역을 확장했다. 이 지역에 광역 인터넷 서비스 업체인 프렉사라는 회사를 세운 것이다. 알리안트는 또 자신의 기술과 서비스를 담을 새로운 장치를 개발하고 있다. 그리고 이노바티아라는 자회사를 세워서 다른 전자통신 회사를 통해서도 서비스가 가능한 분야를 개발하고 있다. 이 자회사의 임무는 다음과 같다.

> 고객에게 새로운 인터넷 서비스를 제공하고자 하는 정보통신 회사, 정부, 그리고 기타 업체에 광역 인터넷 프로토콜(IP, Internet Protocol)을 응용한 서비스들을 제공하는 것.[3]

이노바티아를 비롯한 알리안트의 새로운 사업 단위들은 지금 알리안트 전체 매출액의 51퍼센트 이상을 기록하고 있다.

알리안트는 또한 '전자 채널 구축자'로서도 활발한 활동을 한다.

알리안트는 뉴브런즈윅을 전자처리 분야의 중심지로 만들었다. 백 개가 넘는 기업이 뉴브런즈윅에 전자처리 본부(콜 센터)를 설립했다. 이들을 유치하는 데 NB텔은 적극적이었다. NB텔은 충분히 여유가 있는 광통신을 비롯해서 네 개의 재난복구 센터 등 세련된 디지털 하부 구조를 구축했으며, 컴퓨터와 전화기의 통합 서비스 패키지를 제공했고, 이 모든 것들을 각 기업의 전자처리 본부에 완성품 인도 방식으로 제공했다. 이 지역에 있는 콜 센터들이 수신한 총 통화량은 1996년 1억 8,100만 분이던 것이 2001년에는 10억 분으로 늘어났으며 그후로도 빠르게 증가했다. 콜 센터들은 이 지역에 만여 개의 일자리를 창출했고, NB텔의 매출도 크게 신장시켰다. 어쩌면 이 책을 읽는 독자도 HFS 호텔을 예약하거나 캐나다 항공을 이용하면서 NB텔이 제공하는 서비스를 이미 받았을지도 모른다.

해안 지방의 전통적인 통신 서비스 영역을 넘어 새로운 시장을 개척하려 한 알리안트의 노력은 지금 결실을 맺고 있다. 캐나다의 대서양 연안 지역 이외에서 발생하는 매출액이 2001년에는 전체 매출액의 20퍼센트를 넘었다. 불과 몇 년 전만 하더라도 이 부분의 매출이 전무했던 걸 생각하면 놀라운 일이 아닐 수 없다. 지역 전화나 장거리 전화 등의 전통적인 시장 영역의 매출은 2002년 전체 매출액에서 50퍼센트도 되지 않는다. 다른 전자통신 업체들이 21세기 전자 경제의 한 영역을 치지하려고 힘거운 투쟁을 할 때, NB텔(지금은 알리안트의 한 부분이 되었다)은 그 작은 덩치에도 불구하고 미래를 열고 또 주도하고 있다. 최고경영자인 게리 폰드는 이렇게 말한다.

"작은 도시의 별 볼일 없는 사람들이라고 해서 큰 도시의 잘 나가는 사람이 되지 말란 법은 없지 않습니까? 기업도 마찬가지죠."

미래에 초점을 맞춤으로써 알리안트는 점차 커져가는 전자통신 부문에서 선두 주자의 입지를 굳힐 수 있었다.

조직 운영을 극대화하기 위해 선진 기술을 활용하라

선진 기술을 사용하지 않고도 돌파 전략을 이루어낼 수 있겠지만, 사실 그런 경우는 거의 찾아보지 못했다. 특히 정보통신 기술은 돌파 전략에서 중심적인 역할을 한다. 수많은 조직이 새로이 개발된 선진 기술을 채용하는 데 소극적이지만, 돌파 전략으로 성공한 기업들은 예외 없이 모두 새로 개발된 기술을 가장 먼저 도입했다. 뿐만 아니라 새로운 기술 개발에 직접 나서기도 했다. 돌파 전략을 채택한 기업들은 기술 개발 회사와 밀접한 관계를 유지한다. 성능 테스트를 자청하기도 하며 선진 기술에 대한 적응력을 키운다. 이들 기업이 기술과 시스템 개발에 투자하는 비용을 다른 업체와 비교하면 많은 게 아니다. 결코 평균 이상으로 투자하지 않는다. 대신 이들은 자신이 채택한 전략을 지원할 핵심적인 선도적 기술에 집중해서 투자한다.

유타에 본부를 둔 트럭 운송업체인 CR 잉글랜드가 바로 이 주제에 관한 가장 좋은 사례가 될 수 있다. 돌파 전략에 성공한 다른 기업들처럼 CR 잉글랜드의 혁신 작업도 위기에서 비롯되었다. 1980년대에 주와 주 사이의 트럭 운송 사업이 침체에 빠지자 업체들 사이에 가격 경쟁이 치열해졌다. 그 결과 수많은 업체들이 문을 닫아야 했다. 불과 몇 년 사이에 대규모 트럭 운송업체 가운데 3분의 1이 사라졌다. 이런 상황에서 CR 잉글랜드는 담당 관청으로부터 안전 규정을 어겼다는 지적까지 받았다.

이런 위기 상황에서 이 회사는 기존 방식과 경영 철학을 버리지 않을 수 없었고, 트럭 운송업에 기술 선두 주자로 나서게 되었다. 1980년대에 이미 잉글랜드는 위성수신 장치를 운송업계에 도입했다. 이로써 회사 소유 트럭들의 일정과 위치를 확인하거나 화주와 약속한 시간에 맞추는 데 훨씬 유리할 수 있었다. 1990년대에 퀄컴이 2세대 옴니트랙 위성 수신 시스템을 선보이자, 잉글랜드는 곧바로 (두 달 안에!) 회사 소속 트럭 1,400대에 모두 이 장치를 장착했다. 이 장치 덕분에 모든 회사 차량의 위치를 정확하게 파악할 수 있었으며 손쉬운 양방향 통신도 가능하게 되었다. 뿐만 아니라 자동차의 속도나 연료 소비 정도 그리고 컨테이너의 내부 온도 등을 본부에서 자세하게 파악할 수 있게 되었다.

CR 잉글랜드는 또한 운송업계에 전자 자료 교환(EDI, electronic data interchange) 시스템을 처음으로 도입했다. 이 장치가 도입되자 고객은 운송되는 화물의 상태와 예상 도착 시간 등을 정확하게 예측할 수 있을 뿐만 아니라 이에 기반해서 온라인상으로 결제도 할 수 있게 되었다. 이렇게 해서, 청구서 작성에서 최종 결제에 이르기까지 송장送狀 한 건당 비용을 5달러 이상에서 15센트로 낮추었다. 또한 화물을 싣고 내리는 시각을 95퍼센트 이상의 경우에 예상보다 두 시간을 넘지 않게 맞출 수 있었다. 양방향 통신과 세부적인 일정 계획으로 CR 잉글랜드는 운송업계에서 선두 주자가 될 수 있었다.

CR 잉글랜드에서 보다 나은 서비스를 제공하자 곧바로 비용 절감이 뒤따랐다. 트럭의 운송률은 다른 업체에 비해 훨씬 높았다. 게다가 모니터를 통한 트럭의 원격 점검 그리고 혁신적인 유지·보수 체계로 인해서 트럭 한 대의 한 달 평균 주행 거리를 지난 5년 동안 1,600킬로미터 이상으로 끌어올렸다. 이렇게 해서 개인 기업인 CR 잉글랜드는, 상위 100개 업체의 절반이 지난 20년 동안 도산하는 상황에서 업계 최고의 수익률을 올렸다.

CR 잉글랜드의 성공비결은 이 회사가 말하는 '정보 경영(MBI, Management By Information)'에 있었다. 이 관점은, 회사 내의 모든 활동은 관찰할 수 있으며, 계량적으로 측정할 수 있으며, 개선할 수 있다는 사실을 전제로 한다. CR 잉글랜드의 경영 철학으로 볼 때, 측정할 수 있는 건 무엇이든 개선할 수도 있다. 이 기업은 모든 기업 활동에서 가장 앞선 정보기술로 무장했다. 회사가 거둔 눈부신 성공에도 불구하고 최고경영자인 댄 잉글랜드는 이렇게 말했다.

"우리는 다음 단계로 넘어가야 합니다. 우리는 지금 점차 틀에 박혀 나태해지고 있습니다."

이런 태도야말로 돌파 전략으로 시장을 지배하는 기업의 전형적인 모습이다. 돌파 전략을 성공적으로 수행한 기업은 결코 기술 그 자체에 관심을 가지지 않는다. 이들이 관심을 갖는 건 그 기술을 어떻게 회사 운영에 적용할 것인가 하는 것과 회사의 전략을 지원하는 데 과연 그 기술이 얼마나 유효할까 하는 것뿐이다. CR 잉글랜드처럼 회사의 모든 활동을 면밀하게 관찰하고 돌파구를 마련하는 건 돌파 전략의 가장 보편적인 모습이다.

공정을 혁신하라

돌파 전략에 성공한 기업은 이익을 늘리는 것보다 앞으로 과감하게 전진하는 것에 초점을 맞춘다. 이런 근본적인 철학이 있었기에 가장 오래된 기업도 괄목할 만큼 새로운 모습으로 바뀔 수 있었다.

아메리칸 스탠더드는 1980년대 말, 블랙 & 데커로부터 적대적 인수합병의 대상이 되었다. 회사의 경영진은 종업원 지주제와 정크본드를 통해 마련한 돈으로 경영권 방어에 나섰다. 결국, 경영권은 지켰지만 회사는 표면 이자율이 10퍼센트가 넘는 수십억 달러의 빚을 지게 되었다. 노스아메리칸 주택건설이 뛰어들던 1990년대에 아메리칸 스탠더드는 이 엄청난 빚더미 아래에서 허덕이고 있었다. 재정 위기에 봉착한 최고경영자 엠마뉴엘 '마노' 캄포리스는, 빚을 갚아나갈 자원은 내부에서 찾아야 한다는 결론을 내렸다.

회사는 유동자산, 특히 재고의 감축을 목표로 설정하고 '수요 흐름 기술(DFT, demand flow technology)' 이라는 혁신적인 프로그램을 도입했다. 이것은 완성품의 재고를 줄이기 위해서 주문 생산에 초점을 맞추는 방식이었다. 아메리칸 스탠더드는 완성품의 재고를 유지하던 기존 방식에서 탈피해, 고객의 주문에 따라서만 제품을 생산하는 방식을 채택한 것이다. 또한 이 회사는 생산 활동의 주기를 축소해서 완성품 생산 중에 발생하는 재고까지도 현저하게 줄였다. 캄포리스는 이 방식을 '회전주기를 두 배로(TNT, Twice Net Turns)' 라고 불렀다. 목표는 생산 재고량을 반으로 줄이고 현금 5억 달러를 확보해 빚을 갚아나감으로써 회사를 파산에서 구하는 것이었다.

캄포리스는 현금이 지출되는 보상 제도는 모두 철폐했다. 대신 유동자산이 5천만 달러씩 감소할 때마다 1천 명에게 수표를 지급했다. 2001년 매출액 대비 유동자산 비율이 10퍼센트에서 2001년에 2퍼센트 수준으로 떨어졌다. 유동자산이 무려 3분의 2나 줄어든 것이다. 마침내 아메리칸 스탠더드는 재정 위기를 극복하고 살아남았다. 또 1995년에 신제품을 출시하며 재기에 성공했다. 캄포리스는 과감한 목표를 새로 제시했다. 유동자산 가치를 마이너스 수준으로 떨어뜨리겠다는 것이었다. 이 놀랍고도 과격한 목표는 공정의 혁신을 통해서만 가능한 것이다. 돌파 전략은 내일 채택할 공정을 창조하는 것이지 오늘의 공정을 개선하는 것이 아니다.

비용 절감보다 고객에 대한 배려를 먼저 생각하라

고객 가치의 비율 구성을 새로 설정하는 것은 모든 돌파 전략의 핵심 사항이다. 프로그레시브 보험은 보다 경쟁력 있는 고객 관계 모델을 구축하는 데 성공함으로써 고객 관계를 새로이 설정했다. 결과는? 매출액과 시장 점유율 그리고 시장 가치가 모두 증가했다. USAA는 군 장교와 이들의 가족이라는 특수한 영역에서 자동차 보험을 판매하는 회사로 출발했다. 시장 지향 기업인 USAA의 진가가 발휘된 것은 시장이 포화 상태에 이르렀을 때이다. 군 장교를 대상으로 하는 자동차 시장에서 90퍼센트 이상의 점유율을 차지한 이 회사는, 핵심 상품을 들고서 새로운 시장으로 들어가지 않고, 대신 회사의 핵심 고객들을 대상으로 상품을 다양하게 제시하고 판매하는 길을 택했다. 고객에 대한 서비스가 훌륭했고 고객 만족도가 높았기 때문에, USAA는 자동차 보험뿐만 아니라 모든 보험 상품과 여러 금융 서비스에까지 고객 관계를 넓혀나갈 수 있었다.

이러한 변화, 즉 기업의 변신을 성공적으로 이끌기 위해 USAA는 1990년대에 과감한 목표를 설정하는 동시에 돌파 전략을 채택했다. USAA는 모든 고객의 요청과 불만을 단 한 차례의 접촉만으로 처리할 것을 목표로 삼았다. 이 목표는 애초에 비용을 줄이고자 하는 게 아니라 고객에 대한 서비스를 높이기 위해 세운 것이었다. 이러한 고객 서비스는 고객을 기존 제품에 계속 붙잡아두기 위해서뿐만 아니라 다른 제품으로까지 관계를 확장하기 위한 것이다. 이런 목적을 달성하기 위해서는 회사의 모든 제품, 즉 자동차 보험 · 생명 보험 · 건강 보험 · 재산 보험 등을 지원할 통합적인 고객 서비스 접근이 필요했고, 새로운 하부 구조가 필요했다. 이에 따라 형성된 기업 정보망은, 고객과 접촉하는 과정에서 필요할지도 모르는 모든 제품과 자원 그리고 조직 활동 전반에 관한 정보를 고객과 접촉할 담당자가 온라인으로 접근해서 확인할 수 있도록 지원했다. 그리고 정교한 응답 체세는 고객의 부름을 빌은 뒤 적절한 곳으로 고객을 유도하고, 이어서 의사 결정 지원 체계는 고객의 요구와 불만을 담당자가 빠르게 처리할 수 있도록 도와준다. 1995년이 되면, USAA의 고객이 제기한 요

구와 불만 가운데 95퍼센트 이상이 최초 단 한 번의 접촉으로 해결
되었다.

오늘날 USAA는 군 장교와 그 가족으로 구성된 고객 집단에게 생
명 보험과 재산 보험, 건강 보험 그리고 모든 금융 상품을 제공하고
있다. 그리고 USAA의 고객 가운데 하나 이상의 보험 상품을 이 회사
에서 구매하는 고객이 점차 늘어나고 있다. 하지만 USAA에는 단일
한 고객 지원 체계가 마련되어 있어서, 고객이 아무리 복합적인 요구
를 한다 하더라도 어렵지 않게 처리할 수 있다. USAA는, 서비스의
질을 높이는 게 궁극적으로 어떻게 고객 관계를 확장시키며 보다 많
은 수익을 안겨주며 회사를 성장시키는지 살펴볼 수 있는 좋은 사례
이다.

인적 자원을 창조적으로 활용하라

돌파 전략은 궁극적으로 업무의 내용과 직원의 역할을 재조정한
다. 프로그레시브의 고객 담당 직원은 과거에 오전 아홉 시부터 오후
다섯 시까지 본부의 작은 칸막이에 앉아서 전화통을 붙잡고 일을 했
다. 하지만 지금은 움직이는 사무실, 즉 자동차를 타고 열두 시간 일
을 한다. 비록 때로는 별일 없이 한가한 시간을 보내기도 하지만 많
은 경우 이들은 현장에서 응급 상황이나 고객의 정신적인 외상 그리
고 기타 복잡하고 어려운 상황에 직면한다. 이들이 지금 하는 일은
어쩌면 응급 의료 요원이 하는 일과 비슷할지도 모른다. 돌파 전략의
성과를 성공적으로 이끌어내기 위해서는 이들 직원에게 적절한 재교

육을 시키는 게 필수적이다. 하지만 직원들은 돌파 전략을 통해 재규정되는 이런 새로운 업무 내용을 과거에 하던 일보다 훨씬 더 만족스럽게 받아들인다.

과거에 커다란 기계 속에서 단지 톱니바퀴로만 기능하던 컨트리와이드 크레디트의 대부 담당 직원은, 이제 대부 승인 결정권을 가지고서 고객을 만난다. 고객에게 보다 나은 서비스를 제공하면서도 고객의 요구와 불만 사항을 신속하고도 정확하게 처리할 수 있는 강력한 지원 체계가 고객과 접촉하는 이들 직원을 뒷받침하고 있기 때문에 가능한 일이다. 결과는 여러 측면에서 매우 만족스럽게 나타난다. 직원들은 고객이 느끼는 만족감으로 보상을 받고, 또 생산성 향상으로 인해 가능하게 된 경제적인 보상을 받는다. 뿐만 아니라, 업무의 자율성과 권한을 누리며 성장하는 기업의 조직원으로서 한층 안정된 직업 기회를 보장받는다. 이처럼 돌파 전략을 수행하는 기업들은 직원의 상상력과 창의성을 최대한 보장하면서 이들이 자신의 업무를 창조적으로 재해석하고 업무 활동을 최대한 풍성하게 이끌어나갈 수 있도록 해준다.

새로운 기회를 파악하고 잡아라

돌파 전략은 미처 예상하지 못했던 새로운 기업 성장의 기회를 마련해준다. 돌파 전략에서 새로이 채택한 혁신적인 기술이나 공정이 특이하면 할수록, 이런 기회가 발생할 가능성은 더 높아진다. 하지만 이런 기회를 제대로 알아보지 못한다면, 기회는 사장되고 만다.

프로그레시브 보험이 맨 처음 고객의 배상 청구 처리 과정을 혁신적으로 개혁한 결과 이 회사의 시장 위치가 바뀌었다. 하지만 그것뿐만이 아니었다. 자동차 보험업계 전반을 새로이 규정하게 된 것이다. 프로그레시브는 지금 고객의 차량에 전자 위치 추적 장치를 장착하려는 계획을 추진 중이다. 이 장치는 만일의 경우 고객 차량이 사고를 당했을 때 고객에 대해 보다 빠르게 조치를 취할 수 있게 해준다. 뿐만 아니라 프로그레시브는 이 새로운 장치를 보다 다양한 방식으로 활용할 수 있다. 고객 차량의 위치를 파악할 수 있다는 사실은 도난 차량의 회수율을 높일 수 있다는 뜻이고, 이는 곧바로 자동차 보험 상품의 원가를 낮춤으로써 고객 서비스의 질을 더욱 높일 수 있다는 사실로 이어진다. 이 영역의 가장 최근 기술은 양방향 이동 통신이 가능한 위성 수신 장치이다. 이는 위치 파악뿐만 아니라 양방향 통신까지 가능한 장치이다. 이 신기술은 일련의 새로운 서비스를 가능하게 해준다. 길 찾기 서비스라든가 자동차 상태에 관한 원격 진단 서비스 그리고 도난 방지 서비스 등을 예로 들 수 있다.

이런 상상을 한번 해보자. 차를 타고 가던 중에 갑작스럽게 사고가 난다든가, 응급 환자가 생긴다든가, 납치를 당한다든가 혹은 기타 여러 위급한 상황이 일어날 수 있다. 프로그레시브는 자동차를 타고 대기 중인 고객 담당 직원을 사고 현장으로 급파해 이 문제를 처리하게 할 수 있다. 이런 21세기형 서비스는 보험 산업의 무게중심을 재정적 측면에서 전반적인 삶의 질이라는 측면으로 이동시킨다.

전통적인 보험 판매 직원은 이렇게 말했다.

"선생님이 우리 상품을 사실 경우, 선생님이나 저희 회사나 이 보험의 효력이 발생하는 걸 원하지 않을 겁니다. 하지만 만일 그런 상황이 일어날 때, 저희들에게 연락을 주십시오. 그러면 시간을 정해서 저희 회사 직원과 만나실 수 있을 겁니다. 선생님은 그 직원과 재정적 문제를 상의하시면 됩니다."

하지만 새로운 서비스 모델을 판매하는 직원이라면 이렇게 말할 것이다.

"선생님이 우리 상품을 사실 경우, 선생님이나 저희 회사는, 선생님에게 이 보험이 필요하게 될 상황이 결코 오지 않기를 원합니다. 하지만 만일 그런 상황이 일어나면, 곧바로 저희들에게 연락을 주십시오. 곧바로 달려가서 선생님의 문제를 해결해드리겠습니다."

단순히 재정적인 문제를 처리하는 것에서 즉각적인 서비스를 제공하는 것으로 보험 업무의 초점이 이동한다는 사실은 보험 시장의 환경과 지형을 완전히 뒤엎는 것이다.

보험 회사의 주된 업무는 현재 사고 현장의 서비스 재원을 동원하고 조정하는 일로 바뀌었다. 고객은 과거처럼 단순히 재정적인 보호를 받으려고 보험 상품을 구매하는 게 아니라, 회사의 서비스 능력까지 동시에 기대하며 보험 상품을 선택하고 구매한다. 무게중심이 계리사나 회계사 그리고 재정 전문가의 손을 떠나 현장에서 서비스를 제공하는 쪽으로 이동하고 있는 것이다. 프로그레시브는 이런 현상을 포착함으로써 시장에서 획기적 성장을 이룩했다.

이 분야의 개척자로서 프로그레시브는 이 거대한 기회를 주도적으

로 이끌고 있다. 과연, 무엇이 이런 기회를 낳았을까? 고객의 불만을
우호적이고도 신속하게 처리하겠다는 열정, 고객에 대한 관심, 하루
가 다르게 발전하는 과학기술과 관련한 실험 정신, 업무 처리 과정에
대한 혁신 등을 들 수 있다. 이것 말고도 돌파 전략을 성공적으로 이
끌어낸 시장 지배자의 여러 특성들도 물론 포함된다.

경영의 마술

돌파 전략에 성공한 기업들을 보면 애써서 어렵게 이룩한 마술적
인 특징을 발견할 수 있다. 이들은 일반적으로 주류의 경영 논리, 특
히 사업에서 '하나를 주고 하나를 받는' 전통적인 제로 섬(zero sum)
의 개념을 폐기하고 있다. 기존의 기업계에는 고객 서비스를 개선하
면 필연적으로 비용이 증가하고 효율성이 떨어진다는 생각이 광범위
하게 퍼져 있다. 그렇기 때문에 기업의 지도자들은 늘 보다 나은 서
비스를 선택할 것인가 아니면 원가 절감을 선택할 것인가 고민해왔
고, 또 지금도 고민하고 있다. 하지만 이런 사고방식은 때로 바람직
하지 못한 결과를 빚는다. 직원을 해고함으로써 비용을 줄이는 원시
적인 방식은 결국 직원들의 사기와 충성심을 떨어뜨리고 궁극적으로
고객에 대한 서비스까지 떨어뜨린다. 돌파 전략에 성공한 기업들을
살펴본 결과, 효율성과 서비스라는 두 가지 요소 가운데서 어쩔 수
없이 하나를 선택할 수밖에 없다는 발상은 원천적으로 잘못되었다는
사실이 밝혀졌다.

돌파 전략에 성공한 기업들은 효율성의 열매를 따먹으면서도 고객

에 대한 서비스 수준을 끌어올렸다. 프로그레시브 보험은 고객들에게 경쟁자들보다 훨씬 나은 서비스를 제공하면서도 자동차 수리비를 절감할 수 있었다. USAA의 고객 만족도는 동종 업계의 부러움을 사고 있지만, 이들의 가격 경쟁력 역시 부러움의 대상이다. CR 잉글랜드를 면밀히 살펴보면, 트럭 운송업계에서 이 업체가 최고 수준의 서비스로 고객을 만족시키면서도 단위 운송 거리당 비용이 가장 낮다는 사실을 알 수 있다.

고객 서비스 수준을 올리면서도 생산성을 높일 수 있는 돌파 전략 관점에 서면, 이것 아니면 저것이라는 식의 전통적인 맞바꾸기 논리는 성립하지 않는다. 돌파 전략에 성공한 기업들은 속도 면에서 놀라운 진전을 이루어냈으며, 정확도와 제품의 질 역시 한층 높였다. 주문 생산 방식 등으로 사이클의 주기를 놀라울 만큼 단축시키면서 동시에 한층 높은 수준의 서비스로 개인 고객들을 만족시켰다.

이들 기업은 최상의 업무 활동을 새로이 규정할 수 있음을 증명했다. 이들은 이것 아니면 저것 식의 전통적인 사고방식을 부정하고 다차원적인 측면을 모두 만족시키는 리더십을 강조한다. 하지만 이건 다이아몬드의 한 면일 뿐이다. 돌파 전략은 업무 활동에 대한 최상의 방식을 제공하는 동시에 시장 상황을 바꿀 만큼 커다란 성장 기회를 창출한다.

돌파 전략에 성공한 기업들의 사례를 보면, 현재의 핵심 사업에서 최상의 공정을 추구할 경우 곧바로 새로운 시장 영역이 열린다는 사실을 알 수 있다. 뜨개질 기술과 숙련도를 이용해서 뜨개질에 몰두하

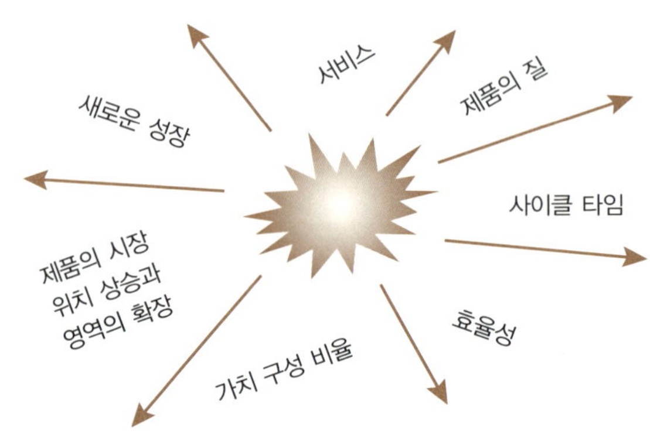

던 사람이, 처음에는 순전히 재미로 시작했다가 마침내 그 일을 직업으로까지 삼게 되었다는 최근 사례는 강력하면서도 가장 적극적인 비유가 아닐까 싶다. 이들 기업은 전형적으로 제품 혹은 사업의 다각화에는 관심을 기울이지도 않고 핵심적인 업무 영역과 주력 시장에 집착하는 경향을 보인다. 하지만 역설적이게도, 핵심 영역을 강화하기 위해 추진한 사업들이 새로운 영역에서 강력한 성장 근거를 마련해주었다. 깊게 파고들어 당신의 기업이 처한 운영상의 문제를 해결하라. 그리고 과감한 해결법을 찾아내라. 그러면 광대하고 새로운 시장 기회를 발견할 것이다. 그 다음, 열정과 집착에 늘 따르게 마련인 근시안을 극복하고 새로운 기회를 포착하라. 그러면 당신의 핵심 사업이 경쟁력을 확보할 것이고, 그리고 새로운 영역에서 성장할 수 있을 것이다.

핵심을 정리하면

돌파 전략에 성공한 기업들은, 비용 절감과 서비스 혹은 핵심 사업에 대한 집중과 다각화 등은 함께 할 수 없는 이율배반적인 개념쌍이라는 전통적인 사고방식을 여지없이 무너뜨린다. 더 나아가, 투자에 대한 단기 회수와 장기적인 성장이 동시에 이룰 수 없는 목표라는 기존의 관념도 허물어버린다. 수많은 사례에서 확인할 수 있듯이, 돌파 전략에 따라 설정한 하부 구조에 대한 투자가 기업의 장기적 발전을 위한 근거를 확보하면서도, 운영비 등의 제반 비용을 줄여주어 단기적으로도 수익 효과를 낳는다. 프로그레시브가 3천억 달러를 들여 투자한 PACMAN 시스템은, 기존의 처리 과정을 합리화함으로써 채 2년도 안 되는 기간에 투자 비용을 모두 회수할 수 있을 만큼의 수익 효과를 얻었다. 그리고 이 시스템은 다음 세대의 핵심적인 기반으로도 훌륭하게 기능했다.

미주리의 블루 크로스 블루 쉴드에서 정보 관리 최고책임자인 에드 텐홀더와 최고경영자인 로이 하임버거가 1990년대에 '건강관리 X체인지(Health Care Xchange)' 라는 새로운 서비스 시스템을 개발했다. 이 서비스는 개인용 컴퓨터와 보험 청구를 처리하는 소프트웨어가 의사의 사무실과 개인병원 그리고 종합병원에 있기만 하면 되었다. 이 서비스가 도입되어 건강관리 담당자들이 환자의 보험 관련 정보를 통일된 형식으로 정리함으로써 보험 관련 치리 과정을 간소화해 신속하게 처리할 수 있게 되었다. 이 새로운 제도에 투입한 자금은 3년 만에 모두 회수되었다. 이 제도는 지금 신규 핵심 사업을 재정의할 수도 있는 수많은 새로운 서비스를 제공하는 데 사용할 수도 있다. 이 네트워크는 보험의 승인, 보험 회사의 사전 증명, 환자에 대한 처방, 직원 훈련, 건강 관련 기록물 저장, 환자의 상태 및 병력 조회, 제반 서비스의 일정 관리 그리고 기타 폭넓은 21세기형 건강 정보 서비스를 환자에게 제공하는 데 사용할 수도 있다. 돌파 전략의 초기에 구축한 하부 구조는 기업의 장기 성장에 필요한 강력한 동력이 된다. 간단하게 말하면, 케이크를 가지고 있는 동시에 먹을 수도 있다는 얘기다.

이건 마술이라고도 할 수 있다. 돌파 전략은 이 마술을 가능하게 한다. 조직이 이윤을 창출하는 과정은 제로 섬 게임에서 이기는 것이란 사고방식이 잘못되었다는 사실을 돌파 전략은 밝혀냈다. 돌파 전략은 '판돈을 건' 모든 참가자들이 함께 수익을 누릴 수 있게 해준다. CR 잉글랜드는 지난 10년 동안 트럭 운전사의 수를 거의 열 배나 늘이면서 이들에게 업계 최고의 대우를 해주고 있다. 하지만 그러면서도 안전성과 고객 만족이라는 측면에서 놀라운 성과를 거두는 건 물론이고 업계 최고의 수익률을 유지하는 것만 봐도 이런 사실을 잘 알 수 있다.

이러한 기업들은 직원에게 후한 임금 수준을 보장하고 또한 보다 확실한 취업을 보장한다. 뿐만 아니라 고객 서비스의 질을 높이고 고객을 만족시킨다. 그리고 주주에게 넉넉한 배당을 약속한다. 어떤 기업도 미래가 보장되어 있지 않다. 하지만 이런 기업들은 변화하는 시장에 적응할 수 있을 뿐만 아니라 새로운 시장을 창조적으로 개척할 수 있는 힘을 갖추고 있다. 시장에서 차지하는 위치는 경쟁 과정에서 언제든 바뀔 수 있다. 하지만 돌파 전략을 성공적으로 수행하는 기업은 경쟁에서 늘 살아남는다. 이들의 사례를 살펴보면 시장 지배자로 성장할 수 있는 이상적인 모델을 찾을 수 있다.

돌파 전략의 철학은 전통적인 가치관을 초월한다. 이것 아니면 저것, 둘 중 하나만 선택해야 한다는 사고방식은 더 이상 의미가 없다. 돌파 전략의 혁신을 이룰 경우, 다음과 같은 사항들은 상식이 된다.

- 가격의 시장 경쟁력 그리고 고객 서비스의 경쟁력
- 업무 활동의 효율성 그리고 성장
- 핵심 사업의 활력 그리고 새로운 사업의 개발
- 매출액 증가 그리고 이윤폭의 증가
- 관련된 모든 사람(단위)의 수익 증가

돌파 전략을 통한 혁신을 이룩하면 다차원의 복합적인 경쟁력을 확보해 시장을 주도하고 지배할 수 있다.

2장 | 통합성의 원칙

통합성의 원칙은 모든 돌파 전략을 추진하는 기업을 떠받치는 기둥이다. 이 원칙은 전략적 사고와 리더십의 철학을 매개한다. 또한 탈중심, 자율성 그리고 권한 부여를 강조하는 경영 모델과 분명하게 다르다. 통합성이라는 경영 철학은 각 단위의 상호 의존성과 공동의 핵심 전략에 대한 집중을 강조한다. 통합성의 전략이란 조직의 모든 부분이 공유하고 함께 실행하는 단일한 장기 계획이다. 전체 조직을 단일한 전략으로 이끌어가는 경영진의 리더십이야말로 돌파 전략의 성공과 실패를 가름하는 가장 중요한 지표이다. 돌파 전략 기업은 기업 전반에 걸친 대규모의 창의적 개혁에 활동의 초점을 맞추며, 이를 통해 사업과 조직을 변모시킨다. 단일하고 통합된 계획에 집중하는 것이야말로 다른 어떤 특성보다 성공적인 돌파 전략 기업을 뚜렷하게 구분 짓는 특징이다.

하지만 통합성을 단호하게 견지하기는 힘들며, 이런 사례를 찾아보기란 쉽지 않다. 내 경험으로 볼 때, 통합성의 원칙을 견지하는 리더십이라는 것도 말뿐이었던 경우가 많았다. 또 통합성의 전략이라는 것도, 독립적인 사업 단위의 우두머리들이 모여서 적당하게 타협하고 협상하는, 그야말로 답이 뻔하게 정해진 걸 만들어내고서는 박수 치고 헤어지는 게 대부분이었다. 위기의 상황에서 (혹은 위기의 상황을 미리 피하기 위해서) 돌파구를 찾아내는 돌파 전략에서, 경영진이 한데 모여 핵심적인 기업 전략을 규정하고 도출해내고 그걸 온전하게 이해하는 것은 중요하고도 급박한 문제이다. 이 모임에 참석하는 개개인은 전체 조직에 가장 최선인 방법을 찾고 그것에 따라 행동해야지, 자기가 속한 조직 단위의 관점과 대표성에 입각해서는 안 된다. 이런 장애물을 극복하지 못한다면 결코 돌파 전략을 성공적으로 이끌 수가 없다.

크든 작든 돌파 전략에 성공한 기업들은 통합성의 원칙을 실천으로 옮겼다. 통합성의 원칙을 견지하는 모든 기업이 다 돌파 전략을 채택해야 한다는 말은 아니다. 하지만 통합성의 접근은 특별한 경우에 성공의 결정적인 조건이 될 수도 있다. 예컨대, 복합적인 여러 사업을 동시에 추진하는 기업이 통합성의 원칙을 무시하고 자율성과 탈중심을 원칙으로 하는 전략을 채택할 경우 위기에 처할 건 뻔히 내다보이는 결말이다.

탈중심화의 비극적 결말

1990년대 중반, 나는 인디애나의 스탠더드 오일(아모코)과 함께 여러 날을 보냈다. 그때 이 회사의 여러 사업 단위 가운데 하나를 책임지고 있던 사람에게 경영 철학이 무엇인지 물어본 적이 있다. 그의 대답은 이랬다.

"나의 경영 철학은 아주 간단합니다. 나는 각 전략 사업 단위(SBU)가 성취해야 할 대략적인 수익 목표를 제시합니다. 이 목표를 그들이 잘 달성하리라 믿습니다."

계속해서 나는, 그가 이끄는 집단이 마케팅 계획을 조정하거나 고객 서비스를 공동으로 관리한 적이 있는지 물었다. 그들은 그런 활동을 한 적이 없었다. 각각의 SBU는 자율적으로 마케팅과 고객 서비스 활동을 했다. 나는 다시 물었다, 청구서 작성이나 기타 지원 기능 등과 같은 업무처럼 공유할 수 있는 업무 영역에 대한 토론과 논의가 있는지. 대답은 '없다'였다. 다시 물었다, 모든 SBU를 관통하는 최상의 실천을 공유하기 위해 어떤 노력을 기울였는지. 그런 노력을 한 적이 없다고 했다. 다시 물었다, 그가 책임지고 있는 부문 전체와 관련이 있는 공동의 사업을 추진한 적이 있는지. 없다고 했다. 그의 대답은 매번 이랬다.

"아니오. 우리는 성취해야 할 대략적인 수익 목표를 제시하고, 이 목표를 그들이 잘 달성하리라 믿습니다."

이 고지식한 사람은 내가 만난 지도자 가운데 가장 멍청한 얼간이였다.

하지만 이 사람 하나만이 아니었다. 아모코의 경영진은 본질적으로 단일한 사업을 250개의 자율적인 SBU로 쪼개는 일에 1990년대를 소비했다. 이 각각의 사업 단위는 대부분 다른 사업 단위와 고객, 공급자, 가격 구조, 기술 기반 그리고 처리 과정 등을 공유했다. 본질적으로 하나의 사업임에도 250개 이상의 독립적인 단위로 운영했던 것이다. 결과는 뻔했다. 브리티시 페트롤륨이 침몰하는 이 기업을 인수한 뒤에 맨 처음 단행한 작업은 상위 300명의 간부들을 물갈이하는 것이었다.

인디애나 스탠더드는 전략과 경영 마인드 모두에서 통합성의 원칙이 없었기에 망할 수밖에 없었다. 이 기업은 지금 사례 연구의 훌륭한 교재로 활용되고 있다. 하지만 다행히 인디애나 스탠더드와 같은 부정적인 사례만 있는 게 아니다. 드문 경우이긴 하지만, 이 통합성의 원칙이 얼마나 빛을 발하는지 생생하게 보여주는 기업들이 있다. 이 가운데 가장 훌륭한 사례는 제너럴 일렉트릭(GE)이다.

제너럴 일렉트릭 모델

2000년에 잭 웰치와 GE는 정상에 서 있었다. GE는 세계에서 가장 수익성 있고 가치가 높은 기업으로서 각 사업 분야에서 1, 2위를 차지하며 시장을 주도하고 있었다. 잭 웰치는 지구상에서 경영인들로부터 가장 존경받고 또 닮고 싶어하는 최고경영자였다. 완벽한 포트폴리오와 기업 문화, '워크아웃'과 '식스 시그마 사업' 등의 GE 전략을 전 세계의 최고경영자와 기업들이 널리 채택했다. 이들은 모두 GE가 누리는 영광을 조금이라도 나눠 가지고 싶어했다.

내가 보기에 GE가 이룩한 성공의 핵심은 통합성의 원칙이다. 누구든 잭 웰치를 비롯한 이 회사의 간부를 붙잡고 GE가 지주 회사인지 아닌지 물어보라. 그러면 이 사실을 깨닫게 될 것이다. 아모코와 달리 GE는 상호 연관성이 없는 수백 개의 사업 단위를 움직이고 있다. 탈중심 원리와 자율성으로 충만한 이상적인 기업으로 보일지도 모른다. 하지만 GE 내부는, 공동의 핵심 전략 원칙이 전체를 관통하고 있다. 게다가 동일한 경영 철학과 실천이 GE가 이룩한 성공의 핵심에 자리를 잡고 있다. GE의 경영 및 리더십 모델은 회사 내에서 신앙에 가까운 열정을 통해 수립된 것이다. 다른 기업에서도 이 '신앙'을 따르는 신도들이 수두룩하다. 통합성의 원칙은 GE의 전략과 리더십과 경영 구조에 빈틈없이 스며들어 있다.

내가 젊은 시절 다트마우스의 턱 스쿨에 조교수로 있으면서 처음으로 컨설팅을 맡았던 고객이 GE였다. 크로톤빌 연수원에서 GE에 대한 첫인상은 그다지 좋지 않았다. 특히 강의실에 알코올이 든 음료를 비치하는 게 마음에 들지 않았고, 거기에 반대했다. 1980년이라는 시대적 배경을 생각하면, 크로톤빌 연수원은 마치 대학의 남학생 회관 같았다. 나는 곧바로 크로톤빌의 교수단에서 빠져나왔다. GE가 개편될 때 나를 다시 부른 건 아마 이런 일이 있었기 때문이 아닐까 한다. GE는 최고경영자를 새로 맞아들였다. 그가 잭 웰치였고, 그는 전통적인 의미의 지도자상과는 전혀 다른 인물이었다. 전임자인 렉 존스를 대체한 최고의 영웅이었다. 그는 취임하자마자 회사 내의 리더십을 개발하는 특단의 조치를 취했다. 1980년대에 내가 크로톤빌 연수원에 교수로 있는 동안, 내가 기억하기로는, 핵심 간부를 대상으로 하는 프로그램에 잭 웰치가 참석하지 않은 적은 단 한 번도 없었다. 그는 그때마다 간부들에게 'GE의 길'을 설교했다.

당시 그가 얘기한 'GE의 길'은 핵심적인 전략 원칙에 관한 것이라기보다는 경영 실천에 관한 내용이었다. 'GE의 길'이 우선적으로 전제하는 건, GE는 통합적인 기업이지 지주 회사가 아니라는 사실이다. GE는 '워크아웃'이나 '식스 시그마' 등과 같은 공통의 전략 프로그램에 힘입어 강력한 단일 단위로 묶였다. 하지만 GE 통합 기업 모델에서, 전체를 단일 단위로 묶어주는 핵심적 역할을 한 결합 요소는 지도자의 철학과 실천이었다. 지도자들을 통합 기업의 자원으로 생각했지 결코 하부 사업 단위의 자원으로 생각하지 않았다. (명단 A에 이름을 올린) 차세대 지도자들은 당시 그들이 맡고 있던 업무보다 장래 그들이 나아가야 할 길에 초점을 맞춘 교육을 받았다. 웰치는 GE의 인적 자원 지도자 과정에 놀라울 만큼 많은 시간을 투자했다. 그는 수백 명 단위로 참가하는 차세대 지도자들에게 개인 과외 선생이나 다름없었다.

'GE의 길'은 협상 대상이 아니었다. GE에서 개발된 실무 경영 시스템은 객관적인 업무 활동을 강조하는 것만큼이나, 아니 어쩌면 그

보다 더, GE의 경영 철학과 실천 원칙을 받아들일 걸 강조했다. '올바른 결과' 혹은 '올바른 길' 등과 같은 GE의 주문呪文은 지금 주류 경영 모델이 되어 있다. 업무 능력이 뛰어난 사람이라 하더라도 'GE의 길'을 따르지 않으면 조직에서 오래 버티지 못했다. 1982년에 나는 GE의 설비 부문에 있던 걸출한 젊은 간부에 관해 잭 웰치와 나누었던 대화를 기억하고 있다. 잭 웰치는 부즈 앨런 컨설팅사에 있던 이 사람을 스카우트해서 설비 사업 분야의 전략 계획을 수립하는 일을 맡겨놓았었는데, 내가 이 사람의 이름을 입에 올리자 그는 곧바로 이렇게 말했다.

"그 친구는 GE맨이 아니야. 너무 방만해."

웰치는 직원이 그가 바라는 성향을 가지고 있는지 어떤지 말 그대로 냄새를 맡을 줄 알았고, GE에 적합한 인물인지 아닌지를 판별했다. 당시 나는 웰치와 GE가 분방한 사고방식을 가진 지도자를 그다지 높이 평가하지 않는다는 사실이 눈여겨봐야 할 대목이라고 느꼈다. 그는 통합적 사고방식을 갖춘 인물을 찾았다. 이 기준에 미치지 못하는 사람들은 회사를 떠나야 했다. 비록 잭 웰치와 GE가 업무의 수행에 초점을 맞추긴 했지만, 사실은 자기 경영 철학에 동조하느냐 동조하지 않느냐에 더 많은 초점을 두었던 것이라고 나는 지금 믿고 있다.

아모코와는 완전히 대조적으로, GE는 본질상 상호 연과이 없는 독립적인 250개의 사업 분야를 거느리고 있었지만, 이들을 단일한 통합 기업으로 묶었다. GE는 공동의 전략적 원칙과 프로그램이 전체 조직을 관통하게 하고, 또한 공통된 지도자상과 경영 모델을 가지고 있다. 하지만 GE는 돌파 전략 기업은 아니다. 목표를 과감하게 설정하고 이를 달성하기 위해 돌파 전략을 핵심으로 설정하고 추진하지는 않았다. GE의 핵심 전략은 끊임없는 개선을 통해 시장에서 주도적 위치를 고수하는 것이었다. 비록 '워크아웃'이나 '식스 시그마' 등의 프로그램을 도입해서 기업의 통합성을 일구어내긴 했어도, 완전한 의미에서 통합적인 돌파 전략을 채택한 적은 없었다. 뿐만 아니라, 몇몇 예외가 없었던 건 아니지만 각각의 사업 단위들 역시 돌파 전략을 세운 적이 없었다. GE가 거둔 위대한 성공은 통합적 경영 모델에서 비롯되었다. 만일 GE의 리더십과 경영 모델이 돌파 전략과 결합되었더라면, 불가능할 것이 없었을 것이란 게 나의 생각이다.

도표 2-1 경영 모델과 전략적 초점

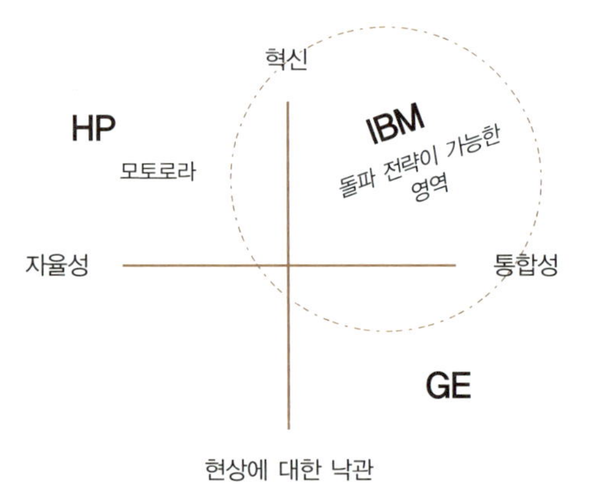

돌파 전략 기업은 GE처럼 통합적 접근에 초점을 맞추고, 나아가 혁신과 과감한 목표 설정에 전략적 초점을 맞춘다. 그렇다면, 자유분방하고 방만한 문화를 가진 기업들은 원천적으로 보다 혁신적일 수밖에 없기 때문에 돌파 전략과 가장 잘 맞아떨어지는 게 아니냐고 할지도 모르겠다. 이런 기업들은 시장에서 첨병尖兵 역할을 하는 상품을 개발할 때 효과적일 수 있다. 하지만 이들은 일반적으로, 자신의 모습을 근본적으로 바꾸고 시장을 변화시키는 데까지는 나아가지 못한다. 도표 2-1에서 보듯이, 진정한 돌파 전략은 통합적인 조직이 혁신을 이루어낼 때 비로소 가능해진다. 왜 그런지 살펴보자.

휴렛팩커드가 걸어온 길

만일 GE가 통합성의 경영 마인드를 대표한다면, 자율성의 경영 마인드를 대표하는 기업으로는 휴렛팩커드(HP)를 꼽을 수 있다. HP는 고도로 분권화한 수많은 개발팀들의 노력에 의해 새로이 탄생한 자율적인 사업 단위를 강조하는 경영 철학으로 성공을 일구어냈다. HP의 성공은 제품 개발에서 시작되었다. HP의 중간 간부들은 제품 개발을 성공적으로 이끌 경우 자율적인 새로운 사업 단위를 만들 수 있다는 생각에 고무되어 있었고, 회사 역시 이들이 재능과 누력을 다 바쳐 이 일을 해낼 수 있도록 뒷받침했다. 이러한 'HP의 길'은 마침내 HP를 세계에서 가장 막강한 회사 가운데 하나로 성장시켰다. 하지만 1990년대 초, 이런 식의 접근 방식이 컴퓨터 사업에서 심각한 문제를 일으키기 시작했다.

50개가 넘는 HP의 자율적 단위들이 각기 독자적인 사업 방향을 설정한 것이다. 36개의 사업 단위가 컴퓨터 시장에 뛰어들기로 결정했고, 각 단위들은 독자적으로 제품 개발에 나섰다. 한데, 30개 이상이나 되는 각기 다른 중앙처리장치(CPU)와 역시 30개 이상이나 되는 운영 체제를 갖춘 제품들이 HP의 이름 아래 출시되었는데, 이들끼리 충돌을 일으키는 경우가 자주 발생했다. 게다가 수도 없이 많은 지역 판매 및 서비스 조직이 있었기에, 두 개 이상의 HP 제품을 구입한 고객은 HP의 직원이 같은 HP 상표를 단 제품에 대해서 잘 알지도 못하고 충돌의 이유를 설명하지도 못하자 실망할 수밖에 없었다. 방만함으로 치달은 HP의 자율적 문화가 낳은 필연적인 결과였다. 간단히 말해, 고객이 점차 통합적인 컴퓨터 솔루션을 요구함에 따라서, 지나치게 다양한 HP의 기술 기반과 제품 사양이 통합성이 강조되는 컴퓨터 시장에서 오히려 불리한 요소로 작용한 것이다.

HP는 보다 간편한 제품군을 생산하는 걸로 계획을 수정했다. 단일한 운영 체제를 갖춘 제품군으로 기존 제품들을 대체하겠다는 의도였다. 하지만 이 시도는 만만치 않았다. 컴퓨터 시장에서 차지하고 있는 위치나 기술 기반 그리고 고객 관리 내용이 제각기 다른 36개의 자율성 있는 사업 단위들을 한데 모아서 조정하는 작업이 전제되어야 했기 때문이다. 게다가 추가 조사를 통해서 밝혀진 사실이지만, 새로운 계획에 따르면 회로판 조립 공장은 6곳만 필요했는데 당시

36개 사업 단위가 소유하고 있는 공장은 100곳이 넘었다. 각 개별 단위들은 HP를 통합적인 기업으로 바라보지 않았기 때문에 각자 필요한 최대 생산 능력을 확보하기 위해 공장을 지었고, 그 결과가 그렇게 나타난 것이었다.

이 다양한 기술과 제품 그리고 조직을 묶어서 하나의 통합적인 차세대 컴퓨터 시스템을 이끌어내고자 했던 HP로서는 난감할 수밖에 없었다. 통합적인 제품군을 만들어내는 데 여러 해를 보낸 뒤, HP는 자체 생산 전통을 버리고 아폴로 컴퓨터를 사들여 변신을 꾀했다. 하지만 이런 강력한 처방으로도 조직에 내재된 문제를 해결할 수 없었다. HP는 자율성이라는 기업 문화 때문에 호환성이 강조되는 컴퓨터 시장에서 주도적인 위치를 유지할 수 없게 되었다.

구세주는 전혀 다른 곳에서 나타났다. 이 구세주는 바로 1990년에 사업을 시작, 아직 애송이 조직인 주변 장치 개발 조직(CPO)이었다. 이 조직은 캐논 프린터의 엔진을 탑재한 일련의 프린터 제품들을 출시했는데, 이 제품들로 인해 HP는 컴퓨터 시장의 여러 세부 시장 가운데 몇몇 시장을 지배할 수 있었다. HP의 신제품 개발 능력이 빛을 발했고, 잇달아 성공적인 새 프린터를 출시했다. 그리고 데스크톱 프린터 영역에서 시장 지배자의 위치로 올라섰다. 시간이 흐르면서 CPO는 통합적인 제품을 생산하기 위해 점차 HP 내의 다양한 프린터 기술과 제품 그리고 부속 장치들을 자신의 주변으로 불러 모았다. 이건 HP의 역사에서 볼 때 결코 작은 일이 아니었다.

HP처럼 자율성을 강조하는 기업으로서는 각 사업 단위끼리 그다지 관련성 없는 다양한 기술들을 해당 사업 단위가 각각 개발하는 건 당연하고도 자연스러운 일이다. 이 자율적인 기업 문화로 인해 HP 가 프린터 사업에서 성공을 거둘 수 있었다. 하지만 효과적인 기업이 되는 데는 이게 오히려 족쇄가 되었다. 통합적인 시스템을 갖춘 컴퓨터군을 구축하려면 기업의 통합을 이루어내기 위한 노력이 필요했다. 다시 말해, 권한과 자율성을 가진 단위들을 통제할 수 있어야 했다. 마침내 HP는 컨설팅 팀을 조직해서, 당시의 방만한 체계를 통합성을 담보하는 조직으로 탈바꿈하기 위한 방안을 연구했다. 그 결과 수익성이 있는 수십억 달러짜리 조직을 만들어낼 수 있었다. 이 조직이 핵심적인 역할을 수행했기 때문에 HP도 현재 모습으로 성장할 수 있었다.

칼리 피오리나의 지휘 아래 HP는 네 개의 핵심적인 통합 사업 분야에 초점을 맞추어 노력을 기울였다. 이 네 가지 가운데 하나는, 각 사업 분야의 다양하고 독립적인 요소들 가운데서 중앙집권적 조직 체계에서도 유효하게 기능할 수 있는 요소들을 파악해내고 통합하는 작업이었다. 이 모든 다양하고도 독립적인 부분들을 모으고 단일한 사업 단위로 묶어내는 데는 통합성의 관점이 필요하다. 피오리나 역시 'HP의 길'을 두고 고위 간부들과 대화를 나누었다. 개별 사업 단위 사이의 건설적인 협력이 대화의 주된 소재였다. HP는 실무 집행 체계를 새롭게 정비하고, 간부들의 등급을 5단계로 나누었다. 아무리 실무 처리를 잘 한다 하더라도 3단계까지밖에 올라갈 수 없게 했다. 그 위로 올라가기 위해서는 '새로운 통합 기업 HP의 길'을 깊이 이해하고 건설적인 협력과 순응을 할 수 있어야 했다.

여기서 순응해야 한다는 말은 공손해야 한다는 뜻이 아니다. 나는 순응 대신 제휴라는 용어를 써봐서 만족스러울 때 비로소 순응이란 표현을 사용한다. 왜냐? 기업에는 통합성의 원칙을 위협하는 위기가 닥칠 때가 늘 있게 마련이기 때문이다. 이 위기의 순간은 거의 모든 돌파 전략 기업에서 발견된다. 특히 2단계 성공 사이클에서 이런 경우가 많이 발생한다. 1990년대 초 컨트리와이드 크레디트의 경영 포럼에서 이런 상황을 실제로 목격한 적이 있다. 고위 간부들이 새로운 사업 개발에 대한 일련의 제안들을 쏟아냈다. 담보 대출 사업에서 성장을 경험한 이후에 컨트리와이드는 보험 중개나 조건부 날인 증서 서비스, 가격 감정 서비스 등의 사업을 추가로 쉽게 전개할 수 있을 것 같았다. 모든 아이디어가 좋았고, 돌파 경영의 성과로 획득한 놓치기 아까운 기회였다. 컨트리와이드로 볼 때 궁극적으로 빠르게 성장할, 가능성 높은 사업 분야였다.

하지만 최고경영자인 안젤로 모질로는 회의실에 있던 모든 사람들에게 더 이상 옆길로 새면 용서하지 않겠다는 말로 찬물을 끼얹었다. 그러면서 이렇게 덧붙였다.

"컨트리와이드의 핵심 전략에 초점을 맞추기 힘든 사람은 지금이 회사를 떠날 좋은 시기니까 알아서 나가도록 하시오."

핵심 전략에 대한 이런 집중력이 있었기에 컨트리와이드가 미국 내 대부 시장에서 시장을 주도하고, 또 자기보다 훨씬 덩치 큰 회사들과 경쟁하면서도 시장에서 주도적인 위치를 결코 잃지 않을 수 있었다고 믿는다.

어떤 기업의 성공 사이클에서 아테네식 민주주의를 허용해야 할 때가 있다. 이때는 창조성과 혁신, 자유로운 분위기의 열띤 토론이 바람직하다. 하지만 또 어떤 기업의 성공 사이클에서는 스파르타식 훈련과 냉철함이 필요할 때가 있다. 이 훈련은 핵심 전략에 대한 전적인 동조와 경영 실무에서의 엄격한 실천을 보장하기 위한 것이다. GE에서는 '식스 시그마' 프로그램에 대한 고지가 각 사업 단위의 책임자에게 공식적으로 통보되었다. 모든 사업 단위의 책임자들은 2주간 이 훈련을 받고 각자 사업 단위에서 이 프로그램을 여섯 달 안에 실시해야 했다. 이렇게 하지 못할 경우 보너스와 1년치 성과급을 반납하도록 했다. 기본적으로 핵심 전략에 동조하지 않을 경우 회사를 떠나야 했음은 말할 것도 없다. 이건 토론의 의제가 될 수 없었고, 누구도 이의를 제기할 수 없었다.

토론을 받아들여야 할 것인가 말 것인가 하는 주제를 놓고, 돌파 전략을 수행하는 지도자들과 여러 차례 대화를 나눈 적이 있다. 이 문제와 관련해서 최고경영자들이 가장 공통적으로 했던 대답을 요약하면 이렇다.

"혼란스럽게 하거나, 토론할 것을 주장하거나, 불만을 품거나, 혹은 시간을 끄는 행위에 대해서 이전보다 훨씬 엄격하게 제지할 것입니다."

이런 태도에 담겨 있는 본질은 통합성의 원칙을 견지하겠다는 것이다. 지도자들은 기업을 단일한 통합 조직으로 재편해서 전진할 것인지, 아니면 조직의 각 단위에 독립성과 자율성을 부여해야 할 것인지 결정해야 한다. 많은 기업들이 정체성과 관련된 이 근본적인 문제를 해결하지 못하는 것 같다. 통합적인 전략과, 각 사업 단위의 책임자 혹은 이사들이 단위 사업에 대해서 본능적으로 추구하는 자율성 및 생존 욕구, 이 양자 사이의 긴장 관계를 제대로 통제하지 못하고 결국 치명적인 결과를 받아들여야 했던 기업의 사례는 수도 없이 많다.

최근에 대규모 화학 회사의 최고경영자를 만난 적이 있다. 이 회사는 50여 개의 독립적인 사업 단위를 대상으로 판매와 서비스 부문의 공동 기반을 조성하는 데 무척 어려움을 겪고 있었다. 이미 3억 달러 이상이 전사적(全社的) 자원 관리(ERP, Enterprise Resource Planning. 기업에서 기간을 이루는 업무들, 즉 생산·자재·영업·인사·회계 등의 업무를 통합 관리하는 대형 경영 관리용 패키지 소프트웨어다. 생산 관리, 인사 관리, 회계 관리 등 각 업무가 독립적인 모듈 단위로 구성돼 있고 이 모듈은 또 수십, 수백 개의 세부 모듈로 구성돼 있다-옮긴이) 및 기타 공동 기반 조성 사업에 투자되었다. 이것만 구축되면 비용을 훨씬 낮출 수 있으며, 고객 서비스의 수준을 획기적으로 끌어올리며, 고객에 대한 응답을 훨씬 빠르게 취할 수 있으며, 고객에 대한 정보를 통합적으로 구축할 수 있고, 이밖에도 여러 가지 이점이 많았다. 돌파 전략의 핵심을 추진하고 있었음에도 불구하고, 이 회사의 독립적인 사업 단위들은 새로운 사업 모델에 대해 소극적이었으며 새로운 시스템을 앞에 두고 꾸물거렸다. 각각의 사업 단위들이 이 새로운 체제를 받아들이게 하기 위해서는 어떤 단계를 밟아야 할까 하는 문제를 포함해서, 새로운 기반 조성의 의미를 적절하게 제시하는 데 어떤 것들이 필요할까 하는 문제를 놓고 토론한 뒤에, 이 최고경영자는 이런 말을 했다.

"내가 잘 해낼 수 있을 것 같지 않다."

이 회사의 문화는 고도의 자율성에 젖어 있었다. 그랬기에 통합 기업으로서의 핵심 전략에 조직의 각 부분이 동의하기 위해서는 먼저 기업의 풍토, 즉 문화부터 바뀌어야 했다.

통합적인 전략을 추구하기 위해서는 핵심 전략과 원칙에 관해 반드시 의사소통이 이루어져야 한다. 조직의 집행 단위와 직원들이 모두 이 개념을 명확하게 이해하고 있어야 한다. 이런 정렬 작업이 선행되지 않으면 개혁 작업은 필연적으로 실패한다. 또 다른 최고경영자는, 회사에서 자기와 가장 친한 친구이자 동시에 가장 빠른 성장을 보이며 최고의 수익률을 기록한 사업 단위의 총책임자이던 사람을 해고했다. 그는 통합 기업으로서의 전략을 달갑게 생각하지 않았고 소극적이었던 것이다. 이 최고경영자는 다음과 같이 말했다.

"그 누구도 통합 기업이라는 대의를 거슬러서는 안 된다."

첫째가 통합성의 원칙, 둘째가 돌파 전략

탈중심의 자율적 경영 철학과 통합적 기업 철학 사이에 어느 것을 선택할 것인가 하는 문제는 루 거스트너가 1993년 IBM 제국을 떠맡으면서 부닥쳤던 문제이기도 하다. 1992년 4/4분기에 IBM이 회사

창립 이래 최초로 적자를 기록하자 이사회는 회사를 지휘할 새로운 인물을 찾았다. RJR 나비스코에 있던 루이스 거스트너가 빅 블루의 최고경영자 자리를 맡아 IBM에 발을 들여놓을 때, 회사를 경쟁력(혹은 잠재적인 경쟁력)을 갖춘 여러 개의 조각으로 나누자는 논의까지 무성했다.

몇몇 사람들은 IBM의 업무 활동을 탈중심화하는 일을 훌륭하게 처리해주길 기대하면서 루이스 거스트너를 선택했다. 이들은 이미 'IBM PC'라는 회사의 설립을 추진하고 있었다. 다른 부문 직원들은 PC 사업부의 상대적인 자율성을 부러워했다. 하지만 루이스 거스트너는 전혀 다른 정책을 제시했다. 나중에 그 자신이 '회사를 걸고' 행한 최초의 결정이었다고 회상한 것이기도 한데, 회사 전체를 함께 끌고 가겠다고 밝힌 것이다.[1] IBM을 고객의 입장에서 접근하면서 그는, 해결책은 회사를 재통합하는 것이며 '더 나은 패키지 제품으로 고객이 쓰기 편하고 장기적으로 활용할 수 있도록 하는 것'이라는 결론을 내렸다. IBM의 사업 단위들을 통합하는 작업에 초점을 맞춘 것이다.

거스트너는 '전략 지도자 회의'를 신설해 회사의 고위 간부들과 정기적으로 만났다. 회사에 필요한 공통의 핵심 전략을 개발하고 집행하기 위해서였다. 당시 장기 전략에 초점을 맞추기란 매우 어려운 상황이었다. 단기적인 재정 및 운영 문제가 급박했기 때문이다. IBM은 수만 명에 이르는 선량하고 충실한 직원들을 길지 않은 몇 년 사이에 해고해야 할 처지에 놓여 있었다. 힘든 시기였다. 거스트너는

IBM에 발을 들여놓은 지 얼마 지나지 않았을 때, 다음과 같은 말로 당시의 힘들었던 상황을 표현했다.

"우리에게 마지막으로 필요한 것은 미래에 대한 전망입니다."

그리고 전망으로 떠오른 건 돌파 전략이었다. 그후 거스트너는 '달 로켓 발사'에 대해서 이야기하기 시작했다.

'올드 블루'에서 '뉴 블루'로

거스트너가 제안한 달 로켓 발사 전략은 IBM이 가지고 있는 세 가지 핵심 역량을 하나로 묶어서, 솔루션과 서비스에 집중한 새로운 사업 모델을 개발하는 것이었다. 여기서 세 가지 핵심 역량이란, 고객과 기술과 인적 자원이었다. 당시 IBM은 이 세 가지 모두 동종 업계에서 타의 추종을 불허할 정도였다. 여기에다 IBM은 하나를 더 보탰다. 다른 회사보다 월등한 수준은 아니지만, 그래도 만만치 않은 교육 체계였다. 직원들은 수천 명씩 교육을 받으며 새로운 전략을 익히고 또 실천했다. 대형 고속 컴퓨터에 놓여 있던 IBM의 무게중심이 이렇게 솔루션과 서비스 쪽으로 이동했다. 1995년, 거스트너는 다음과 같이 말했다.

우리 회사는 지금 과거와 전혀 다른 모습으로 나아가고 있습니다. 우리는 솔루션과 서비스 부문의 다양한 제품을 시장에 내놓을 것입니다. (중략) 우리가 가지고 있는 다양성과 통합을 일구어내는 능력은 매우 강력한 무기가 될 것입니다.[2]

새롭게 대두된 서비스 사업 분야도 IBM의 전통적인 사업과 조직의 핵심으로 녹아들었다. 서비스 부문도 이제는 전체 조직과 독립적으로 활동할 수 없었다. IBM의 판매 부문은 고객 쪽으로 더욱 밀착해 들어갔다. 다른 조직들은 고객에 초점을 맞춘 솔루션 부문을 지원하도록 배치되었다. IBM의 전통적인 사업 부문에서도 새로운 전략을 추진했다. 예를 들면, 금융 서비스 부문은 IBM의 전통적인 사업의 핵심에 자리를 잡고 회사 전체 수익의 반을 담당했다. 이 부문과 이를 뒷받침하는 판매·서비스 조직은 빅 블루의 핵심이었다. 1995년, IBM의 새로운 컨설팅 집단을 지휘하기 위해 초빙했던 밥 호위가 금융 서비스 부문의 책임자로 임명되었다. 그의 임무는 핵심 고객들을 대상으로 한 솔루션과 서비스의 판매를 밀어붙이는 것이었다. 기존 판매망과 고객의 호감도에 힘입어 IBM은 서비스 분야에서 극적으로 반전의 발판을 마련했다. 그리고 1998년, 이 분야의 수익이 회사 전체 수익의 반 이상을 차지하기에 이르렀다.

혁신과 통합

거스트너에게 그건 끝이 아니었다. 1995년, IBM은 회사 내의 변화를 촉진하기 위해 인터넷 부문의 조직을 신설했다. 거스트너는 이러한 사실을 다음과 같이 묘사했다. 그의 말은 IBM 전체를 얘기하고 있다고 볼 수 있다.

우리의 인터넷 사업부는 궁극적으로 혁신과 통합을 위한 것입니다. 혁신은 바로 여러분의 목표입니다. 비용 구조, 판매, 마케팅 그리고 공급선 등을 어떻게 혁신할지 생각하십시오. 웹 기술을 통합해서 여러분이 전개하는 사업 과정에 스며들게 하지 않고서는 결코 혁신을 이룩해낼 수 없습니다. (중략) 여러분이 여러분의 회사를 웹으로 가져갈 때, 여러분은 필연적으로, 탈중심화로 인해 빚어진 모든 비효율성까지도 함께 가져가게 될 것입니다. 자, 웹에서 고객이 당신과 접촉을 한다고 칩시다. 고객은 당신 회사의 모든 걸 보고 싶어할 것입니다. 그들은 당신 회사가 보여주고자 하는 통일적인 인상을 보고 또 느끼고 싶어할 것입니다.[3]

IBM은 1990년대에 인터넷을 통해 다른 어떤 조직보다 많은 매출을 달성했다. 인터넷을 중심으로 한 혁신이 다시 한번 통합적인 기업 모델로서의 IBM을 강화했다. 통합적인 운영 방식을 새로이 적용함으로써, 소형과 중형 컴퓨터 사업 분야를 포함해서 보다 확대된 고객 서비스를 강화함으로써, 그리고 이해하기 쉬운 서비스와 네트워크 그리고 전자 경제 솔루션을 유연하게 제공함으로써, 거스트너는 올드 블루가 돌파를 이룩해 뉴 블루로 새로 태어나게 하는 데 성공했다. 2000년에 1,080억 달러의 매출과 2천억 달러의 시장 자본을 기록하면서 IBM은 다시 빅 블루의 자리를 회복했다.

루이스 거스트너는 IBM을 놀라운 리더십으로 일으켜 세웠다. 그는 기업의 전략 방향과 사업 모델, 문화와 경영 마인드를 바꾸었다. 기존 조직에 이런 엄청난 변화를 가져올 수 있었던 것은 아마 그가 처음부터 IBM에 몸담았던 사람이 아니었기 때문에 가능했을지도 모른다. 하지만 그가 IBM을 전혀 몰랐던 건 아니었다. 그는 IBM과 밀접하게 관련되어 있었다. RJR의 최고경영자로 선임되기 2년 전에 그는 RJR에서 정보 기술 활용도를 최대한 끌어올리기 위해서 IBM과 일을 한 적이 있었다. 그는 특히 고객의 입장에서 IBM이 어떤 부분을 혁신해야 하는지 잘 알고 있었다. 게다가 IBM 조직은 그를 조직과 전혀 상관없는 외부 인사로 생각하지 않았다. 딕이란 사람이 오랫동안 빅 블루를 이끌 지도자로 지목되었지만 관절염 때문에 부득이 물러날 수밖에 없었는데, 그가 바로 루이스 거스트너의 형이었던 것이다.

루이스는 회사의 핵심에 가까이 접근할 수 있었고, 회사 역시 그를 멀리 생각하지 않았다. 게다가 그의 업무 방식도 IBM의 풍토와 잘 맞았다. 그는 고객의 입장에 서 있었으며, 실천적이고 원칙적이었다. 그랬기에 어려운 시기의 IBM을 훌륭하게 이끌 수 있었다. 하지만 거스트너가 IBM에 기여한 가장 중요한 사항은 그가 내린 두 가지 결정이었다. 통합성의 원칙을 세우고 집행했으며, 돌파 전략을 채택했다는 것이다. 여기에다 그의 탁월한 리더십이 있었기에 IBM이 변화할 수 있었다.

IBM은 돌파 전략을 성공적으로 이끌어낸 기업이 되기까지 심각한 사업적 위기를 맞아야 했다. 이 위기가 있었기에 IBM은 회사의 존망을 걸고 통합성의 원칙을 세울 수 있었고 또 돌파 전략을 추진할 수 있었다. 대부분의 기업은 아무리 노력한다 하더라도 이런 본질적인 문제에 부닥쳤을 때 성공적으로 극복하지 못하고 무너진다. 다른 기업들은 위기 상황에서 또 어떻게 대처하는지 계속해서 살펴보자.

모토로라

모토로라는 세계 굴지의 기업으로 인정받아왔다. 하지만 1990년대 말이 되면서 사정이 달라졌다. 세계 경제에서 가장 빠르게 성장하는 산업의 핵심 영역에 위치해 있었음에도 불구하고 가파른 내리막길에 들어선 것이다. 휴대폰 시장에서 노키아와 에릭슨에 시장 주도자의 위치를 내주면서, 50퍼센트 가까이 되던 모토로라의 시장 점유율이 불과 몇 년 사이에 10퍼센트 선으로 떨어졌다. 어떻게 이런 일이 일어났을까? 노키아와 에릭슨에게 영광을 돌려야 할 일이다. 하지만 이 사례는 성공의 사례보다는 실패의 사례로 살펴보는 게 더 유익할 것 같다. 세계 시장을 지배하던 대기업 가운데 모토로라만큼 사업 단위에 권한을 많이 준, 말하자면 자율적인 기업은 없었다. 그 결과 모토로라는 절체절명의 어려운 국면을 맞이하고 말았던 것이다.

모토로라는 (미친 듯하다고까지는 할 수 없지만) 맹렬하다 할 만한 자율적 활동에 기초한 기업 문화를 가지고 있었다. '부족간의 전쟁'으로 유명한 모토로라의 기업 풍토는 부족과 씨족 사이의 내부 경쟁을 끊임없이 자극했다. 그 경쟁은 제품 개발 단계에서 보다 날카롭고 치열하게 전개되었다. 가능성이 있는 제품을 개발하는 단위들끼리 예산과 개발 인력, 기타 자원을 보다 많이 확보하려고 경쟁했다. 한데 문제는, (수천 명까지는 아니지만) 수백 명의 직원들이 제품 개발 분야에서 혼신의 힘을 다하는 것까지는 좋은데, 이들 사이의 경쟁이 갈등을 일으킨다는 것이었다. 모토로라에는 이런 혼란을 처리할 만한 공동 개발 체제나 품질을 보장할 만한 공동의 확인 과정이 없었다. 하지만 무엇보다 큰 문제는, 회사 전체 차원의 제품 포트폴리오 전략이 없었다.

IBM에서는 경쟁적인 기술이나 제품 혹은 솔루션을 저 유명한 '승부차기(shoot-out) 제도'를 통해 조정했지만, 모토로라에서는 내부 경쟁을 통제하고 조정할 이런 조직이나 체계가 없었다. 공식적인 체계가 존재하지 않았기 때문에, 경쟁에 진 쪽은 물론이고 이긴 쪽도 필요한 자원을 충분히 지원받지 못해 불만이었다. 수많은 자원이 낭비되었고, 중요한 사업들은 힘을 잃어갔다. 모든 사람들이 다 자기 할 일만으로도 너무 바빠서 회사에 문제가 있다는 사실을 알아차리지 못했다. 모토로라는 혼란 속으로 빠져들고 있었다.

1998년, 수많은 원심력들이 회사를 찢어놓고 있다는 사실을 눈치 챈 크리스 갤빈은 핵심 참모인 밥 그로니, 메를 길모어와 함께 단호한 조치를 취했다. 휴대폰, 무선 전화기, 그리고 케이블 모뎀 사업 단위 등을 묶어서 하나의 새로운 통신 기업(CE, Communication Enterprise) 집단으로 조직한 것이다 CE에게 주어진 임무는 모토로라의 모든 무선통신 제품들에 대한 공통된 이미지, 단일한 브랜드 이미지, 단일한 전략, 통합적인 제품 개발 계획, 단일한 기술 기반, 그리고 통합적인 네트워크 설비 등을 구축하는 것이었다. 이것은 거대한 도박이었다. 모토로라는 다시 한번 무선통신 분야에서 시장을 주도하는 기업이 되는 것을 목표로 삼았다. 그러기 위해서는 먼저 처리해야 할 일이 한두 가지가 아니었다. 무선통신 사업에 대한 모토로라의 새로운 통합 기업적 전략은 다음과 같은 내용을 담고 있었다.

- 셀 방식의 휴대폰 시장에서 시장 주도자의 위치 탈환.
- 수익률이나 매출액 증가율에서 업계를 주도하는 위치 획득.
- CE를 위한 새로운 핵심 과정 마련. 여기에는 공급선, 마케팅, 제품 구성 계획 등과 관련한 공동 전략 구상이 포함되며, 제품 개발 및 품질 확인 과정 등도 포함된다.
- 제품에 대한 공동 기반을 마련하기 위한 전략 수립.
- 미래에 대한 계획과 전망을 분명하고도 일관성 있게 유지.
- 다른 기업과의 전략적 연대 및 협약.
- 고위 간부에게 새로운 계약 규칙을 제안.
- 사업 단위들 사이의 협력 보장 및 강화.

우선적으로 처리해야 할 이 새로운 과제들로 인해 모토로라의 경영 방침이 근본적으로 바뀌었다. 이 새로운 접근법은 통합적 기업 전략과 공동의 기반, 공동의 처리 과정, 그리고 관리자의 실무 능력과 실천을 강조했다. 협력, 공동 기반, 연대와 협약, 새로운 '계약 규칙' 등을 강조하는 걸 눈여겨볼 필요가 있다. 이런 변화는, 각각의 사업 단위나 개인들보다 고객과 기업에 훨씬 큰 무게중심을 둔다는 얘기다. 모토로라는 간부들과 계약을 새로 맺어 통합적 기업 전략의 커다란 테두리 속에서 자율성과 권한 부여의 한계를 재조정했다. 기본 원칙은 간단했다. 전체 기업 단위가 우선이었다.

새로운 돌파구

중요한 새 돌파구로 CE 내에 프로그램 관리팀을 조직했다. 핵심적인 초기 사업들을 원활하게 집행하기 위해 400명 이상의 프로젝트 관리 전문가들로 이 조직을 구성했다. 모토로라의 변신은 여러 새로운 분야로도 영역을 확장해나가는 것까지 포함하고 있었다. 오랫동안 제품 중심으로 운영되어왔기 때문에, 모토로라는 그동안 제품 혁신에만 초점을 맞추었고 고객이나 시장은 무시했다. 이 불균형을 역전시키기 위해 모토로라는 서비스-솔루션 기구(SSO)를 CE 내에 조직했다. 핵심 고객들과의 관계를 개선하거나 새로이 구축하는 게 SSO의 임무였다. 하지만 모토로라는 기존의 무선통신 사업을 새롭게 하는 데만 열중한 게 아니었다. 새롭게 부상하는 인터넷 영역에서도 시장의 주도권을 잡기 위해 새로운 사업 단위 '퍼스널 네트워크 그룹'을 설립했다. 이 사업 단위는 처음부터 끝까지, 모토로라의 네트워크 서비스 부문의 책임자였던 제니스 웹이 만들어냈다.

제니스 웹은 그저 그런 평범한 간부가 아니었다. 그녀는 애리조나에서 광부의 딸로 태어나 모토로라 반도체 공장의 생산 라인에서 처음 일을 시작했다. 지능지수와 감성지수가 놀랄 만큼 높기도 하려니와 워낙 집중력이 높았기에, 현재 여성으로서는 모토로라에서 가장 높은 직위까지 올라갈 수 있었던 전기적 인물이다.

웹을 비롯한 그녀의 팀원들은 무선 웹 영역에서 시장의 주도권을 쟁탈할 기본 계획을 수립했다. 이 계획에는 무선 서버, 콘텐츠를 배포할 네트워크, 위치 추적 시스템, 동조 기술, 통합 메시징 시스템(UMS, Unified Messaging System), 그리고 최종 수요자를 위한 여러 서비스 등에 관한 내용들이 포함되어 있었다. 웹과 그녀의 팀원들은 공격적인 시장 전략을 뒷받침하기 위해 필요한 모든 요소들을 새로 구축하거나 매입하기 시작했다. 여러 개의 영역으로 동시에 진출한 모토로라는 다음과 같은 사항들을 실천에 옮겼다.

- '루센트 테크놀러지'의 무선통신 분야의 연구 및 제품 개발 부서를 사들인다.
- 미국과 유럽의 무선통신 벤처 회사와 광범위하게 손을 잡는다.
- 현대전자로부터 스코틀랜드에 있는 약 1평방킬로미터의 반도체 공장을 사들여, '디지털 DNA'의 무선통신 기술을 갖춘 반도체를 생산한다.(여기에만 20억 달러가 투자되었다.)
- 콘텐츠를 무선통신 장치로 송출하기 위해 에지 서버(edge server) 네트워크를 구축하고 배치한다.
- 10억 달러를 들여 시스코 시스템과 4년 계약을 맺고, 무선전화의 통화를 음성과 인터넷 자료를 동시에 처리할 수 있는 루터(router)로 보낸다.

- MIX 무선 웹 서버 기반을 개발해서 모토로라의 독자적인 네트
  워크나 제3의 네트워크를 구축한다.

모토로라는 이 공격적인 사업들을 지원할 자원을 자체적으로 가지
고 있지 않았다. 2001년에야 비로소, 21세기에 가장 전망이 밝은 성
장 시장들 가운데 하나로 꼽히는 시장에서 주도자가 된다는 목표에
상당히 근접하면서, 이 분야에서 상당한 성과를 거두었다. 과연 이것
이 모토로라의 새로운 성공 사이클이 될 수 있을까?

자율적인 문화가 뿌리 깊은 기업에서 통합적 기업 전략과 경영 모
델을 수립한다는 건 결코 쉬운 일이 아니다. 방만하고 자유분방하던
기업 풍토를 통합적 기업 문화로 바꾸는 과정에서 모토로라는 적지
않은 어려움을 겪었다. 전통적인 기업 분위기와 새로운 전략적 가치
가 긴장과 갈등을 불러일으켰다. 고위 간부들이 새로운 변화에 적응
하지 못하고 회사를 떠났다. 하지만 강한 리더십, 광범위한 교육과
훈련 그리고 새로운 관리 체제가 모토로라의 변모를 가능하게 했다.
2001년에 모토로라는 제니스 웹의 퍼스널 네트워크 그룹과 SSO를
CE의 핵심에서 분리했다. 이 두 사업 단위들은 보다 자유롭게 개발
에 집중해서 보다 많은 수익을 올릴 것이다. 하지만 과연 이들이 CE
내에 있을 때처럼 통합성의 원칙을 견지할 수 있을까? 모토로라 내
에서 '부족간의 전투' 가 재현되지는 않을까? 자율성과 통합성의 균
형을 어떤 기준으로 마련할 수 있을까? 이 모든 질문에 대한 답은 모
토로라가 할 것이다. 그리고 이 모든 쟁점들은 정도의 차이는 있지만

사실 어느 기업이나 똑같이 안고 있는 문제이기도 하다.

통합성의 길

통합성의 원칙은 규모가 크고 활동 영역이 다양한 기업에만 적용되는 게 아니다. 자유분방한 실리콘밸리의 벤처 기업도 이 접근법을 가장 효과적으로 활용할 수 있다. 벤처 투자 회사는 일반적으로 간단한 걸 선호한다. 벤처 기업가가 벤처 투자 회사를 찾아가 자금 지원을 요청하면서 다음과 같이 말한다고 치자.

"우리는 이러이러한 A사업을 할 것이고, 저러저러한 B사업을 할 것이며, 그러그러한 C사업을 할 것입니다."

그러면 투자 회사에서는 단 하나의 사업으로 목표를 집중할 것을 요구한다. 벤처 기업은 천성적으로 단 하나의 과감한 목표를 추구함에 있어 단 하나의 핵심적인 전략을 채택한다. 최고경영자부터 말단 직원에 이르기까지 모든 사람이 티셔츠를 입고 샌들을 신는다는 사실을, 단지 그쪽 사람들은 원래 다 그렇다는 식으로 받아들여서는 안된다. 이것은 회사의 리더십에 대해 강하게 동조하고 협조한다는 의미이다. 일반적인 생각과 달리, 벤처 기업은 기존의 보다 큰 기업들과 비교할 때 다양성이 오히려 훨씬 적게 나타난다.

당신의 회사는 통합성이라는 관점에서 볼 때 스펙트럼의 어느 위치에 있을까? 혹은, 어느 위치에 있으면 당신이 만족할까? 스스로에게 물어볼 첫 번째 질문은 이렇다.

"우리 회사가 통합성의 원칙에 입각한 기업인가, 그렇지 않은가?"

여기서 진정한 쟁점은 선택의 문제이다. 즉, 당신 회사의 정체성을 어떻게 규정하느냐 하는 선택이 당신 앞에 놓여 있다. 이 선택을 하려면, 혹은 결정을 하려면, 많은 요소들을 놓고 판단해야 한다. 얼마나 다양한 사업들을 추진하고 있는가, 다른 회사와 비교할 때 경쟁력의 조건들은 어떠한가, 고객의 요구에 대해서는 어떻게 대응하고 있나 등등 고려해야 할 사항이 한두 가지가 아니다. 하지만 기업의 정체성을 규정하는 문제는 시장의 조건이나 요구보다는 경영 철학과 관련된 문제이다. 곰곰이 되돌아보면, 당신은 전에 이미 어떤 선택을 했다는 사실을 깨달을 것이다.

먼저 당신 회사 고위 간부들의 역학부터 살펴보자. 돌파 전략을 성공적으로 수행한 기업에서는, 고위 간부들이 하나의 팀이 되어 상당히 많은 시간을 함께 보내는 경향이 있다. 팀은 대부분 상위 10명 혹은 20명의 간부로 구성된다. 이들이 아주 밀접한 관계를 맺고 단일한 체계 속의 구성원으로 기능하는 게 돌파 전략 기업에서 볼 수 있는 전형적인 모습이다. 이들은 거의 일주일에 한 번씩은 만난다. 이들의 팀워크 혹은 협동은 수많은 중요 영역에서 인상적인 결과를 낳는다.

강한 통합성의 원칙이 리더십으로 조직 구석구석에까지 관철될 때, 기업의 핵심 전략의 질과 응집력 그리고 풍성함은 한층 고양된다. 이런 리더십이 있을 때 의사 결정은 보다 쉽고 신속하게 이루어진다. 고위 간부들이 통합적인 단일팀으로 기능하는 회사는 자율성에 기초해서 움직이는 조직보다 결정 과정이 훨씬 빠르게 진행된다. 기업 내 개별적인 사업 단위의 협소한 이기주의적 관점이 아니라, 단일한 통합적 관점에 설 때 의사 결정은 훨씬 빠르고 효율적으로 이루어진다. 보다 중요한 것은, 하나의 명쾌한 통합적 기업 전략을 가진다는 건 바로, 어떤 결정을 할 때 그 결정이 기업이 추구하는 방향과 일치하느냐에 따라 곧바로 평가를 받거나 수정된다는 걸 의미한다는 사실이다. 신속하고 효과적인 의사 결정을 내릴 수 있다는 사실은, 공동의 전략에 대한 고위 간부들의 강한 지지와 지원을 전제하고 있다는 점에서, 결정 내용을 집행하는 데도 훨씬 수월해짐을 의미한다. 하지만 이와 대조적으로, 통합성의 원칙이 관철되지 않는 기업에서는 다음과 같은 현상이 끊임없이 일어난다.

- 재정적인 결과를 놓고서만 모든 걸 판단한다.
- 의사 결정 주기가 길어지고, 무엇이든 분석하려고 한다.
- 새로운 사업에 대해 판단할 때, 주로 재정적인 관점에서 합당한지부터 따진다.
- 하다가 마는 사업들이 많아진다.
- 내부의 자원을 서로 차지하려고 각 사업 단위들끼리 치열하게 경쟁한다.
- 개별적인 사업 단위들이 자신이 확보한 핵심적인 기능 자원을 독점하려는 경향을 보인다.

- 핵심 자원에 대한 보안 조치를 지나칠 정도로 강화한다.
- 고위 간부들과의 갈등이 잦아지고, 갈등의 강도도 커진다.
- 상이한 하부 구조와 체계 그리고 처리 과정이 점차 늘어난다.
- 여러 개의 하부 구조와 시스템을 조정하기가 점차 힘들어진다.
- 하부 조직에서 일하는 걸 고위 간부가 되기 위한 필수 경로로 생각한다.
- 내부의 자원을 각 사업 단위별로 어떻게 할당할 것인가 하는 내용이, 고위 간부들이 참석하는 회의의 주된 안건이 된다.
- 하부 사업 단위를 혁신하려 해도 잘 되지 않는다.
- 긴장의 정도가 높아지고 도덕성이 해이해진다.

만일 당신 회사에서 이런 일들이 일어나고 있다면, 당신은 전 조직을 통괄할 수 있는 통합적 기구를 우선적으로 만들어야 할 것이다. 이 말은, 당신이 통합적 전략과 리더십의 틀을 우선적으로 마련해야 한다는 뜻이다.

통합적인 기업 전략은 공동의 핵심적인 원칙들로 시작할 수 있다. 진출한 여러 시장에서 1위나 2위를 차지하겠다고 목표를 설정한 GE의 사례가 바로 이런 경우다. 기업의 전체 조직을 관통하는 프로그램을 실시한다고 할 때, 이것도 통합적인 기업 체계를 잡아가는 중요한 진전이라고 할 수 있다. '식스 시그마'나 품질 개선 운동 혹은 사이클 단축 운동 등과 같은 통합적인 프로그램은 통합적인 원칙을 설정하는 데 중요한 수단이 된다. 궁극적으로 통합적 기업 전략을 세운다는 것은, 전체 조직에서 통합적으로 이루어지는 핵심 사업들과 관련해서 단일한 장기 계획을 세우는 것이다. 단일한 전략에 입각해서 기업이 전체 조직 차원에서 과감하게 설정한 목표를 달성하기 위해 노력할 때, 비로소 돌파 전략이 시작되었다고 말할 수 있다.

통합성의 원칙을 맨 처음 구체적으로 실행하기에 가장 적절한 프로그램은, 고위 간부들을 단일한 지도 집단으로 조직하는 일이다. 이런 통합적인 리더십의 틀을 구축하는 작업은 간부들을, 조직을 최상의 상태로 끌어올리고 유지하기 위한 협의체의 형태로 조직하는 것부터 시작할 수 있다. 간부들을 자기가 속한 좁은 사업 단위의 임무에서 벗어나 전체 기업의 이익을 가장 중요하게 생각하게끔 조직하는 것은 결코 사소한 일이 아니다. 이런 작업을 가장 훌륭하게 수행한 사람으로 제르 스테드를 꼽을 수 있다. 그는 1990년대 말 잉그램 마이크로를 놀라울 정도로 성장시킨 장본인이다. 1990년대 중반 제르가 AT&T에서 제품 사업부의 책임자로 있을 때 그와 작업을 한 적이 있다. 제르는 여러 해 동안 적자를 내고 있던 당시 상황이 리더십의 부재로 인해 빚어졌다고 판단했다. 제품 사업부의 고위 간부들은 외부와의 경쟁보다 조직 내의 경쟁자들을 우선적으로 의식하고 행동했다. 간부들을 단일한 팀의 협동 체계로 이끌지 못한 상황에서 제르는 간부들을 전면 교체해야 한다는 건의를 받았다. 제르는 이 건의를 물리치고, 기존의 간부들과 새로운 계약을 맺는 방식을 택했다.

서열 40위까지의 간부들이 모인 자리에서 제르는 기존의 보너스 제도를 없애고 새로운 제도를 도입한다고 발표했다. 새 제도의 핵심은 간부들이 공동으로 인센티브를 받게 하는 것이었다. 첫 해에는 보너스가 지급되지 않지만, 그 다음해에 목표를 달성할 경우 기존에 개별적으로 받던 액수보다 훨씬 많은 인센티브를 지급한다고 약속했다. 하지만 간부들 가운데 단 한 사람도 목표를 달성하지 못하는 사람이 없어야 한다는 조건이 붙었다. 이 제도를 도입하면서 제르가 의도한 건 분명했다. 첫째, 간부들은 모두 조직의 장기적인 성공 전략을 우선적으로 생각해야 한다는 것이며 둘째, 간부들은 전체 사업의 다양한 조직에서 긴밀하게 협조함으로써 각 단위의 목표를 함께 달성해야 한다는 것이다. 그리고 셋째, 목표를 달성하고 보상을 받으려면 간부들이 하나의 팀이 되어 효과적인 리더십을 발휘해야 한다는 것이다.

이 새로운 인센티브 제도의 시행에, 새로운 목표에 초점을 맞추고 간부 개개인을 일 대 일로 지도한 제르의 리더십이 결합하자 성과는 곧바로 나타났다. 놀라운 결과였다. 적자는 곧 흑자로 돌아섰고, 그 후 여러 해 동안 연속적으로 놀랄 만한 수익률과 성장을 기록했다. 이랬던 그가 잉그램 마이크로에서도 놀라운 결과를 내놓았다. 매출액이 1995년 86억 달러였던 잉그램 마이크로는 2000년에는 300억 달러를 기록하며 업계에서 시장 주도자의 위치로 올라섰다.

이 사례와 IBM, GE 및 다른 기업의 사례에서 볼 수 있듯이, 통합성의 원칙을 성공적으로 이끌어내고 집행하는 것은 최고경영자의 능력에 달려 있다. 통합적 기업의 지도자에 대한 이야기는 뒤에서 중점적으로 할 것이다. 최고경영자의 강력한 리더십과 고위 간부들의 응집력 있는 팀워크가 전제되어야 통합적 기업의 특성이 나타날 수 있다. 통합성의 원칙을 강력하게 견지하는 기업이라면 일반적으로 다음과 같은 특징을 가지고 있다.

- 여러 전략적 원칙과 프로그램들, 그리고 궁극적으로 단일한 핵심 전략을 공유한다.
- 리더십 개발을 위해 중앙집권화한 공동의 리더십 틀을 가지고 있다.
- 경영 철학과 정책, 실천 지침들을 공유한다.
- 단일한 기업 문화를 공유한다.
- 하부 구조와 체계들이 통합되어 있다.
- 업무의 흐름이 통합되어 있다.
- 목표를 공유한다.

그러나 이런 특징을 가지고 있다는 사실만으로는 돌파 전략을 성공적으로 이끌지 못한다는 사실을 분명히 알아야 한다. 여기서 당신은 다음 질문을 자신에게 던져야 한다.

"우리는 돌파 전략을 가지고 있나? 솔직히, 그런 전략을 원하고 있기나 한가?"

3장 | 전략 수립

건전한 전략은 자신을 알고 외부 환경을 아는 것에서부터 출발한다. 자신을 안다는 것은 자기 회사의 자원과 현재의 기업 형태, 능력을 파악한다는 것뿐만 아니라 정체성의 핵심이 무엇인지 아는 것까지 포함한다. 기업의 정체성을 명확하게 파악하면 전략 결정이 훨씬 쉬워진다. 좋은 예가 하나 있다. GE는 단기短期, 하이테크 기술 사업에 참여하지 않는다. 지난 10여 년 동안 GE는 회사가 보유한 단기 사업 부문을 단계적으로 매각해왔다. 여기에는 가전제품과 반도체도 포함되어 있다. 이런 부문은 GE의 전략과 경영 정체성에 맞지 않기 때문이다. GE는 자신의 전략적 · 경영적 모델이 어디에서 가장 잘 적용되며, 또 어디에서 효과적이지 못한지 잘 알고 있다. GE는 (비록 성숙하진 않지만) 안정적인 자본 집중 산업 부문에 회사의 모든 노력과 자원을 쏟아 붓는다. 정체성과 맞아떨어지는 분야에서 최고의 능력을 발휘하지만, 전혀 다른 능력과 전략과 경영 모델을 필요로 하는 분야는 신중하게 피하고 있는 것이다.

이와 마찬가지로, 자율성에 기초한 수많은 기업들이 대규모의 통합적인 체계를 피하고 있다. 혁신적인 제품을 새로이 만들어내는 데 강점을 가지고 있는 회사인 모토로라는 네트워크를 새로 구축하는 등의 하부 구조와 관련된 사업에서는 약점을 보인다. 건전한 전략을 수립하는 데는 먼저 자기 자신을 잘 이해하는 게 핵심이다. 이런 점으로 비추어볼 때, 탈중심화한 경영 모델은 돌파 전략이 적합하지 않다고 할 수 있다.

돌파 전략을 추구하는 데 기본적인 필요조건은, 3년에서 5년 혹은 그 이상의 기간 동안 단일한 핵심 전략에 집중할 수 있는 능력이다. 또한 이 기간 동안 고위 간부 집단의 리더십이 일관성을 유지해야 한다. 이런 점들이 돌파 전략을 성공적으로 추진하는 데 필요한 핵심적인 요소들이다. 어떤 기업이 벌이고 있는 사업의 구성(포트폴리오)이 그다지 복잡하고 넓지 않은, 덩치가 크지 않은 기업이 특히 본질적이고 급진적인 전략을 추진하기에 더 유리하긴 하다. 발 빠르게 움직일 수 있기 때문이다. 하지만, 그렇다고 해서 회사가 가지고 있는 자원이라는 요소가 돌파 전략을 구사하는 데 한계로 작용하지는 않는다. 돌파 전략은 기업 규모와는 상관 없이 성공할 수 있다. 뿐만 아니라 기업의 나이도 한계로 작용하지 않는다. 종래 유지해왔던 전략을 가장 효과적이고 신속하게 바꾼 회사들의 5분의 3이 창립된 지 50년이

넘은 기업들이었다. 아메리칸 스탠더드, 알리안트, 그리고 IBM 등이
그 사례이다.

돌파 전략은 또한 어떤 산업 분야에서도 가능하다. 근본적인 질문
은, 어떤 시장에서건 돌파 전략을 추진할 통찰력과 진취성을 누가 가
지고 있는지, 그리고 이 전략을 추진할 수 있는 리더십을 과연 누가
조직할 수 있는지이다. 기업의 정체성을 바꾸려면, 명쾌한 혁신 전략
을 마련해야 할 뿐만 아니라, 신념과 집중력, 불굴의 정신 그리고 그
이상의 것들을 갖추어야 한다. 이러한 요소들이 바로 돌파 전략을 이
루어내기 위한 내부적인 조건이다.

비록 이런 조건들을 갖추었다 하더라도, 당신은 다시 다음과 같은
질문에 대답해야 한다. 돌파 전략이 가능한가? 이게 바람직한가?
(혹은, 이런 질문도 때로 유효하다) 과연 그럴 필요가 있을까? 도표 3-1
을 보면서 이런 사항들을 살펴보기로 하자.

- 시장에서 차지하는 현재의 위치 그리고 현재의 기업 형태, 운영
  및 수익 결과를 유지한다.
- 현재의 기업 형태와 위치, 운영을 최적화해서 수익성을 개선
  한다.
- 확장을 추진하거나 제품, 시장, 혹은 업무 활동을 개선한다.
- 기업의 공정 혹은 처리 과정을 획기적으로 개선하고, 기업의 형
  태를 재조정하며, 시장에서의 위치를 바꾸고, 수익성을 보다 큰
  폭으로 늘리기 위해서 과감한 목표를 설정하고 추구하는 강력

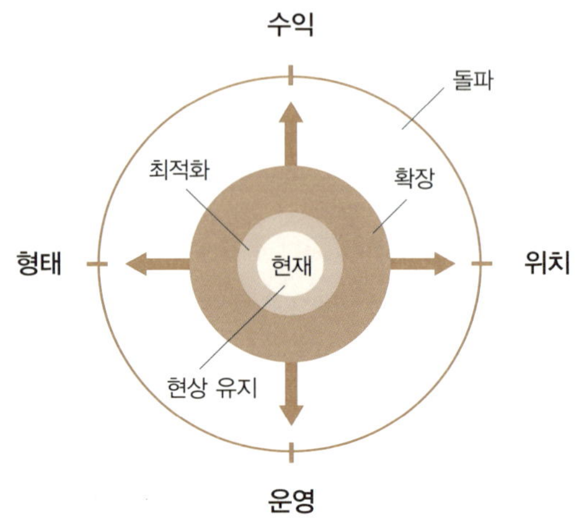

한 전략을 추진한다.

현재의 전략에 만족하며 그걸 유지하겠다는 기업은 많지 않다. 성공 사이클의 맨 꼭대기에 있는 기업, 혹은 살벌하리만치 경쟁이 치열한 시장에서 특정 부문을 점유하고 있는 기업 같은 경우면 유지 전략을 선택할 수 있다. 하지만 대부분 경우에 시장의 조건은 끊임없이 변화하며, 가장 성공적인 전략이라 하더라도 시간이 지나면 효율성이 줄어들게 마련이다. 극단적인 경우로, 특히 경쟁이 치열한 분야의 시장에서는 끊임없이 혁신하지 않으면 살아남을 수가 없다. 이런 상황에 놓인 기업이라면 과감한 전략이 유일한 해결책이 될지도 모른다. 근본적인 변화가 일어나는 분야에서는 현상 유지나 최적화, 혹은 점진적인 확장 전략은 아무 소용이 없다. 여러 기업들이 수많은 돌파 전략들을 채택한 이유는, 조직이 직면한 위기를 돌파하기 위해서는 그게 유일한 선택이었기 때문이다.

돌파 전략을 채택하려면 먼저 다음 두 가지 근본적인 사항이 전제 되어야 한다. 첫째, 회사의 내부적인 자원과 체계가 급진적이고 과감 한 전략을 지속적으로 뒷받침할 수 있어야 한다. 둘째, 이런 전략이 외부 환경을 고려할 때 가능한 것이어야 한다.

경쟁력을 고려할 것

돌파 전략을 세우기 전에 먼저 외부 환경을 아주 꼼꼼하게 살펴보 아야 한다. 급진적이고 과감한 전략이 모든 기업에 늘 현명한 선택이 되는 건 아니다. 돌파 전략은 어떤 시장에서건 가능하지만, 이런 공 격적 시도가 늘 적절하지는 않다. 돌파 전략을 선택하고 추진하는 데 는 경쟁과 관련된 요소들이 결정적인 작용을 한다.

경쟁과 관련해서 전략을 세우는 일은 핵심적인 경쟁의 위치, 구조, 그리고 모든 산업에서 나타나는 역학 등에 관한 포괄적이고도 본질 적인 이해를 전제로 한다. 급진적이거나 그렇지 않거나 상관없이 모 든 전략은 이런 이해를 기초로 해서 설정된다. 시장에 새로 진입하거 나 시장에서의 위치를 바꾸려는 기업은 경쟁과 관련된 여러 조건들을 우선적으로 파악해야 한다. 성공 사이클 형성에 성공한 기존 경쟁자들의 시장 위치 및 거기까지 가는 데 거쳤던 과정을 면밀하게 살펴보는 것에서부터 분석을 시작하라. 그 다음, 시장에서 경쟁자들이 어느 위치를 차지하고 있으며, 또한 시장에서 주도적 역할을 하는 경쟁자들의 시장 상태와 위치 이동의 경향을 분명하게 파악하라. 가장 중요하게 초점을 맞추어야 할 것은 시장 주도자가 현재 시장에서 차지하고 있는 위치와 역할 그리고 이들 기업의 상태이다.

가장 크고 좋은 몫 : '사자의 몫'

건강한 시장 주도자는 가치 점유율이 시장 점유율보다 더 크다. 시장 점유율에 대한 가치 점유율의 비율이 1보다 크다는 사실은, 그 기업이 고도의 경쟁 전략을 갖추고서 왕성한 활동을 한다는 것을 의미한다. 이런 위치를 유지하는 기업이야말로 진정한 시장 지배자가 될 수 있다. 인텔이나 마이크로소프트 그리고 월마트 등을 이런 '사자'로 꼽을 수 있다.

2003년 매출액과 시장 자본이 2,500억 달러에 이르는 월마트는 세계에서 가장 큰 잡화 소매기업이다. 월마트는 도표 3-2에서 보듯이, 시장 점유율 50퍼센트에 가치 점유율 75퍼센트를 기록하며 타깃, 시어스, 코스트코 등의 다른 경쟁자들을 압도하고 있다.

다른 산업에서도 시장 지배자들은 월마트처럼 압도적으로 시장을 지배한다. 하지만 승자는 사자처럼 최대 몫을 차지하는 기업만이 아니다. 이번에는 월마트를 제외하고 나머지만을 살펴보자. 도표 3-3

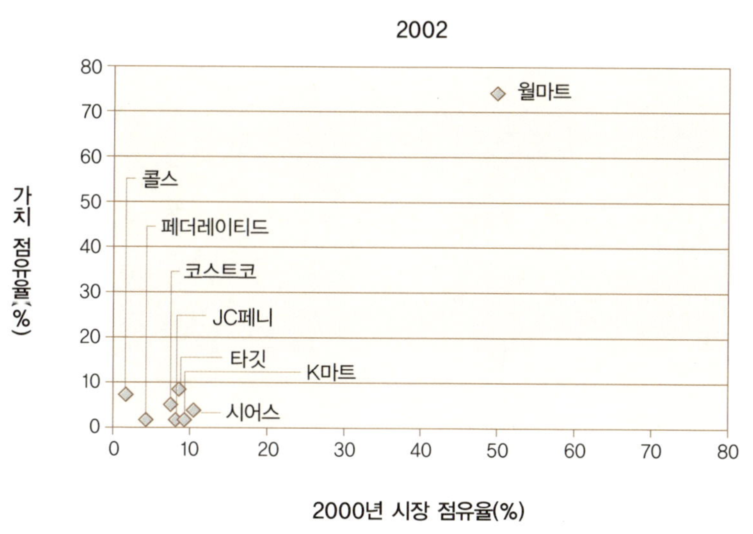

을 보면 월마트에 이어 두 번째 승자가 누구인지 알 수 있다.

콜스는 의복, 양말, 액세서리, 그리고 가정용품 등을 할인점 가격 구조에 가까운 가격으로, 그것도 쾌적한 분위기에서 판매하는 고급 백화점이라는 독특한 틈새시장을 형성했다. 콜스에서는 나이키, 리바이스, 챔피언 그리고 크룹스 등의 고급 브랜드를 80퍼센트 비율로 구비하고 나머지 20퍼센트를 중저가 브랜드로 구성하고 있다. 이는 시어스나 JC페니가 이 비율을 50 대 50으로 구성하고 있는 걸 염두에 두면 뚜렷한 대조가 된다.[1] 7,400평방미터의 콜스 매장은 백화점이나 할인점보다 좁아서 고객이 상품을 찾기에 한결 수월하다. 이들 매장

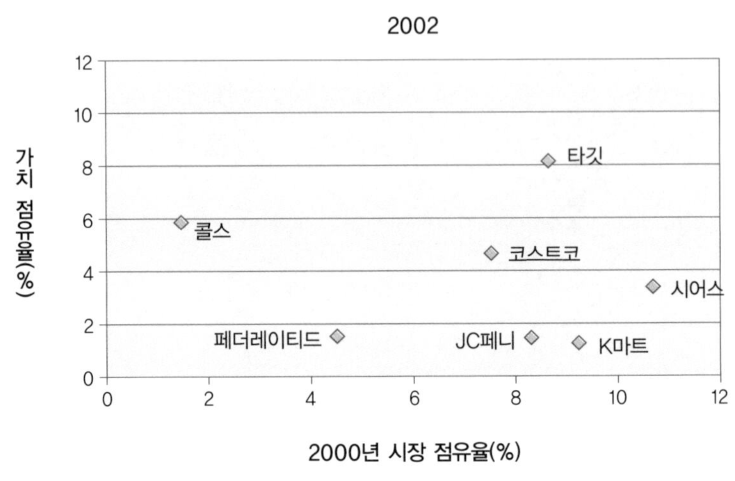

은 대개 독립적인 곳에 자리 잡고 있다. 통로가 넓고 패션 소품을 적절하게 배치해서 깔끔하고 편안하며, 또한 쾌적하게 상품을 구매할 수 있도록 한 게 특징이다. 콜스의 300개 점포는 모든 걸 다 갖춘 백화점보다 제품 선택의 폭이 좁은 건 사실이다. 하지만 콜스는 판매 제품에 한해서는 크기나 색상에 관해 다양한 선택을 할 수 있도록 경쟁사의 어떤 매장보다 재고를 충분히 확보하고 있다. 콜스가 비할인 정상 가격으로 제품을 판매하는 비율은 업계 평균을 훨씬 웃돈다.

처음에 콜스는 고급 백화점 머빈스의 모델을 따라서 의복과 가구 및 가정용품 분야에 초점을 맞추었다. 유명 브랜드의 상품을 할인 판매하면서 콜스는 메이시와 시어스 같은 대형 백화점과 타깃, 월마트 같은 교외의 대형 할인 매장 사이에 틈새시장을 개척했다. 50억 달러라는 판매액은 월마트, 시어스, 타깃, K마트 등과 비교할 때 상대가 되지 않을 정도지만, 콜스의 수익률과 매장 증가율은 가파르게 상승하고 있다. 도표 3-3에서 볼 수 있듯이, 콜스의 시장 점유율은 1.25퍼센트밖에 되지 않지만 전체 시장의 가치를 6퍼센트나 차지하고 있다. 틈새시장을 확보한 콜스의 시장 점유율 대비 가치 점유율 비율이 450퍼센트 이상이나 되는데, 이는 소매점의 성공 신화를 기록한 타깃을 넘어설 뿐만 아니라, 시장 지배자인 월마트와 비교해도 세 배나 되는 수치이다. 틈새시장 점유자를 아칸소의 소매업계 공룡과 비교한다는 게 무의미할 것 같지만, 사실은 그렇지 않다. 견실한 틈새시장 점유자가 얼마나 큰 가능성을 가지고 있는지 분명하게 확인할 수 있기 때문이다.

가치 분포

잡화 소매업은 산업 가치 분포의 포괄적인 모습을 파악하기에 좋은 분야이다. 시장 지배자는 사자의 몫, 즉 최대의 몫을 분배받는다. 틈새시장을 성공적으로 점유한 기업이나 시장에 성공적으로 진입한 기업 역시 프리미엄을 보장받는다. 하지만 이와 반대로, 나머지 중간 집단에 속한 기업들은 불리함을 감수해야 한다. 도표 3-4는 여러 산업에서 공통적으로 드러나는 유형을 나타내고 있다. 수익성이 좋은 틈새시장 기업이 자기 영역을 보다 확고하게 강화할 경우나 시장 지배자가 시장에서 공격적인 태도를 보다 강화할 경우 훨씬 유리하다

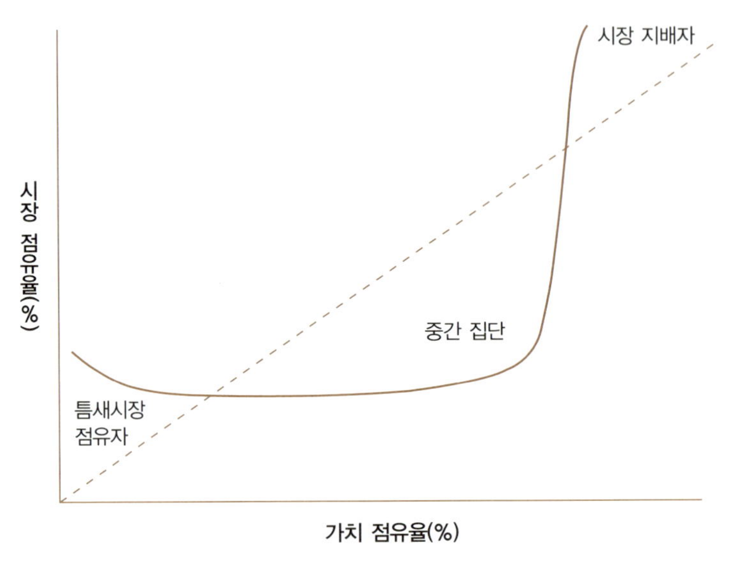

는 걸 확인할 수 있다.

어떤 전략을 선택하기 전에 목표 시장의 조건을 평가하고, 경쟁자의 시장 위치와 추이 그리고 자기 기업이 속한 위치를 정확하게 평가하고 파악해야 한다.

경쟁 전략, 개념, 그리고 도구

에모리 대학교의 자디시 세스 교수가 개발한 이론 틀을 경쟁 관련 역학을 이해하는 데 유용한 도구로 활용할 수 있다. 그의 이론 틀은 주어진 시장에서 경쟁자들을 '이너서클(inner-circle, 핵심 집단)'과

- 가능한 모든 제품과 서비스의 출시
- 잘 알려져 있고 가치가 있는 브랜드
- 광역 시장 범위
- 광역 판매망 범위
- 전체 시장을 아우르는 판매 및 서비스
- 기존에 개발된 기술 자산
- 광범위한 연구 개발 프로그램
- 핵심적인 가치 사슬(value chain, 부가가치를 창출하는 과정－옮긴이) 영역에서의 수직적 통합
- 가치 사슬의 수평적 통합

'아우터서클(outer-circle, 비핵심 집단)'로 분류한다. 이너서클 기업들은 최대치의 규모와 영역에서 경쟁을 한다. 이들은 수많은 핵심 요소들을 아우르는 포괄적인 전략을 구사한다.

도표 3-5는 기존의 고전적인 시장 주도자의 특징을 나타내고 있다. 이것은 필연적으로 상당한 고정 비용을 필요로 한다. (세계적인 브랜드는 더 말할 것도 없고) 국가적인 브랜드를 형성하려면 광고 및 관련 부문에 수억 달러의 비용을 지출해야 한다. 판매 및 서비스 조직을 구축하고 유지하는 데 드는 비용은 이보다 더 많은 액수이며, 주요 기술 부문에 투입되는 연구개발 비용도 연간 수십 억 달러에 이른다. 내부 집단 전략은 비용이 많이 드는 선택이다. 이 전략과 관련해서 높은 고정 비용이 든다는 사실에서 중요한 법칙이 탄생한다.

보스턴 컨설팅 그룹을 창립한 브루스 헨더슨은 1970년대에 '3의 법칙'을 만들었다. 안정적인 시장에서는 의미 있는 경쟁자가 셋보다 더 많을 수 없다는 법칙이다. 세스 역시, 성숙한 산업 분야에서 수익성이 좋은 이너서클은 셋 이상 존재할 수 없다고 주장했다. 3의 법칙은, 더 이상 개발의 여지가 없는 성숙한 시장에서 시장을 주도하는 기업은 고정 비용의 압박 때문에 최소한 10 내지 20퍼센트의 시장을 점유해야만 생존이 가능하다는 전제를 하고 있다. 이 법칙은 또한, 시장이 성숙하고 경쟁이 치열해질수록 셋보다 더 많은 기업이 수익성을 유지하는 이너서클 전략을 구사할 수 없다고 주장한다. 비록 비용 요소가 변화한다 하더라도 3의 법칙은 모든 시장에서 적용된다는 것이다.[2]

시장 진화의 초기 단계에서는 다섯 개, 열 개 혹은 그 이상의 기업들도 시장 주도권을 놓고 경쟁할 수 있다. 하지만 성장 국면에 들어서면 이 경쟁자들의 수는 일곱 개 혹은 그보다 더 적은 수로 줄어든다. 그리고 시장이 성숙하기 시작하면 3의 법칙이 지배하고, 시장의 60에서 80퍼센트를 이너서클에서 점유하며, 나머지 부분을 놓고 아우터서클과 틈새시장 개척자들이 경쟁을 벌인다.

이미 성숙한 시장에도 세 개 이상의 이너서클 기업들이 수익성을 유지하면서 존재할 수 있지만, 이는 아주 특별한 경우일 뿐이다. 하나 혹은 그 이상의 참여자들은 모기업을 전략적으로 지원하기 위해 같은 시장에 존재하는 경우가 대부분이다. 예컨대 미국의 텔레비전 방송 사업 시장에 여러 해 동안 수익성이 있는 이너서클 기업들이 공존해왔다. 지난 10년 동안에 폭스 TV가 이너서클로 들어오자 네 개의 핵심 기업 가운데 NBC 단 한 하나만 수익성을 유지했다. 디즈니는 ABC를 지원했으며, 웨스팅하우스와 비아콤이 CBS를 지원했고, 뉴스코프는 폭스를 지원했다. 끈기 있는 모기업이 한계를 초월해가면서 이너서클에 진입한 자회사를 지원할 수 있다. 일본에서든 한국에서든, 그리고 유럽이나 미국에서 세 개 이상의 이너서클 경쟁자들이 같은 시장에서 경쟁하는 걸 얼마든지 볼 수 있다. 하지만 그렇다고 해서 이런 현상이 3의 법칙을 부정하는 건 아니다. 대부분의 성숙한 시장에서 세 개보다 더 많은 이너서클 기업들이 동시에 수익성을 유지할 수는 없기 때문이다.

아우터서클 경쟁 기업 : 한때는 이류로 치부되던 아우터서클 기업들을 요즘 새롭게 인식하고 있다. 시장 점유율과 투자 수익이 선형적으로 일치한다고 보았던 전통적인 견해가 최근 수정되고 있는 것이다. 이 둘의 상관관계에 대해서 지금은 도표 3-6처럼 파악하고 있다.

어떤 시장에서건, 시장 점유율은 최소치에 가깝지만 그럼에도 불구하고 매력적인 투자 수익을 기록하는 작은 회사들이 많이 있다. 이들 기업은 흔히 개인 기업들이 많고, 이 기업주들은 상대적으로 적은 매출액에도 불구하고 멋진 경영 성과를 이룩해냈다고 볼 수 있다.

전형적인 아우터서클 기업은 대기업과 회사의 형태가 판이하게 다르다. 순수한 아우터서클 전략은 특화된 시장 수요와 고객에 초점을 맞추어서 제품이나 서비스의 다양성을 최소한으로 줄인다. 아우터서

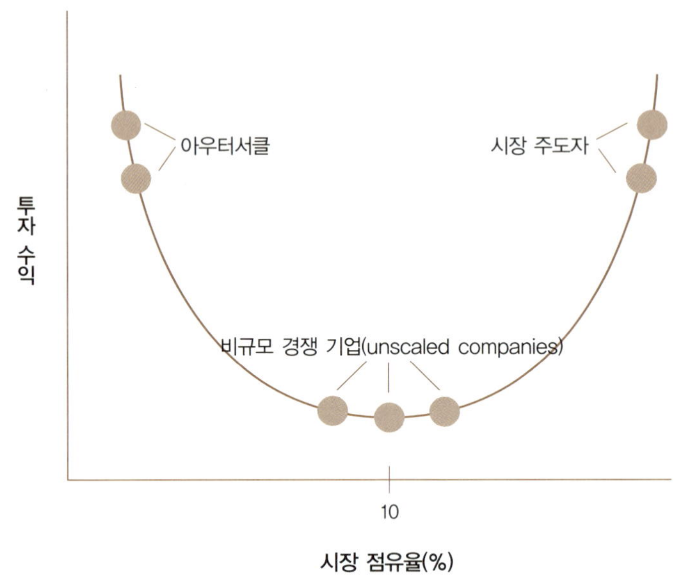

클 기업은 대규모 시장을 목적으로 하는 브랜드 구축에 투자를 하지 않으며, 수직적으로 통합되어 있지 않고, 제3의 영역에 기초해서 가치를 창조한다. 이런 기업은 특별한 기술을 보유하고 있거나, 전문화된 특정 시장 영역에 관한 한 그 누구보다도 깊은 전문성을 확보하고 있다.

이 아우터서클 기업이 성공한 기업으로 계속 남으려면 다음 세 가지 사항을 조심해야 한다. 첫째, 덩치가 큰 경쟁자들의 조직과 비용 구조를 따르고 싶은 충동을 억제해야 한다. 일반적으로 틈새시장 점유자들은 추가 비용을 들이는 일에 조심해야 한다. 아우터서클 기업은 규모에 근거한 전략을 설정해서는 안 된다. 조직과 재정 그리고 운영에 관해 이너서클이 규정한 경영상의 원칙이나 지침을 결코 모방해서는 안 된다. 시장의 핵심 경쟁자들의 모델을 받아들여서도 안 된다. 틈새시장 점유자로서 계속해서 살아남을 수 있을 것인가는 이들이 과연 비용 구조와 기술 기반, 수익 창출 과정, 그리고 고객 관계를 얼마나 차별화할 수 있느냐에 달려 있다. 이들은 끊임없이 자신의 정체성을 확인하고, 또 차별성 있는 고객의 요구를 창출해낸다. 차별화가 없다면 이들 기업은 금방 무너지거나 혹은 쉽게 이너서클 경쟁자들에게 흡수되고 말 것이다.

둘째, 현재의 수익 영역에서 벗어나 시장의 중심 영역으로 나아가고 싶다는 욕심에 성장 기회를 추구하는 우를 범하지 말아야 한다. 틈새시장은 일반적으로 성장 기업의 영역이 아니다. 틈새시장을 차지하고 있는 기업의 성장 방향은 자신들의 틈새시장 공략 능력을 최대한 살려서 또 다른 틈새시장을 개발하는 것이다. 이들 기업이 틈새시장에서 성공을 거두고 이너서클에 가입할 조건을 갖추었다고 스스로 판단하고 그런 시도를 한다면, 그건 파멸의 길을 선택하는 것이다. 이너서클에는 전혀 다른 규칙이 적용되기 때문이다. 다多틈새 전략을 구사한다면 이들 앞에 성장의 가능성은 훨씬 더 넓게 열릴 것이다. 그렇게 되면 이들 기업은 흥미진진하고도 특이한 아종亞種의 시장 영역을 개척할 수도 있다. 틈새시장 점유자는 아우터서클 영역에서만도 매출액 규모를 두세 배까지 키우는 게 가능하다. 대표적인 예로 다틈새 전략을 구사하는 레이켐은 매출액이 500만 달러 미만인 사업 단위를 2천 개 이상 운영하고 있다.

셋째, 아우터서클 기업은 자신이 확보한 틈새시장을 방어할 수단을 반드시 확보해야 한다. 이 틈새시장이 이너서클이나 다른 경쟁자들은 접근하기도 힘들뿐더러, 설령 접근한다 하더라도 그다지 매력적으로 보이지 않게 만들어야 한다. 특히 이 틈새시장 진입에 필요한 기술 투자 장벽을 높이는 게 좋은 방법이 될 수 있다. 경제의 규모에 전략 초점을 맞춘 이너서클 경쟁자들은 특히 사업 방침을 고치기 싫어할 것이다. 차별성이 있는 틈새시장의 수요에 맞춘 독특한 여러 솔루션들로 쉽게 옮겨 다니지 못하도록 장벽을 높이 구축하는 기업이 훌륭한 틈새시장 기업이라 할 수 있다. 하지만 덩치 큰 경쟁자들은 늘 시장을 탐색하고 있으며, 언젠가는 이 틈새시장으로도 파고들 것이다.

틈새시장 기업의 존재 여부는 이너서클 경쟁자들에 의해 좌우된다. 이런 규칙을 충분히 인정할 때에 비로소 성공한 기업으로 계속 남을 수 있다.

비규모 경쟁 기업 : 하지만 이런 희망적인 가능성이 없는 기업들도 있다. 도표 3-6의 시장 곡선에서 가운데 부분은 투자 수익이 극히 낮다. 이 영역에 위치하는 기업들은 실제로 수익성이 매우 낮다. 특히 시장이 위축될 때는 더욱 그렇다. 이런 기업들이 전형적인 비규모 경쟁 기업이다. 이들은 일반적으로 충분한 시장 점유율을 확보하지도

못한 채 이너서클의 비용 구조를 갖추고 있다. 때문에 경기 변동과 시장 위축에 극히 민감하게 반응하고 타격을 입는다. 개인용 컴퓨터 시장이 성숙하기 시작할 즈음의 게이트웨이 컴퓨터와 같은 기업이 좋은 사례이다. 델과 컴팩, IBM, 그리고 HP에 이어 시장 점유율 5위를 기록하던 게이트웨이가 채택한 주류主流 전략은 개인용 컴퓨터 시장이 빠르게 성장하는 동안에는 효과적이었다. 하지만 개인용 컴퓨터 시장에서 매출액과 이윤이 점차 감소하자 기업도 갑자기 성장을 멈추고 말았다. 이너서클의 비용 구조와 기업 형태를 갖추긴 했지만 이를 감당할 만한 매출이나 수익이 뒤따라주지 않자 게이트웨이는 이러지도 저러지도 못하는 위험 지대에 놓이고 만 것이다. HP와 컴팩이 합병하면서 개인용 컴퓨터 사업 분야에서 마지막 세 번째 자리를 차지해버리자, 게이트웨이는 확실한 비규모 경쟁 기업의 위치로 전락해버렸다. 비규모 경쟁 기업이 선택할 수 있는 길은 두 가지밖에 없다. 수익성 있는 틈새시장으로 후퇴하거나, 아니면 시장 점유율을 높여서 수익성을 높이는 것이다. 이 가운데 어느 걸 선택하는 게 바람직할까? 대답은 기본적으로 단 하나의 요인에 달렸다. 그건 다른 경쟁자들이 시장에서 차지하고 있는 위치이다. 만일 세 개의 이너서클 기업들이 각각 35퍼센트, 30퍼센트, 20퍼센트의 시장을 차지하고 있다면, 이너서클로의 진입을 시도하는 건 바보짓일 것이다.

이런 경우 선택할 수 있는 길은 다시 두 가지뿐이다. 회사를 인수할 사람을 찾거나, 아니면 수익성 있는 틈새시장으로 퇴각하는 것. 후자의 전략을 선택한다면, 지금 현재의 경영 체제로는 불가능하다는 사실을 명심해야 한다. 회사를 현재와 같은 위기 상황으로 몰아넣은 경영진은 수익성 있는 틈새시장을 개척할 능력 역시 없다고 보아야 한다. 이런 일에 전문적인 능력을 발휘하는 전문가의 도움을 받아 틈새시장 개발로 전략을 선회할 수도 있을 것이다. 그렇지 않다면, 시장 위치를 보다 공고히 하려는 시장 주도 기업에 매각되는 길을 걸어야 할 것이다.

이것 말고 또 다른 길은 없을까? 다른 시나리오를 상상해보자. 이 회사가 빠르게 성장하는 시장에서 각각 5퍼센트에서 15퍼센트에 이르는 시장 점유율을 기록하는 여섯 개 기업 가운데 하나라고 치자. 이 회사는 세 개의 포괄적인 전략적 선택을 고려해야 한다. 첫 번째 대안은 가능한 한 공격적인 경영을 펼쳐서 시장의 주도권을 장악하는 것이다. 합병이나 매입이라는 수단을 쓸 수도 있다. 이 기업은 공격적인 성장 전략을 뒷받침할 수 있는 재원을 마련하기 위해 상장上場의 길을 걸어가야 한다. 두 번째 대안은, 다른 회사와 합병함으로써 시장에서 승리를 거둘 회사의 한 부분이 되는 것이다. 차세대의 시장 주도자와 적절한 시기에 합병을 한다면 승리의 영광을 나누어 가질 수 있을 것이다. 세 번째 대안은, 시장에서의 균형점을 일거에 무너뜨릴 수 있는 돌파 전략을 마련하고 이를 성공적으로 추진해서 시장을 지배하는 것이다.

이 시나리오에 입각할 때 흥미진진한 변수는 다른 다섯 개 기업의 의도이다. 만일 여섯 개 기업이 모두 공격적으로 나섰는데 어느 기업도 선두 주자로 떠오르지 않는다면, 여섯 마리의 말이 벌이는 이 경주는 결정적인 사건으로 시장의 균형이 무너져, 하나 혹은 그 이상의 기업으로 무게중심이 이동할 때까지 계속될 것이다. 하지만 이런 상황이 일어나지 않는다면? 그리고 어떤 기업도 시장에서 주도권을 행사할 만큼 점유율을 확보하지 못한다면? 이 경우 시장 바깥에 있던 다른 기업이 이들 기업 가운데 하나를 매입하고 새로운 동력을 불어넣음으로써 시장의 주도권을 잡을 수도 있다. 이 경주의 승리는 주로 자본, 고객, 그리고 경쟁력 있는 전략이라는 세 가지 요인에 의해 결정된다.

비규모 기업은 불안정한 상태이므로 반드시 어느 방향으로든 이동해야 한다. 수익성 있는 틈새시장을 찾아 몸을 숨기거나, 아니면 이너서클의 점유율과 시장 위치를 노리고 곧바로 전투에 돌입해야 한다.

시장에 비규모 경쟁 기업이 존재할 때, 시장을 주도하는 기업은 이 기업에 깊은 관심을 기울일 수밖에 없다. 이런 기업은 필연적으로 시장을 불안하게 뒤흔들어놓기 때문이다. 만일 이런 기업이 전통적인 방식으로 시장 점유율을 확보하려고 한다면 어렵지 않게 대처할 수 있을 것이다. 하지만 이런 기업들은 흔히 비정상적인 전략을 구사하거나 시장의 규칙을 깨면서까지 점유율을 확보하려고 들기 때문이다. 비규모 경쟁 기업은 돌파 전략을 채택할 가능성이 가장 높은 집단이다. 또한, 이 기존 시장에 발판을 마련하려고 외부 기업이 비규모 경쟁 기업을 매입할 수도 있다. 이 경우 기존의 이너서클은 한층 더 긴장하게 될 것이다.

시장을 어떻게 규정할 것인가

목표 시장에서 핵심적 역할을 하는 기업들의 경쟁적인 위치를 이해하는 것은 전략을 수립하는 데 필수적인 과정이다. 전략을 수립하는 사람이 가장 본질적인 문제로 받아들이는 건 시장의 범위와 영역을 어떻게 설정할 것인가 하는 점이다. 즉, 다음과 같은 문제가 제기된다.

"이 사업 분야는 독립적인 시장을 형성하는가, 아니면 보다 큰 다른 시장의 한 부분인가?"

이 질문에 대한 답은 결코 간단하게 구하지 못한다. 질문 내용을 구체적으로 정리하면 이렇게 된다.

"우리가 구축하려는 시장은 (1) 보다 큰 시장의 한 부분인가, (2) 전체 시장에서 분할된 작은 부문인가, (3) 보다 큰 시장의 틈새시장인가, (4) 대체 시장인가, (5) 아니면 완전히 독립적인 시장인가?"

이 질문에 대한 정직하고도 충실한 답변을 마련해야 건전한 전략을 짤 수 있다. 전략을 적용할 시장의 영역을 먼저 규정하지 않고서는 전략의 의미가 없다. 시장 규정은 전략의 핵심적인 기술이다. 정확한 시장 규정은 다음 세 가지의 간단한 요인에 달려 있다.

- 공급 측면에서의 차별화
- 수요 측면에서의 차별화
- 경쟁력 있는 전략

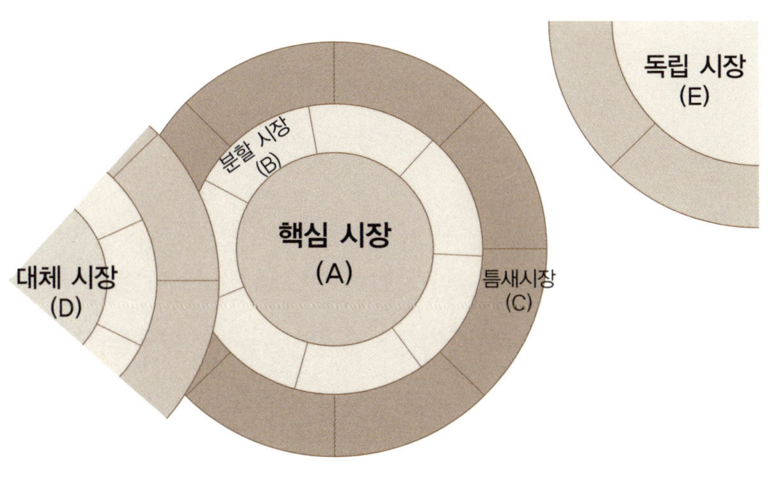

간단히 말해, 공동의 공급자 기반을 공유하고 동일한 수요에 대응하며 비슷한 전략을 구사할 수 있는 사업일 경우, 동일한 시장 구조의 한 부분이 될 것이다. 예를 들어, 개인용 전화와 기업용 전화 분야는 각기 다른 사업 영역인가 아니면 동일한 사업 영역인가 하는 문제를 살펴보자. 이들은 둘 다 동일한 네트워크 하부 구조를 사용한다. 그것도 환상적이게 서로 다른 시간대에! 공급자 측면에서 보자면 이들에 대한 서비스를 동일한 기반에서 할 수 있다. 그리고 양쪽 사업을 동시에 진행하는 경쟁 기업들은, 전송선을 특화하는 것보다는 투자 규모에 따라 우열이 나누어질 것이다. 하지만 수요자의 요구와 판매 및 서비스 모델은 근본적으로 다르다. 수요자 측면에서 이런 다양성에 근거해서 판단할 때, 차별화된 솔루션, 마케팅, 판매 및 서비스 망을 통해서 핵심적인 전화기 시장에서 여러 개의 분할 시장이 나타 날 것으로 예상할 수 있다.

틈새시장과 분할 시장

분할 시장과 틈새시장은 뚜렷하게 구분이 된다. 분할 시장은, 주류 시장과 관련이 있는 고객이나 특수한 수요를 반영하기는 하지만 하나 혹은 그 이상의 특수한 영역으로 차별이 된다. 그럼에도 불구하고 이 분할 시장은 주류 핵심 산업의 시장 가치를 창조하는 영역이다. 이에 비해서 순수한 의미의 틈새시장은 보다 뚜렷한 시장 수요 및 고객의 차별성을 드러낸다. 진정한 의미의 틈새시장은 공급과 수요의 측면에서 핵심 산업의 주류 시장과 구분된다. 이에 반해 분할 시장은 수요 차원에서만 구분된다. 이는 도표 3-8에서 확인할 수 있다.

이 차이는 질적인 것이다. 이 차이로 말미암아 시장의 지도가 바뀌며, 어느 사업이 핵심 사업으로 통합될 것이며 또 어느 사업이 독립적으로 존재하게 될지 결정되기 때문이다.

효과적인 전략은 시장 영역을 분명하고도 솔직하게 밝히는 것이다. 많은 기업이 자기의 시장을 지나치게 좁은 안목으로 규정하는 경향이 있다. 페이징 전기통신 회사들도 한때는 자기 사업은 독립된 시장을 목표로 한다고 했다. 하지만 페이징 기능은 휴대폰으로 통합되었다. 무선통신 업자들도 독립된 시장을 목표로 한다고 말할지 모르겠다. 하지만 거대 전기통신 회사들은 조만간 무선 서비스 부문을 통

도표 3-8 시장 공간을 어떻게 규정할 것인가

<table>
<tr><td rowspan="2">차이가 뚜렷함

수요자 측면

주류 시장과 동일함</td><td>대체 시장</td><td>틈새시장</td></tr>
<tr><td>핵심 산업</td><td>분할 시장</td></tr>
<tr><td></td><td colspan="2">공급자 측면

차이가 뚜렷함</td></tr>
</table>

합하고 말 것이다. 미국에서 통합된 전기통신 회사가 이미 무선 시장을 지배하고 있고, 상위 5대 기업이 유선통신 회사와 관련을 맺고 있다. 이 기업들은 하나같이 재정적 장벽이나 법률적 장벽이 낮아지기만 하면 곧바로 무선 서비스를 패키지 서비스로 통합할 준비를 갖추고 있다.

통합성을 갖춘 경쟁 회사라면 작은 영역에서 전문성을 확보한 기업에 맞서 효과적으로 경쟁할 수 있다. 가장 기본적인 것으로, 전체 패키지를 구입하면 특수한 서비스를 무료로 제공하는 방식을 들 수 있다. 특수한 서비스를 제공하기 위해서는 강력한 차별화를 이루어내어야 한다. 하지만 이것만으로 핵심 경쟁자들을 상대로 해서 성공을 거둘 수 있는 건 아니다. 다음과 같은 질문들이 제기되기 때문이다.

"이 사업이 보다 큰 시장을 창출할 수 있을까?"

"보다 큰 산업에서 이너서클 기업의 면모를 갖출 수 있을까?"

좁은 시장에 초점을 맞출 경우, 만일 그 시장이 보다 큰 시장 혹은 사업 모델로 흡수되는 위험한 상황이 빚어질 수도 있기 때문에 매우 위험하다.

어떤 시장에서든 이너서클 기업들은 기본적으로 모든 시장들, 즉 분할 시장이나 틈새시장 그리고 인근 산업의 시장까지도 호시탐탐 노린다. 틈새시장과 분할 시장을 점유하고 있는 기업은 특수하게 차별화된 제품이나 서비스로 주류 시장으로부터 고객들을 빼돌리고 확보해야만 살아남을 수 있다. 이러한 관계는 정도의 차이는 있지만 거의 모든 산업, 모든 시장에서 적용된다. 이너서클 기업이 관련 시장에 성공적으로 진출한 사례가 있다. 이 사례를 살펴보자.

틈새시장으로의 진입 : 1980년대 후반, 올스테이트와 프로그레시브 두 회사는 안정적인 시장에서 평화롭게 공존했다. 올스테이트는 자동차 보험 시장에서 2위 자리를 차지하던 강력한 이너서클 기업이었고, 프로그레시브는 비표준의 (위험도가 높은) 자동차 보험이라는 틈새시장을 장악하고 있었다. 프로그레시브는 업계 평균보다 높은 수익률을 기록하며 잘나갔다. 그러다 보니 다른 기업들의 관심을 끌게 되었다. 자동차 보험 시장의 비표준 고위험 부문에서 프로그레시브가 달성한 수익성은 자동차 보험 시장의 다른 부분을 훨씬 앞질렀다. 프로그레시브가 증권인수업 부문에서 달성한 수익이 1980년대 업계 평균을 훨씬 상회했던 것이다.

이런 결과는, 프로그레시브의 판매 비용이 업계 평균보다 낮다는 사실에 부분적으로 기인했다. 프로그레시브의 직접 판매망은 많지 않았다. 고객 대부분이, 덩치 큰 표준 보험 기업의 의뢰 사항이 표준적인 보험 상품과 맞지 않아서 프로그레시브에 위탁해온 고객들이기 때문이었다. 이런 부류의 고객을 프로그레시브에 위탁했던 올스테이트는 마침내 프로그레시브의 수익이 자기들보다 훨씬 크다는 사실을 깨달았다. 기회를 노리던 올스테이트는 비표준 자동차 보험을 수행할 새로운 사업 단위를 출범시켰다. 그리고 프로그레시브 대신 직속의 새로운 사업 단위로 고객을 넘겼다. 1988년, 올스테이트의 직원들이 고위험 자동차 보험 상품 계약을 체결하기 시작했다. 이로 인해 프로그레시브는 이 부문의 사업에서 막대한 타격을 입고 물러나야만 했다. 불과 1년 만에 올스테이트는 프로그레시브를 밀어내고 미국 최대의 비표준 자동차 보험 부문의 선두 자리를 차지했다. 결국, 고위험 자동차 보험 시장은 이너서클이 접근하기 어려운 틈새시장이 아니라, 주류 시장의 분할 시장임이 판명되었다. 올스테이트가 위험도 높은 시장으로 신속하고도 손쉽게 진입했다는 사실은, 프로그레시브와 같은 분할 시장 점유자 역시 핵심 시장으로 쉽게 접근할 수 있다는 걸 의미했다. 이 사실은, 자기들보다 열 배 이상이나 큰 이너서클 기업의 도전에 직면한 대부분의 분할 시장 점유자들에게는 들어봐야 반갑지도 않은 위로일지도 모른다. 하지만 프로그레시브는 정확하게 이런 방식으로 올스테이트에게 반격을 가했다.

거대한 경쟁자로부터 공격을 받은 프로그레시브는 올스테이트의 약점을 공격 목표로 설정했다. 그 약점은 바로 고객의 배상 청구 처리에 관한 서비스였다. 이 방면에서 올스테이트의 서비스가 나쁘다는 소문이 파다하게 퍼져 있었다. 최고경영자이던 피터 루이스는 바로 여기에 초점을 맞추기로 마음을 굳혔다. 앞에서도 언급했듯이, 프로그레시브는 신속한 처리를 위해서 직원들이 사무실 칸막이 안에서 전화 업무를 하는 대신 자동차를 타고 다니며 고객의 요구에 신속하게 대처하게 했다. 본부와 직원의 자동차는 무선 통신으로 연결되었고 직원들은 365일 24시간 대기 상태였다. 심지어 사고 현장에서 모든 일을 다 처리하기도 했다. 새로운 서비스로 회사가 고객편이라는 사실을 납득시켰고, 그 결과 전체 비용을 획기적으로 줄일 수 있었다.

프로그레시브의 혁신적인 이 서비스는 고객이 짜증낼 일 없이 차량을 정비하고 보상해주는 동시에 비용을 획기적으로 절감하기 위해 마련한 것이다. 비용과 서비스에서의 이런 경쟁력을 무기 삼아 프로그레시브는 틈새시장을 개발했고 나아가 표준 자동차 보험 시장으로도 진출했다. 1992년부터 프로그레시브는 차례차례 여러 주들을 석권하기 시작했다. 그리고 마침내 독립 대리점을 활용하는 개인 자동차 보험업 부문에서 미국 최강자가 되었다. 그리고 1995년 말에는 미국 내 모든 주에서 표준 자동차 보험을 고객에게 판매하게 되었다.

1995년은 또 시어스, 로벅이 올스테이트를 밀어낸 해이기도 했는데, 올스테이트는 이해에 복합 기업의 틀을 벗고 독립 회사로 변모했다.[3] 올스테이트는 비핵심적인 보험 시장 영역에서 발을 빼고 자동차 보험과 주택 보험 그리고 생명 보험에 주력했다. 최소한 자동차 보험 부문에서는 결과가 만족스럽지 못했다. 1995년부터 2000년까지 올스테이트의 시장 점유율은 대략 10퍼센트 가량 떨어졌다. 반면에 10년 전 업계 27위이던 프로그레시브는 빠르게 성장해서, 미국에서 네 번째로 큰 자동차 보험 회사가 되었다. 1997년 한 해에만 프로그레시브는 순보험료를 10억 달러나 끌어올렸다. 이는 전해에 비해 거의 3분의 1이나 증가한 수치였다.

2001년, 미국 최대의 자동차 보험 회사가 되겠다는 야심 찬 계획을 달성하기 위해 프로그레시브는 인접한 주택 보험 시장으로 뛰어들었다. 당시 비록 점유율이 떨어지는 와중이긴 했어도 주택 보험 시장에서 2위를 지키고 있던 올스테이트는 또 다른 핵심 시장에서 성가신 프로그레시브와 부닥쳐야만 했다. 자동차 보험에 기반을 둔 프로그레시브가 주택 보험 시장에 성공적으로 진입할 수 있을까? 프로그레시브의 돌파 전략이 여기서도 통할까? 프로그레시브의 분할 시장을 향한 올스테이트의 공격이 시작되었고, 그 영향력은 보험업 분야의 지형을 바꿀 만큼 컸다. 자기보다 덩치가 훨씬 큰 이너서클 기업의 공격에 대한 프로그레시브의 반응에서 돌파식 틈새 전략이라는 고전적인 사례를 발견할 수 있다. 우리가 연구한 사례들 가운데서 성공을 거둔 기업들 대부분은 틈새시장 점유자였다. 이들은 시장에서의 주도권을 확보하기 위해 그 시장에서의 경험을 최대한 활용하며 혁신을 이루어냈다.

시장의 통합

최대의 기회는 인근 시장에 있다. 이 말은, 많은 산업 부문에서 가장 무서운 경쟁자는 이웃한 시장에서 진입해 들어온다는 뜻이 되기도 한다. 집중이라는 단어는 과거에 독립적으로 존재하던 시장 부문들을 통합한다는 의미로 폭넓게 사용되었다. 하지만 이 단어가 놓치는 게 있다. 통합의 과정이 기업의 생존과 관련된 부분이라 치열한 경쟁이 있게 마련인데, 이런 동적인 과정의 뉘앙스가 빠진 듯하기 때문이다.

어쨌거나 분명한 사실 하나는, 이 경쟁에 참가한 기업들 가운데 몇몇은 살아남지 못한다는 것이다. 그것이 세계 시장으로 성장하는 지역 사업이거나 혹은 통합이 진행되는 관련 시장 부문이거나 상관없이, 포위 집중(혹은 충돌)의 효과는 동일하다. 어떤 경우에서든, 한때 경쟁을 막아주던 시장 장벽이 축소되거나 사라짐에 따라서, 과거에는 뚜렷한 차별성을 가지고 있던 산업 구조에 합병의 바람이 불고 새로운 질서가 자리 잡는다. 이 포위 집중의 전형적인 사례로 지난 수십 년간 타이어 시장에서 일어난 일들을 들 수 있다.

세계화 : 1980년대 초, 세계의 타이어 산업은 기본적으로 지역 시장으로 나뉘어 있었다. 굿이어, 파이어스톤, 굿리치가 북미 시장을 지배했고, 유니로열과 제너럴이 그 뒤를 이었다. 유럽에서는 각 국가마다 존재하던 타이어 회사가 국내 시장을 지배했고, 점차 빠른 속도로 유럽 지역 시장을 형성해가고 있었다. 미쉐린, 콘티넨탈, 던롭 그리고

피렐리가 두각을 나타내던 기업이었다. 미쉐린은 썩 내키지 않았지만 프랑스 기업을 외국인 손에 넘겨주지 않겠다는 생각에 클레베르 콜롬베스를 사들였다. 한편 콘티넨탈은 유니로열 유럽을 사들였다. 그리고 일본 기업인 브리지스톤, 요코하마, 스미토모, 아사히가 아시아 시장을 지배했다. 아시아 시장에서는 보통 '3의 법칙'이 잘 지켜지지 않음에도 불구하고, 미국이나 유럽 시장에 견줄 만큼 혹은 그보다 더 강력하게 세 개의 타이어 회사가 일본 시장을 지배했다.

1980년대 이래 미국과 일본의 타이어 시장은 놀랄 정도로 안정을 되찾았고, 이 안정은 그후 10년 동안 계속되며 시장에서 별다른 변동이 일어나지 않았다. 반면 유럽에서는 국가별 시장이 유럽 전체 시장으로 바뀌었다. 하지만 시장을 지배하는 주요 기업은 변동이 없었다. 그후 다시 이어지는 10년 동안은 모든 게 극적이라고 할 만큼 빠르게 바뀌었다.

몇몇 핵심적인 사건이 계기가 되어 세계화라는 과정이 촉발되었다. 미쉐린이 래디얼 타이어를 북미 시장에 내놓은 사건이 극적인 계기가 되었다. 미쉐린은 이미 1970년대에 유럽 시장에서 래디얼 타이어로 평정을 했고, 그후 유럽 이외의 지역으로 초점을 옮겼다. 미국 타이어 시장은 당시 바이어스벨트 타이어 생산을 위해 설비 투자를 막 새로 끝냈던 참이라, 이 투자분을 손실로 처리하기가 아까웠다. 미국 타이어 사업은 과점적 경쟁 체제로 들어갔다. 하지만 경쟁에 참가한 기업들 모두 경쟁 체제로 돌입한 게 잘못된 선택이란 걸 깨달았다. 타이어는 가격 탄력성이 낮다. 가격을 낮춘다고 해서 그게 곧바로 수요 증가로 이어지지 않는다는 뜻이다. 여러 해 동안 경쟁을 했지만 결과는 처음 기대했던 것과 달랐다. 전체 매출액이 증가한 것도 아니고 시장 점유율이 달라진 것도 아니었다. 거의 모든 기업이 마찬가지였다. 광고와 홍보를 강화하거나 판매망을 달리한다고 해도 결과는 마찬가지였을 것이다. 결국 미국의 타이어 업체들은 새로운 기술로 무장한 경쟁자의 등장으로 엄청난 타격을 입고 무너질 수밖에 없었다.

미국 타이어 업체들은 래디얼 타이어에 맞서 싸울 경쟁력을 갖추지 못했다. 동시에, 일본 업체들은 미국제 타이어의 반값도 안 되는 가격에 타이어를 판매하면서 미국의 저가품 시장을 빠르게 잠식했다.[4] 미국 타이어 업체들은 고가품 시장과 저가품 시장 양쪽에서의 공격에 진저리를 쳤고, 수익률은 갈수록 낮아졌다. 래디얼 타이어는 단위 가격이 높았지만 수명이 길어서 오히려 경제적이었다. 래디얼 타이어를 생산하려면 추가 투자가 필요했기 때문에 선뜻 결정하기 어려운 문제였다. 결국, 이러한 도전에 미국 타이어 업계가 내놓을 수 있는 뾰족한 대책이라고는 없었다. 한편 유럽과 일본의 경쟁 기업들은 미국에서 확실한 시장 기회를 포착했다. 1966년부터 1972년까지 미국으로 수입된 타이어가 전체 대체 타이어 시장에서 차지하는 비율이 1퍼센트에서 6.5퍼센트로 증가했다.

미쉐린은 시어스 로벅을 비롯한 몇몇 회사들과 계약을 맺으며 미국 시장으로 진입하는 물꼬를 텄다. 1978년에 미쉐린은 미국에 세 곳, 캐나다에 두 곳의 타이어 생산 공장을 가동하기에 이르렀고, 미국 자동차 대체 시장에서 9퍼센트를 차지했다. 이 수치에는 미쉐린이 제작하고 시어스가 할인점을 통해 판매한 타이어는 포함되어 있지 않다.[5] 시장 점유율을 점차 잠식당하는 가운데 업계의 선두 주자인 굿이어의 주도로 미국 타이어 업계는 돌파구를 찾아 나섰다. 1970년대 말, 굿이어는 래디얼 타이어 생산 공장을 짓기로 결정했다. 이 생산 설비에는 20억 달러나 투자되었는데, 이는 미국 타이어 업계의 새로운 발전을 의미했다. 하지만 1978년에는 이미 미쉐린 타이어가 전체 트럭 타이어 시장을 30퍼센트 이상 차지하고 있었다. 브리지스톤 역시 당시 대체 트럭 타이어 시장을 10퍼센트 차지하고 있었다. 굿이어의 최고경영자 척 필리오드는 간부들에게 이런 말을 자주 했다.

"파이어스톤이나 유니로열, 굿리치를 물끄러미 바라보면서 시간 낭비 하지 마시오. 프랑스와 일본을 바라보시오."

다른 업체들도 굿이어의 뒤를 따라 래디얼 타이어를 생산하기 시작했다. 1970년대가 끝나갈 무렵, 래디얼 타이어 생산 설비에 필요한 대규모 자본 투자에 대한 압력이 증가하고, 이윤폭의 감소와 광고비 지출이 증가함에 따라 타이어 업체들의 고통이 가중되었다. 1978년에 유니로열은 알짜배기 공장을 매각하고 종업원의 임금 지불을 미루기도 했다. 1980년에 파이어스톤은 미국 내 다섯 개 공장을 폐쇄했고, 굿리치는 근근이 수지를 맞춰나가면서 디트로이트의 자동차 공장에 대한 타이어 판매를 포기했다. 제너럴 타이어는 방송 자회사의 수익을 끌어다가 손실을 메웠다.[6] 이런 상황에서 합병에 대한 압력은 그 어느 때보다도 높았고, 다음과 같은 상황들이 이어졌다.

- 1981년 : 파이어스톤은 내슈빌 트럭 타이어 공장을 브리지스톤에 매각했고, 이후로 두 회사는 폭넓은 대화를 시작했다.
- 1983년 : 던롭은 유럽의 타이어 사업부를 일본의 스미토모에 매각했다.
- 1984년 : 스미토모는 던롭의 북미 타이어 사업부를 매입했다.
- 1986년 : 유니로열과 굿리치의 타이어 사업부가 합병을 단행했다.
- 1987년 : 제너럴 타이어가 독일의 콘티넨탈 타이어에 매각되었다. 파이어스톤은 일본의 브리지스톤에 매각되었다. 지금까지 일본이 미국에서 사들인 최대 규모의 기업 인수였다.
- 1988년 : 피렐리가 암스트롱 타이어를 인수했다. 굿리치는 유니로열과 함께 2년 가까이 공동으로 운영을 한 끝에, 화학 사업 쪽으로 초점을 맞추었다.
- 1990년 : 미쉐린이 유니로열/굿리치 타이어 사업부를 15억 달러에 인수했다. 이후 유니로열은 화학 사업 분야로 무게중심을 옮겨갔다.

1990년이 되면, 미국 승용차 타이어 시장의 30퍼센트를 차지하고 쿠퍼 타이어라는 틈새시장을 점유하고 있던 굿이어만이 유일한 미국 타이어 회사로 남는다. 일본에서 합병의 바람이 불어닥친 건 그로부터 한참 후의 일이다. 1999년, 당시 세계에서 각각 세 번째와 열다섯 번째 타이어 생산 업체이던 굿이어와 스미토모가 '동맹'을 발표했다. (이 동맹에서 누구의 목소리가 더 큰지 모르는 사람은 물론 아무도 없었다.) 이로써 이 동맹은 세계 타이어 시장 점유율 22퍼센트를 기록하며 시장 1위 자리를 차지했다. 브리지스톤과 미쉐린은 각각 18퍼센트를 차지하고 있었다.[7] 미쉐린이 요코하마를 인수할 계획이라는 소문이 돌았지만 미쉐린은 이 소문을 부인했다.

당시 타이어 업계의 빅3가 전체 시장을 60퍼센트 가까이 차지했고, 도표 3-9에서 보는 것처럼 새로운 질서가 정착했다. 3의 법칙이 제대로 적용되고 있었다. 이들을 제외한 나머지 업체 가운데 가장 경쟁력이 있던 콘티넨탈의 점유율은 10퍼센트 미만이었다. 비록 콘티넨탈이 비규모 경쟁자에 속했지만, 콘티넨탈의 사업 모델은 틈새시장을 여럿 확보하고 또 진입 장벽이 높은 분할 시장들을 확보하는 것이었다. 콘티넨탈이 확보한 거래량의 대부분은 인도와 이집트를 포함한 제3세계에서 발생했다. 이들 나라가 가지고 있는 정치적 장벽과 시장 보호 기능의 덕을 콘티넨탈이 톡톡히 본 것이다. 게다가 콘티넨탈은 독일 자동차 회사와 밀접한 관계를 맺고 있었고, 또 ITT의 자동차 사업부와 관련을 맺으면서 타이어와 휠 그리고 브레이크가 통합된 제품의 생산 쪽으로 무게중심을 조금씩 옮겨갔다. 이 분야는 타이어 업계의 새로운 잠재 가능성을 암시했다.

타이어 업계의 세계학 과정이 끝나자 미국 업체 하나, 유럽 업체 하나, 그리고 일본 업체 하나만 남아 타이어 시장을 지배하게 되었다. 세계화 과정은 각 지역에서 가장 강력하던 기업만을 남기고 나머

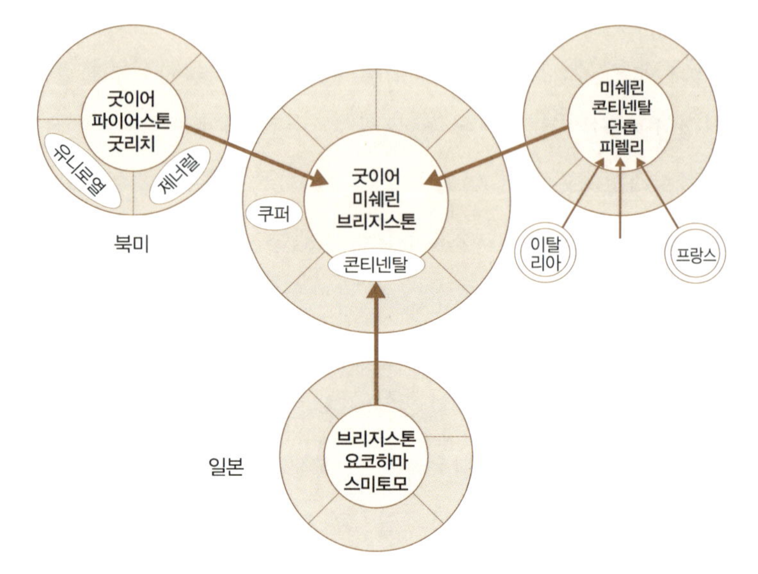

지를 모두 시장에서 축출해버렸다. 그런데 과연 이 새로운 구조가 변하지 않고 계속 지속될 수 있을까? 이너서클 기업들은 서로를 잘 알게 되었고, 새로운 규칙들이 정립되었다. 20년에 걸친 극적인 세계화 과정 끝에 고전적이며 일견 안정되어 보이는 시장 구조가 형성되었다. 명성이 자자하던 수많은 기업들이 사라졌다. 굿이어와 미쉐린 그리고 브리지스톤, 이 승자들은 승리의 영광을 누릴 수 있다. 하지만 그건 다음 세대의 누군가가 돌파 전략을 통해 시장을 뒤엎어놓을 때까지만이다.

전략 수립가의 업무 : 세계화가 수십 년 동안 타이어 업계를 지배해 왔다. 이 과정을 정확하게 이해하지 않는 한 어떤 전략도 세울 수가 없었다. 한때 차별성 있던 산업이 보다 큰 새로운 부문으로 성장하듯이, 모든 산업은 일반적으로 이와 비슷한 과정을 겪게 된다. 이런 과정을 이끌어내는 동력은, 통신 부문의 지역 전화 시장과 장거리 전화 시장이 충돌을 일으키는 모습에서 확인할 수 있듯이, 오늘날의 통신 사업 분야도 지배한다. 유무선 통신 역시 하나로 합쳐질 것이며 케이블 TV와 통신 또한 이미 광범위한 영역에서 시장이 겹치고 있다.

이러한 상황에서 전략을 세우는 사람은 장기적인 계획을 마련할 때 시장의 영역이 어떻게 달라지는지 반드시 고려해야 한다. 여러 시장들이 하나로 통합되는 과정에서 전략을 수정할 때, 핵심적으로 파악해야 할 것은 기업의 형태이다. 세계적인 사업망을 갖춘 이너서클 기업의 면모를 구축하는 것에서부터 진입 장벽이 높은 틈새시장으로 몸을 움츠리는 것까지 포함해서 모든 가능성을 다 따져봐야 한다.

핵심 사항이 하나 더 있다. 여러 시장의 통합은 경쟁을 벌이고 있는 기술들, 제품들, 사업 모델들 그리고 사업 단위들 사이의 다윈적 혹은 헤겔적 경연으로도 바라볼 수 있다는 사실이다. 이 경연 과정의 결과는 정복이거나 합슴이거나 변이變異이다. 이런 관점은 매우 명쾌하고 강력하다. 하지만 시장의 통합은 궁극적으로 기업들 사이에서 일어나는 경쟁의 문제이다. 기술이나 제품 혹은 기타 경영적 요소들끼리의 경쟁이 아니라는 뜻이다. 기본적으로 자유의지가 작용한다는 말이다. 효율성을 가진 기업이라면 경쟁 상황에서 기술이나 다른 경영적인 요소들을 배제하고 새롭게 통합되는 시장을 지배하는, 보다 폭넓은 도전에 초점을 맞출 수 있다. 이 기업의 기본적인 질문은 무슨 제품이나 기술이 경쟁력을 가지고 승리할까 하는 게 아니라, 어느 기업이 궁극적으로 고객과 시장을 확보함으로써 이너서클 기업의 면모를 갖출 수 있을까 하는 것이다.

시장의 통합은 특히 기업의 형태와 위치를 극적으로 바꾸어놓는다. 기존 시장에서 이너서클에 속하던 기업은 벼랑 끝에 몰리며, 새로운 이너서클의 기준에 맞게 자신을 변모시키거나 아니면 틈새시장 점유자로 변모해야 한다. 이것은 초점 이동만으로 끝나는 간단한 문제가 아니다. 이너서클 기업으로서의 형태와 정체성을 갖출 수도 있고, 틈새시장 점유자의 형태와 정체성을 갖출 수도 있다. 어쨌거나 완전히 바꾸어야 한다는 것이다. 이를 위해서 합병이나 엄청난 규모의 추가 투자를 할 수도 있을 것이다. 하지만 단지 이것만으로 새로운 기업 형태와 경쟁력 있는 시장 위치를 차지하며 기업의 변모를 완성했다고 할 수 없다.

시장이 통합될 때 기업이 살아남으려면 정체성을 바꾸어야 한다. 이때 돌파 전략은 적절한 대응 수단이 된다. 하지만 중요한 사항을 고려하지 않은 채 돌파 전략 체제를 출범시켜서는 안 된다. 어떤 상황에서든 전략을 수립할 때는 시장의 상황과 동력을 면밀하게 조사해야 한다. 전략을 세우는 데는 다음과 같은 핵심적인 것에서부터 시작해야 한다.

- 시장 지도 : 기본 사업 및 관련 사업의 영역과 범위를 규정한다.
- 시장 조사 : 핵심 고객에 대한 일반적인 사항을 파악하고 기회를 포착한다.
- 경쟁자들의 분류와 평가 : 시장에서 경쟁자들이 차지하고 있는 위치를 파악하고 평가한다.
- 목표 설정 : 수익 및 위치에 관한 목표를 세운다.
- 전략적 역할 선택 : 주어진 시장에서 가능한 역할을 수립하거나, 강점을 발휘할 수 있는 시장을 찾는다.
- 전략적 위치의 확보 : 수익성 있는 틈새시장을 방어하거나 시장 주도자의 위치를 견지한다.
- 전략 구상 : 목표를 달성하기 위한 업무 방식과 형태를 완성한다.
- 선호하는 기업 형태 규정 : 전략을 구사하기 위해 제품의 포트폴리오, 시장의 범위, 가치 사슬, 그리고 재정 구조를 완성한다.
- 실천 목표 달성 : 목표 달성을 위해 과정과 기술과 인적 자원을 재조정한다.
- 시장 영역의 극대화 : 쉽게 진입할 수 있거나 동화할 수 있는 인접 시장으로의 진출 기회를 개발하고 확보한다.

이러한 사항들은 어떤 전략을 세우더라도 반드시 점검해야 한다. 여기서 우리 관심의 초점은 돌파 전략이 당신의 현재 상황에 과연 적합한가 하는 것이다. 당신의 사업 환경을 평가하는 것부터 시작하라. 당신의 기업을, 현재 시장에 존재하는 핵심 기업들의 위치에 놓고 생각하라. 공격적으로, 그러나 현실 감각을 잃지 말고 도전하라. 돌파 전략을 채택하기로 결정하거나 그 전략을 세우기 전에, 먼저 근거를 충분히 확인하라.

전략을 수립할 때, 특히 돌파 전략이라면, 시장과 경쟁의 제반 상황을 주의 깊게 고려하라. 당신이 지휘하는 기업의 정체성을 확실히 파악하고 규정해야 함은 물론이다. 경쟁이라는 동적인 개념 속에서 시장에서의 위치와 수익과 관련해 당신의 목표를 설정하라. 성공을 보장해줄 핵심적인 실천 목표와 기업 형태를 규정하라. 그리고 이상의 내용을 단일한 전략으로 도출하라. 그 다음에 그 전략을 통해서 원하던 결과를 어떻게 이끌어낼 수 있을지 계속해서 얘기할 수 있을 것이다.

4장 | 돌파 전략과 시장 지배자

돌파 전략은 과감한 목표 설정에서 시작된다. 이 목표는 (모든 재정적인 목표를 포함한) 수익의 측면, (공정 혹은 업무 처리 과정을 포함한) 운영의 측면, 기업 형태의 측면, 시장 위치의 측면 등 네 가지 중 하나에만 초점을 맞출 수도 있고 네 가지 측면 모두에 초점을 맞출 수도 있다. 이 목표들은 다음과 같은 명제로 정리할 수 있다.

- 위치 : 우리는 시장 주도자가 될 것이다.
- 수익 : 우리는 매출액 x, 수익 y, 혹은 시장 가치 z를 달성할 것이다.
- 운영 : 우리는 시장 최고의 고객 서비스를 제공할 것이다.
- 운영 : 우리는 시장에서 최고의 가격 경쟁력을 확보할 것이다.

- 운영 : 우리는 '식스 시그마' 품질 기준을 달성할 것이다.
- 형태 : 우리는 소비자가 원하는 모든 서비스를 제공하는 업체가 될 것이다.
- 형태 : 우리는 세계 시장을 주도할 리더십을 갖출 것이다.

이런 종류의 목적을 설정한 뒤에는, 이 목적을 달성하기 위해 기업의 모든 요소를 전략 중심으로 배치해야 한다. 목표와 상관없이 운영을 개선하거나 회사 형태를 바꾸는 것도, 의도와 무관하게 그 목표를 달성하는 동력이 되기도 한다. 아무튼 경쟁력이 있는 시장 위치를 확보하거나 재정적 결과를 개선하는 것은 이 측면에서 개선의 성과를 이루어낼 때만 가능하다. 운영이나 형태 혹은 이 양 측면에서 모두 상당한 정도의 의미 있는 변화를 이끌어내지 않고서는 비용 절감이라는 운영상의 성과를 거두기 어렵고, 시장에서의 위치를 보다 나은 곳으로 이동하기란 거의 불가능하다. 다시 말해 만일 당신의 기업이 이전에 수행한 혁신의 성과를 누리거나 혹은 당신의 기업과 상관없는 어떤 뜻밖의 시장 추세에 이득을 보는 게 아니라면, 이들 측면에서 어떤 혁신을 이루어내지 않고서는 수익이나 시장 점유율 등에서 상대적인 경쟁력 우위의 즐거움은 결코 맛볼 수 없을 것이다.

한 기업의 경쟁력 있는 형태를 결정하는 핵심적인 변수는 그 기업의 제품/시장/판매망 지도, 그 기업의 가치 사슬 그리고 조직상의 모델이다. 기업 형태 측면에서 우위에 선다는 것은, 새로운 제품 혹은 서비스 활동, 판매망의 혁신, 진출한 시장의 범위, 가치 사슬/수직적 통합으로 인한 효율성, 조직상의 변화 등의 모든 요소에서 다른 기업보다 앞선다는 의미다. 기업 형태의 변화는 매우 강력한 힘을 발휘할 수 있다. 하지만 돌파 전략에 성공한 기업들 가운데서 기업 형태상의 혁신만을 전략의 핵심 추동력으로 삼은 기업은 거의 없다.

성공적인 기업으로 꼽히는 도요타 자동차는 렉서스 시리즈로 뚜렷한 성과를 거두었다. 도요타는 렉서스라는 신제품을 출시함으로써 기업의 형태를 호화 자동차 분할 시장으로까지 확장할 수 있었다. 하지만 이런 돌파의 성공은 도요타의 생산 체제, 즉 간단한 생산 과정, 즉시 출고 체제, 끊임없이 작업 개선을 추진하는 체제 등이 있었기에 가능했다. 이것은 모두 운영상의 혁신에 해당한다. 서비스를 제공하는 기업이라면 업무 처리상의 혁신과 새로운 서비스의 도입은 다른 기업들에 비해 훨씬 더 긴밀하게 연결된다. 운영이라는 측면에서의 근본적인 혁신은, 회사의 수익성을 높이고 시장에서 보다 나은 위치를 차지하게 하며, 또 기업의 형태를 확장하기 위한 돌파구를 만들어 내는 데 최고로 강력한 수단이 된다.

델 컴퓨터가 이룩한 운영상의 혁신

운영 혹은 공정상의 혁신은 대부분이 돌파 전략에서 중심적인 역할을 한다. 델 컴퓨터는, 변변찮던 기업이 운영상의 혁신을 이루어냄으로써 시장 주도자의 위치에 올라선 과정을 잘 보여주는 좋은 사례이다. 델 컴퓨터는 1990년대 초반의 5년 동안은 수많은 컴퓨터 회사들에 섞여서 얼굴도 제대로 드러나지 않던 작은 회사였다. 매출액이 가파르게 성장했지만, 1994년 개인용 컴퓨터 시장을 3퍼센트밖에 차지하지 못했다. 그 때문에 그해에 3,600만 달러의 손실을 기록했다.

하지만 그로부터 5, 6년 뒤에 델은 미국 개인용 컴퓨터 시장을 주도하는 기업으로 우뚝 섰다. 그 뒤를 컴팩, HP, 게이트웨이 그리고 IBM이 따랐다. 2001년에 델은 세계 시장에서도 개인용 컴퓨터 부문 선두 주자의 자리를 확보했다. HP와 컴팩이 합병을 하면서 2위 자리로 밀려나자 델은 한 달 안에 다시 1위 자리를 되찾겠다고 공언했다. 워크스테이션 시장에서도 델은 세계 1위 자리에 올랐다. 빠른 속도로 강화되어가던 개인용 컴퓨터 서버 부문 시장에서는 전체 매출액의 75퍼센트를 차지하는 상위 네 개 기업 가운데 2위를 차지했다. 델 컴퓨터는 데스크톱과 노트북 컴퓨터 시장에서 소비자들이 가장 폭넓게 선택하는 브랜드가 되었다. 그 부문 시장 점유율이 데스크톱과 노트북 컴퓨터가 각각 19퍼센트와 24퍼센트를 차지했다.[1]

델의 이 모든 성공은 핵심 운영 부분에 대한 돌파 전략의 혁신에서 비롯되었다. 델은 고객 서비스, 공급망, 제품 출시 일정 등을 통합하며 운영상의 효율성을 강화하는 한편 업무 주기를 단축하고 고객에 대한 서비스를 강화했다. 이로 인해 발생한 비용 절감은 경쟁력 강화로 이어져 시장 점유율과 수익성이 높아졌다.

델은 개인용 컴퓨터 텔레마케팅 영역의 개척자였다. 하지만 마케팅에서의 진정한 혁신은 1995년부터 시작되었다고 말할 수 있다. 이

해에 창립자인 마이클 델이 강력한 리더십을 발휘하며, '델닷컴 (Dell.com)'이라는 웹사이트를 통해서 고객을 직접 만나는 다이렉트 판매에 모든 초점을 맞추도록 델을 바꾸어놓았던 것이다. 인터넷을 통한 하루 매출액이 5천만 달러에 이르렀고, 1990년대 말에 이르면 매출액의 절반이 인터넷을 통해 이루어졌다.

델이 이룩한 돌파는 단순하게 판매망의 혁신이라고만 말할 수 없다. 개인용 컴퓨터의 대량 개인 주문 판매라는 전례 없던 시스템을 현실에서 이룩했다는 사실이 중요하다. 이 시스템에서는 실시간으로 주문을 받고 며칠 안에 선적을 끝냈다. 몇 주일씩 창고에 묵혀두는 재고 개념은 아예 없었다.[2] 이건 (지금은 일반적이지만) 델이 최초로 이룩한, 고객의 주문에 따른 제작, 제품을 즉시 공급할 수 있는 배달망, 그리고 신속한 원격 서비스 등을 특징으로 하는 대량 개인 주문 판매라는 돌파 전략의 성공적인 사례이다. 그 결과 델의 매출액과 이윤은 빠르게 성장했다. 이는 돌파 전략의 전형적인 결과이다. 도표 4-1은 델이 새로운 경영 모델을 채택함으로써 재고량을 얼마나 극적으로 줄였는지를 잘 보여준다.

델의 주식은 1990년대 S&P 500 지수 상승폭이 가장 컸다. 델은 2000년 《포춘》이 선정한 가장 성공적인 기업 중 3위를 차지했다. 델은 IBM과 HP 같은 컴퓨터 업계의 선두 주자들과 어깨를 나란히 하기에 이르렀다. 2001년 개인용 컴퓨터 시장이 성숙해서 더 이상 확대되지 않는 국면에 접어들며 3의 법칙에 의해 지배될 즈음에, 델은 시장 주도력을 유지하기에 가장 좋은 시장 위치를 차지하고 있었다.

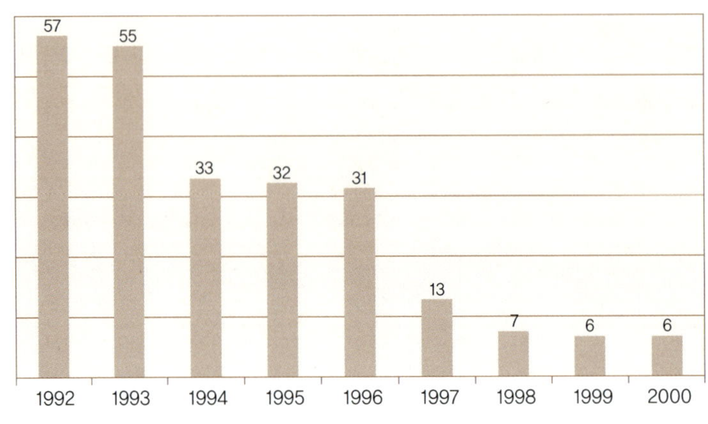

개인용 컴퓨터 시장이 안정기에 접어들자 델은 경쟁 업체와 현격한 차이를 드러내기 시작했다. 2002년에 판매량의 증가를 튼튼하게 유지했으며 21억 달러 수익에 70퍼센트의 수익 증가율을 기록했다. 반면에 도표 4-2에서 확인할 수 있듯이, 같은 시기에 게이트웨이는 매출액이 줄어들었을 뿐만 아니라 3억 달러가 넘는 손실을 기록했다. 이런 결과는 델의 돌파 전략 모델에서 비롯된 것으로, 이 경영 모델은 그후로도 델의 성장을 계속해서 견인했다. 델의 핵심 시장인 개인용 컴퓨터 부문에서뿐만 아니라 서버 판매량도 2002년에 가파르게 성장했으며, 데이터 저장 사업의 매출도 2002년에 분기별로 50퍼센트씩 증가했다.

델의 성공은 작고 보잘것없던 기업이, 돌파 전략을 채택함으로써

도표 4-2 **델과 게이트웨이의 매출액과 수익 비교**

	2001		2002	
	매출액	수익	매출액	수익
델	$31.9B	$1.2B	$35.4B	$2.1B
게이트웨이	$6.1B	($1.3B)	$4.2B	($309M)

덩치가 훨씬 큰 경쟁자들의 그늘에서 벗어나 어떻게 시장을 주도할 수 있는 위치로까지 성장할 수 있는지를 잘 보여주는 사례라고 할 수 있다. 델의 전략은 수익 및 재정적 가치, 시장 위치, 그리고 기업의 형태라는 측면에서 놀라울 정도의 경쟁력을 가져다준 운영상의 강력한 혁신에서 출발했다. 델은 워크스테이션 사업, 서버 사업, 데이터 저장 사업 등으로 사업의 영역을 공격적으로 넓혀감에 따라 델의 기업적 형태, 다시 말해 델의 면모가 끊임없이 확장된다.

다른 예를 살펴보자. 텍사스에서 시작한 애송이 기업이 운영상의 혁신을 이룩함으로써 항공운송업의 중앙 무대에서 강자로 우뚝 섰다. 바로 사우스웨스트 항공이 이번에 살펴볼 사례이다. 최근에 항공운송업만큼 어려움을 겪고 있는 산업도 없을 것이다. 하지만 사우스웨스트 항공은 더욱 더 높이 날고 있다. 현재 사우스웨스트 항공의 시장 가치는 델타 항공이나 노스웨스트 항공 그리고 아메리칸 항공보다 훨씬 크다. 심지이 이들 세 기업의 시장 기치를 다 합한 것보다 더 크다.

시장을 주도하는 기존 기업의 시장 가치가 10억 달러가 안 되는데

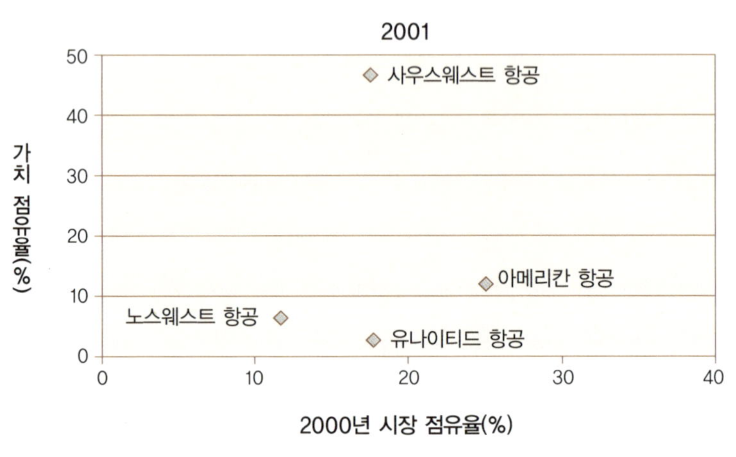

시장에 들어온 지 얼마 되지 않은 '반란' 기업의 시장 가치가 무려 100억 달러나 된다는 사실은 얼핏 봐서 이해가 되지 않을 수도 있다. 하지만 이것은 사우스웨스트 항공이 창립 30년 만에 달성한 부인할 수 없는 성적표다. 사우스웨스트 항공은 미국 내 항공운송 업계의 매출액 가운데 10퍼센트를 차지하면서도, 전체 시장 가치의 절반 가까이를 차지하고 있다.(도표 4-3 참조)

성장 기업이 시장/가치 점유율 그래프의 남서쪽에서 나타나 높이 날아오른다는 점에서 보자면, 사우스웨스트 항공은 회사 이름도 딱 들어맞게 잘 지었다. 사우스웨스트 항공은 활주로를 박차고 올라 푸르른 하늘을 보기까지 숱한 고충을 겪어야 했다. 생존을 걸고 투쟁해야 했다. 하룻밤 사이에 벼락부자가 되는 사람이 있고 기업도 있지만, 사우스웨스트 항공의 경우 길고도 험난한 과정을 거쳐서 비로소 그 자리에 섰다.

20년 가까이 있으나 마나 한 존재로 명맥을 유지해오던 사우스웨스트는 1994년 시장 점유율 3.3퍼센트를 차지하며 시장에 진출해 있는 전체 기업 가운데 8위를 기록했다. 그럭저럭 수지는 맞추고 있었지만, 미국의 네 개 컴퓨터 항공 예약 시스템 가운데 단 하나밖에 끼지 못하고 있었다. 유나이티드와 콘티넨탈 그리고 델타가 자기 노선을 지키기 위해서 사우스웨스트를 배척하고 견제했다.

사우스웨스트는 탑승권을 따로 발매하지 않고 자신의 전화번호 800과 (나중의 일이지만) 자신의 웹사이트를 통해서 좌석 배정을 하지 않는 상품을 발매하는 걸로 대응했다. 말하자면 그건 고급함과는 거리가 먼 서비스 모델이었다. 대형 항공사들은 사우스웨스트의 저가 정책에 맞서서 주기적으로, '한정된 좌석에 한해' 그리고 '21일 이전에 탑승권을 구매하는 경우에 한해' 항공료를 할인했다. 하지만 대형 항공사들은 이런 할인 경쟁이 일시적인 것이어서 시장의 판도를 바꾸리라고는 꿈에도 생각하지 못했다. 피플 익스프레스나 뉴욕 항공 등이 이런 시도를 했지만 결국 손을 털고 나가던 걸 이전에도 보았기 때문이다. 그래서 사우스웨스트가 시도하는 할인 정책에 대한 가장 확실하고도 궁극적인 대응책은 시간이라고 생각했다.

노스웨스트 같은 고비용의 대형 회사들은 업계의 기업을 두 종류로 파악했다. 하나는 좋은 자리를 차지하려고 난리법석 치는 걸 싫어하고 전통적인 우아한 기내 서비스를 원하는 승객들을 상대로 교통의 중심지를 오가는 노선을 운영하는 기업이고, 다른 하나는 오로지 비용 절감에만 관심을 기울이며 불결하고 안전하지도 않으며 서비스도 엉망인 비행기로 외딴 도시 사이를 운항하는 기업이었다.

하지만 사우스웨스트는 세상을 다른 방식으로 바라보았고, 자신의 정체성을 단거리를 자주 오가는 항공사로 규정했다. 승용차와 기차, 버스를 주된 대체 상품으로 보았기 때문에 이들과 경쟁할 수 있는 비용 구조를 구축했다. 사우스웨스트가 내세운 할인은 '이번 주에 한해서'라거나 '계절별 특별 할인'이 아니었다. 일 년 내내 계속되는 할인이었다. 이런 비용 구조를 유지하기 위해서 사우스웨스트 창립자인 허브 켈러허는 새 비행기를 구입하기 위해 장기 부채를 끌어다 쓰는 일은 하지 않았다. 지불은 모두 현금으로 했다. 조종사 임금은 다른 대형 항공사들의 4분의 3밖에 주지 않았다. 그럼에도 사우스웨스트의 조종사들은 다른 항공사에 비해 3분의 1이나 더 많은 시간을 비행해야 했고, 때로는 직접 객실 청소도 해야 했다. (그런데도 사우스웨스트는 《포춘》이 해마다 발표하는, 가장 일하고 싶은 회사 목록에 빠지지 않고 이름을 올린다.) 1995년, 사우스웨스트는 조종사들과 10년 계약을 체결함으로써 대형 항공사들을 끊임없이 괴롭히던 골칫거리도 일찌감치 해소했다. 1996년에 사우스웨스트의 1마일당 1좌석의 비용은 7.5센트였다. 이는 업계 평균인 9센트에 비하면 훨씬 낮은 수치였다.

이밖에도 사우스웨스트는 보잉 737기만 썼다. 이렇게 함으로써 직원 교육과 훈련 그리고 비행기의 유지와 보수 측면에서 상당한 비용을 절감할 수 있었다. 또한 비행기의 하루 체공 시간도 늘일 수 있었다. 결국 이 모든 게 자본의 활용도를 높이는 것이었다. 또 비행기를 탑승구 가까이 대기시켜 하루 비행 횟수를 가능한 한 늘렸다. 생각해 보면, 나 자신도 사우스웨스트 탑승구 앞에서 10초 이상 기다려본 적이 없는 것 같다. 반면 다른 항공사들의 경우, 출발 지연은 늘 경험하는 일상적인 일이다. 게다가 승객에게 따뜻한 기내식을 제공하지 않음으로써 경비와 번거로움을 줄였다. 이건 다른 대형 항공사들도 사우스웨스트에게 배워서 활용했다.

대형 항공사들은 사우스웨스트의 시장 잠식을 막기 위해 주요 공항에서 자기들이 관리하는 탑승구를 사우스웨스트에 내주지 않았다. 하지만 사우스웨스트는 시카고의 미드웨이 공항과 같은 보다 작은 공항들을 활용함으로써 오히려 차별성 있는 새로운 고객 접근 방식을 개발했다. 알바니와 뉴욕, 로드아일랜드 등이 그렇게 해서 새로 개발한 기착지였다. 사우스웨스트로서는 특별한 서비스를 할 필요가 없었다. 가능한 만큼 비행 횟수를 늘리는 일이 필요할 뿐이었다. 사우스웨스트는 해마다 경유 도시들을 늘려갔으며, 볼티모어-오클랜드나 캔자스시티-시애틀과 같은 직항로들을 새로 열었다. 사우스웨스트가 값비싼 허브 공항을 피하고 한적한 곳을 찾아 나서자, 곧 작은 도시들이 서로 자기 지역에 사우스웨스트를 유치하려고 애썼다. 이렇게 되면서 대형 항공사들은 사우스웨스트가 파고든 지역에서는 운항 계획을 취소하기에 바쁠 지경이었다. 1999년에는 171개의 미국 도시들이 자기 지역에서 운항 서비스를 해달라고 사우스웨스트에 요청하기에 이르렀다.

시장 자본이 커짐에 따라 사우스웨스트가 오래된 대형 항공사들 가운데 하나를 인수할 수도 있게 되었다. 하지만 그럴 가능성은 별로 있어 보이지 않는다. 사우스웨스트는 눈부신 속도로 성장하고 있고, 미국 내 항공운송업 시장에서 선두 자리를 굳혀나갈 것이다. 지역적인 단거리 노선 중심에서 국제적인 장거리 노선으로 무게중심을 옮겨가고 있는 사우스웨스트는 항공운송업의 이너서클을 재편하고 있다. 즉, 항공운송업의 주류를 바꾸어놓으며 틈새시장에서 핵심 시장으로 옮겨가고 있는 것이다. 이런 움직임은 금융 서비스 부문에서도 일어나고 있다.

시장 주도자의 자리를 향한, 느리지만 눈부신 전진

1998년 12월, 찰스 슈왑의 시장 자본이 255억 달러를 기록하며 시장 자본 254억 달러이던 메릴 린치를 처음으로 추월했다. 메릴의 순가치(equity, 선물 거래에 있어 어떤 한 계정의 모든 미청산 계약을 시가대로 결제한다고 할 때 남은 금액 – 옮긴이)는 114억 달러였고 슈왑의 순가치는 19억 달러였다. 고객 예탁금은 메릴이 1조 5천억 달러였고 슈왑은 6천억 달러였다. 그리고 직원 수는 메릴이 6만 6,000명이었고 슈왑은 1만 7,400명이었다.[3] 하지만 투자자들에게 슈왑은 메릴보다 더 가치가 있었다. 사정을 잘 알지 못하는 사람들은 슈왑이 어느 날 갑자기 전자상거래로 떼돈을 벌었다고 생각할 수도 있었다. 하지만

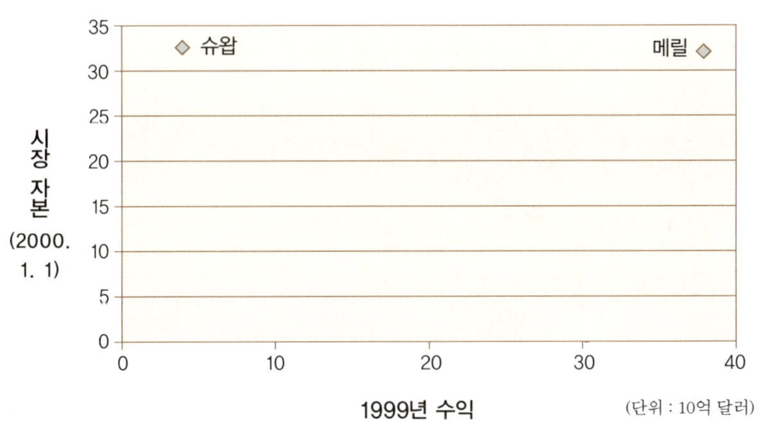

도표 4-4 증권 위탁업에서의 전투

슈왑의 이런 성공은 수십 년 동안 숱한 시행착오를 겪으면서도 증권 위탁 매매 사업〔증권 회사에 의하여 이루어지는 유가증권의 매매에는 자기 매매와 위탁 매매가 있다. 자기 매매가 증권 회사의 계산으로 이루어지는 데 반해 위탁 매매는 고객의 주문에 의해 매매되는 것이다. 자기 매매를 딜러(dealer) 업무, 위탁 매매를 브로커(broker) 업무라고도 한다 – 옮긴이〕에서 돌파 전략을 추진해온 노력과 눈물이 있었기에 가능했다.(도표 4-4 참조)

찰스 척 슈왑은 1971년 개인 투자자들에게 적은 비용으로 양질의 서비스를 제공한다는 일념으로 비용에 민감한 고객들을 대상으로, 수수료를 과감하게 내린 증권 할인 위탁 매매를 시작했다.

슈왑은 할인율을 내렸을 뿐만 아니라, 고객의 주문을 신속하게 처리하는 데도 집중적인 노력을 기울였다. 대형 회사들은 브로커(위탁 판매 직원 - 옮긴이)에게 수수료의 35~40퍼센트를 지급하는 게 관행이 었지만, 슈왑은 이런 관행을 깨고 직원들에게 고정급을 지급하고 여기에다 회사의 실적에 따라 성과급을 지급했다. 회사를 세운 지 10년이 지나자 슈왑은 영업점을 29개나 거느리고 고객 16만 명에 4천억 달러의 수익을 기록하는, 할인 위탁업의 황제가 되어 있었다. 슈왑은 수수료 5퍼센트를 함께 제창하며 전체 소매 중개업의 10퍼센트를 차지하던 50개 소매 할인 중개 회사의 선두 주자였다.[4] 메릴에서는 이 할인 시장이 포화 상태에 이르렀다고 판단했다.[5] 하지만 슈왑은 달랐다. 그는 이렇게 말했다.

"할인은 여전히 경쟁력이 있다. 투자자들이 보다 영악해지면 질수록 우리의 시장 점유율은 증가할 것이다."[6]

1983년에 35달러짜리 주식 300주를 매도한 투자자는 메릴 린치에 191.69달러를 수수료로 지불해야 했다. 하지만 슈왑과 거래를 한 경우 88.5달러만 지불하면 되었다. 수많은 할인 경쟁자들이 슈왑과 비슷한 수준의 할인을 했다. 하지만 슈왑은 24시간 서비스를 제공하며 판매 수수료가 없는 뮤추얼 펀드 상품을 제공하는 한편, 자동화된 시스템으로 고객 스스로 매매를 할 수 있는 체계를 갖추는 차별화 전략을 구사했다.

정보기술의 활용은 초기부터 슈왑이 구사한 전략의 핵심 요소였다. 예를 들면 1970년대에 슈왑은 거래 및 결과 보고를 자동화하기 위해서 1년 치 수익에 해당하는 금액을 IBM의 대형 고속 컴퓨터망 구축에 투자했다. 1989년에는 전화나 개인용 컴퓨터를 이용해서 매매를 할 수 있는 시스템을 도입했다.

정보기술과 관련한 슈왑의 공격적이고 혁신적인 시도는 숱한 실패를 경험해야 했다. 이런 실패들을 되돌아보면서 척 슈왑은 '아름다운 실패'라고 말했다. 이런 실패들이 있었기에 돌파구를 마련할 수 있었다는 것이다. 이 아름다운 실패는 설립 이후로 슈왑의 전통이었다. 이런 시도들 가운데 많은 것들이 투자자들에게 시장 정보와 금융 정보를 빠르게 제공하기 위해서 가장 최근의 정보기술을 활용하는 것이었다. 다음과 같은 것들이 그런 사례에 속한다.

- 포켓텀(Pocketerm) : 이동용 주식 시세표로 기능하게끔 한 장치. 이 장치는 만족할 만큼 제대로 작동하지 않았다.
- 슈왑라인(Schwabline) : 고객의 투자 포트폴리오를 출력하기 위한 탁상용 전자 장치. 슈왑은 이 장치에 대해서 다음과 같이 회상했다. "불행하게도, 이 기계 안에 들어 있던 수많은 부품들 하나하나가 모두 기계 고장의 원인이었다."
- 독립 금융 : 이 소프트웨어 제품을 통해서 고객은 모든 개인적인 금융 정보를 다룰 수 있었다. 하지만 이걸 다루려면 컴퓨터에 대한 지식이 필요했고, 게다가 이를 통해서는 계좌 관리를 할 수 없었다.
- 이퀄라이저(Equalizer) : 고객이 모뎀을 장착한 컴퓨터를 통해서 주문할 수 있게 한 소프트웨어. 이것 역시 고객이 컴퓨터를 다

룰 줄 알아야 했으며, 게다가 버그투성이였다. 하지만 나중에
스트리트스마트라는 윈도우 버전으로 다시 등장했다.[7]

고객이 자기 투자를 직접 관리하게 하고 전체 업무를 편리하게 하
려고 시도했던 이런 정보기술에 대한 관심 때문에 척 슈왑은 일찌감
치 인터넷에 관심을 기울였다. 1990년대 초반에 인터넷 시연을 보고
난 뒤에 그는 이렇게 말했다.

"인터넷을 할 수 있는 걸 눈으로 직접 보고는 소스라치게 놀라지
않을 수 없었다."

인터넷을 회사 운영 체계에 도입한 첫 번째 작품은 e-슈왑으로, 웹
에 초점을 맞춘 독립 사업체였다. 1995년에는 아메리칸 온라인(AOL)
을 통한 거래 서비스를 시작함으로써, AOL 회원 700만 명에게 쉽게
접근할 수 있었다. 그리고 곧바로 획기적인 돌파의 가능성을 직감한
슈왑은 8만 명이 동시에 접속할 수 있도록 회선의 용량을 늘렸다.

그 결과 예상보다 훨씬 빠른 성장이 이어졌다. 1996년 온라인 계
좌는 220만 개로 뛰어올랐다. 전체 계좌 가운데 정확하게 40퍼센트
나 되는 수치였다.[8] 게다가 독립적인 투자 매니저들에게 정교한 온
라인 서비스와 유용한 도구들을 제공함으로써, 간접 투자 부문도 중
요한 영역으로 대두되었다. 투자 매니저를 통한 간접 예치금 규모는
2000년에 1,460억 달러를 기록할 정도였다. 할인업계의 황제인 슈왑
은 이렇게 해서 마우스 클릭으로 증권 위탁업 전반을 아우르는 기업
으로 우뚝 서게 되었다.

20세기가 끝나갈 무렵 증권업계에 투자자들의 투자 자본이 넘쳐났다. 상위 4개의 증권 위탁/뮤추얼 펀드 회사, 즉 메릴 린치, 뱅가드, 피델리티 인베스트먼트 그리고 슈왑에 몰린 고객 예탁금이 미국의 전체 은행 예금의 절반을 넘어설 정도였다.[9] 1999년 4/4분기에만 온라인 거래 계좌가 180만 개 이상 생겨났다. 온라인 예탁금은 9천억 달러(이 수치는 은행 예금의 21퍼센트가 넘는 금액이었다)를 넘어서며 전체의 3분의 1을 기록했고, 슈왑은 해당 시장의 최대 점유자가 되었다.

20세기가 끝나고 21세기가 시작될 무렵, 불과 25년 전에 할인 증권 위탁업계에 첫발을 내디뎠던 슈왑은 22퍼센트의 시장을 점유하고 온라인 투자자들이 예탁한 금액만도 3,500억 달러에 이르는 업계 1위의 기업이 되었다.[10] 차세대 사업 모델에서 주도권을 잡는 것이 월스트리트로부터 차세대 시장 주도자의 가치를 인정받는 가장 확실한 길이다.

2000년이 시작될 때, 슈왑의 고객 예탁금은 7,250억 달러를 기록했다. 이는 1998년에 비해 48퍼센트나 증가한 액수였다. 인터넷을 통해 접근이 가능한 지사를 325개나 거느리던 슈왑이 다음해에 기록한 신설 계좌는 100만 개 이상이었고, 이로써 전체 구좌는 660만 개가 되었다. 슈왑은 온라인과 오프라인의 고객 서비스로 조화를 이루면서 1990년대 증권 신탁업계의 호황 속에서 최대의 영광을 누렸다.

뒤를 추격하는 경쟁자

21세기의 새로운 10년이 시작되면서 슈왑의 거래량은 가파르게 하강 곡선을 그렸다. 온라인 거래에서 1위를 유지하고 있긴 하지만 과거 그 어느 때보다 힘든 환경을 맞이하고 있다. 차세대 시장 주도자는 기본적으로 미래에 초점을 맞춘다. 차세대 시장 주도자는 시장 위치를 빼앗고자 하는 기존 업체에 모든 에너지를 집중한다. 하지만 기존 업체들이 새로이 시장에 진입해서 점유율을 조금씩 확보해가는 기업을 경계해야 하는 것과 마찬가지로, 차세대 시장 주도자들도 가끔은 자신의 뒤를 따라오는 다음 세대 경쟁자들을 살펴보아야 한다.

1990년대의 10년 동안 슈왑은 고객 예탁금 성장률을 40퍼센트대로 꾸준히 유지했음에도 불구하고, 전체 증권 위탁업계에서 보자면 5퍼센트도 채 되지 않는 시장을 점유하고 있을 뿐이다. 다음 10년 동안 슈왑이 치러야 할 도전은 증권 위탁업계와 투자은행 업계에서 주도자 가운데 하나로 끼는 것이다. 하지만 슈왑은 새로이 시장 점유율과 가치 점유율을 높여나가고 있는 차세대 경쟁자들에 대해 긴장의 끈을 늦추어서는 안 된다. 도표 4-5에서 확인할 수 있듯이, E-트레이드와 아메리트레이드 등의 순수 인터넷 거래 기업들은 이미 투자자들에게 강한 인상을 심어주며 시장에 확실하게 진입했다.

슈왑이 경계해야 할 대상은 인터넷에서 새로이 부상하는 기업들뿐만이 아니다. 온라인의 시장 점유율을 가치 점유율로 높이려고 내부 혁신을 감행하고 있는 월스트리트의 기존 업체들을 주의 깊게 살펴봐야 한다. 미국 내 대부 시장에서 발 빠르게 변신한 기존 업체들은, 새

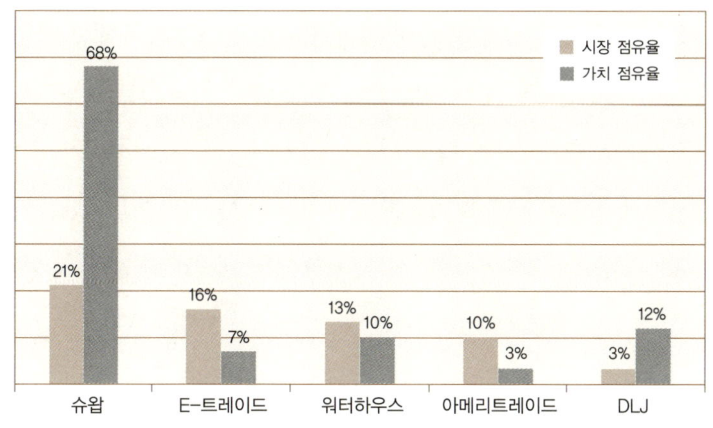

출처 : U.S. Bancorp Piper Jaffray, Yahoo!

로운 강자로 떠오르며 시장 주도자의 위치를 빼앗아간 컨트리와이드에게서 시장 주도자의 위치를 탈환하는 데 성공했다. 이런 상황이 증권 위탁업계에도 일어날 수 있지 않을까? 지금은 크레디트 스위스 퍼스트 보스턴의 한 부분이 된 온라인 업체 도널드슨, 러프킨, 젠레트(DLJ)를 살펴보자. 다른 기존 업체들도 온라인 거래에 뛰어들어 시장을 장악할 수 있으며, 다른 여러 가지 방식으로 반전을 노릴 수 있다.

슈왑은 또한 차세대 경쟁자들에게도 신경을 써야 한다. 사우스웨스트 항공처럼 슈왑도 기존 업체들의 반도 되지 않는 비용의 서비스를 제공함으로써 우월적인 경쟁력을 즐겼다. 한데 지금 슈왑의 새로운 경쟁자들 가운데 몇몇은 슈왑보다 훨씬 적은 비용으로 서비스를 제공하고 있다. 슈왑은 온라인 거래에 29달러의 수수료를 부과한다. 단골 고객에게는 14.95달러로 할인해주기도 한다. 하지만 차세대 경쟁자들의 수수료는 10달러 수준에 머무르고 있다. 심지어 인터넷 거래에 수수료를 붙이지 않는 업체도 나타났다. 아메리트레이드와 파이낸셜카페닷컴이 이런 부류에 속하는데, 이들은 마진론(margin loan, 주식을 담보로 자금을 대출하는 제도 - 옮긴이)과 위험을 고려한 가산 금리, 광고, 신용카드 등에서 수익을 찾는다. 슈왑은 지금 공격적이고 경쟁적인 새로운 시장 진입자들에게 둘러싸여 있다.

비가 올 날을 대비하라

시장에 성공적으로 진입해서 시장 주도자의 위치까지 올라가기란 외줄타기와 마찬가지다. 한 발만 삐끗 잘못 디디면 끝장이다. 중간쯤 갔을 때, 시장을 점유하고 있던 기존 업체들뿐만 아니라 뒤따라오는 차세대 경쟁자들까지 집중적으로 공격을 퍼부어댄다. 이런 상황에서 과연 어떻게 대응해야 할까? 슈왑이 좋은 사례를 보여준다.

슈왑은 서비스 대상과 범위를 계속 확대하고 있다. 2000년에 US 트러스트를 인수함으로써 슈왑은 보다 효과적으로 기존 업체 및 후발 주자들과 경쟁할 수 있게 되었다. 소매 증권 위탁업은 투자 은행의 사업 분야가 되었으며, 증권 위탁업체들은 하나 둘 차례대로 살로몬(스미스 바니), 모건 스탠리(딘 위터) 그리고 UBS(페인 웨버) 등에게 잡아먹히는 상황이 이어지고 있었다. 이런 상황에서 US 트러스트를 인수함으로써 슈왑은, 투자 은행 시장의 심장부에서 보다 확대된 고객층을 상대로 투자 서비스는 물론이고 은행 서비스까지 제공할 수 있게 되었다.

슈왑은 모든 금융 서비스 상품을 갖추고서 기존 업체들과 전방위적으로 경쟁하는 것으로 돌파구를 삼았다. 동시에 광고 활동의 초점을 무섭게 추격해오는 후발 주자들에게 맞추었다. 슈왑이 내세운 광고 사례를 하나만 살펴보자.

전화벨이 울려대는데, 데이터 센터는 컴퓨터 테이프만 돌아갈 뿐 텅 비어 있다. 고객이 전화를 걸어 어떤 주식에 대해서 관심을 가지고 있다고 얘기하며, 증권을 팔아야 할지 계속 가지고 있어야 할지 묻는 상황이다. 고객은 이렇게 말한다.

"천천히 생각해주세요, 저는 시간이 많으니까요."

테이프만 계속 돌아가고 얼마쯤 시간이 지난다. 그러자 고객은 이렇게 말한다.

"여보세요? 여보세요? 아무도 안 계세요?"

슈왑은 이 후발 주자들이 순전히 온라인 업무만 하고 있음을 강조하면서 자신들은 금융 서비스와 투자 은행 사업까지 아우르는 전방위 기업이라는 사실을 부각시킨다. 슈왑의 기본적인 성장 동력은 앞으로도 온라인 거래가 될 것이다. 이 분야의 거래량은 지금 슈왑의 전체 거래량 가운데 75퍼센트를 차지하고 있다. 슈왑은 비용이 싼 다른 인터넷 경쟁자들과 달리 금융 상품 전반을 전문적인 감각과 실무로 다룬다는 점을 내세워 이들과 차별화를 꾀하고 있다. 이런 전략은 궁극적으로 핵심 경쟁자인 메릴 린치와의 한판 승부가 보다 가까

위진다는 뜻이기도 하다. 이 둘의 대결은 동부의 기존 시장 주도자와 서부의 도전자라는 고전적인 대결 구도이다. 거대 공룡인 메릴 린치는 이미 일찌감치 이 싸움에 대한 투지를 밝힌 바 있다. 슈왑은 기존 업체와의 힘겨운 싸움 그리고 후발 업체와의 성가신 싸움을 동시에 치러야 한다. 1990년대 영광의 10년은 가고 없다. 슈왑은 이제 더 이상 신생 시장 진입자가 아니다. 그렇다고 시장을 주도하는 기업도 아니다. 어중간한 위치에 서 있는 슈왑으로서는 새로운 도전의 시대가 아닐 수 없다.

기존 업체와 시장 진입자

시장 주도자의 자리를 놓고 시장에 새로 진입한 업체와 기존 업체가 벌이는 싸움은 때로 흥미진진한 드라마를 연출한다. 새로 진입한 업체가 만일 강력한 돌파 전략을 구사해서 시장을 확보할 경우 이 싸움에서 승리할 수 있다. 이와 관련해 담보 대출업 분야에서 훌륭한 사례가 있다. 이 대결에서 홍 코너는 퍼스트 네이션와이드 뱅크이다. 이름만 보아도 야심이 어느 정도인지 알 수 있다. 청 코너 역시 야심만만한 이름의 컨트리와이드 크레디트 인더스트리즈이다. 두 회사는 거의 같은 시기에 같은 목적을 가지고 창립되었다. 하지만 같은 점은 그뿐이었다.

100년이 지난 뒤 퍼스트 네이션와이드는 미국 내 예금 · 대부 조합

(우리나라의 신용 금고에 해당하는 미국의 지역 금융 기관-옮긴이)으로서
는 10대 기업에 들 만큼 성장했다. 자산 규모만 해도 110억 달러가
넘었다. 수많은 예금·대부 조합들이 적자를 기록하던 1980년대 후
반에도 퍼스트 네이션와이드는 흑자를 기록했다. 퍼스트 네이션와이
드는 플로리다와 뉴욕에서 적자에 허덕이던 은행들을 인수하면서,
본거지인 캘리포니아의 경계를 넘어 다른 주로까지 영업을 확대한
몇 안 되는 예금·대부 조합이 되었다. 퍼스트 네이션와이드는 특히
중산층 주택 구입자들을 목표로 해서 미국 전역에 퍼져 있는 K마트
에 100개가 넘는 지사를 설립한다는 계획을 이미 세워놓고 있었다.
이 100개 이상 되는 지사 가운데는 담보 대출의 본산인 캘리포니아
에만 38개가 포함되어 있었다.

정확하게 회사 설립 100년이 지난 후인 1985년 퍼스트 네이션와
이드는 포드 자동차에 4억 9,300만 달러에 인수되었다. 미시간의 자
동차 제조 회사이던 포드가 금융업으로 사업을 다각화한다는 전략을
구체적으로 실천한 것이었다. 경쟁 업체이던 크라이슬러는 그즈음에
뱅크 오브 아메리카의 소비자 금융 사업부를 인수했고, GM은 콜로
니얼 뱅크를 인수했다. 현금이 풍부하던 포드는 이런 분위기에 자극
을 받아서 새로운 성장의 기회를 노리는 한편, 핵심 자동차 사업에
대한 경기 조정용 수익 원천을 마련한다는 의미에서 퍼스트 네이션
와이드를 인수한 것이었다. 포드의 목표는 퍼스트 네이션와이드를
담보 대출업 시장의 거대한 공룡이자 선두 주자로 만들겠다는 것이
었다.

야망의 실현, 그리고 실패

하지만 포드는 GM이나 크라이슬러와 달리 예금 및 대출업의 문제점이 막 노출되던 시기에 실제 가치보다 높게 책정된 금액으로 퍼스트 네이션와이드를 인수했다. 포드의 승인 하에 퍼스트 네이션와이드의 최고경영자이던 안토니 프랭크(그는 나중에 미국의 우정장관이 되었다)는 전체 규모가 5억 달러에 이르는 야심적인 인수 계획을 추진했다. 담보 대출업을 확장해서 이름처럼 미국 전체를 시장으로 확보하기 위해 퍼스트 네이션와이드는 14개 주에서 파산을 하거나 문제를 안고 있던 예금·대부 조합들을 인수했다. 1985년에 120억 달러이던 자산은 10년이 지난 뒤에는 300억 달러에 이르게 되었다.

하지만 1986년에 이자율이 떨어지고 부동산 시장이 급물살을 타자 퍼스트 네이션와이드의 고객들은 대출 신청에서부터 승인이 나기까지 걸리는 기간에 불만을 터뜨리기 시작했다. 퍼스트 네이션와이드의 대출 담당 직원은 《샌디에이고 유니언 트리뷴》에서 다음과 같이 말했다.

"대출 신청을 받아서 처리하는 데 두 달이 걸립니다. 하지만 사람들은 세 달이 걸린다고들 합니다."

컴퓨터는 이렇게 지연되는 사정을 설명하는 편지를 고객들에게 대량으로 발송했다. 주택을 직접 살 생각 없이 그저 금융 자문만 얻고자 했던 고객들은 이보다 훨씬 더 오래 기다려야 했다.

기업의 확장은 퍼스트 네이션와이드에 또 다른 악영향을 미쳤다. 증가한 운영비가 낮은 이자율과 함께 수익을 갉아먹었던 것이다.

1986년 순수익이 1억 400만 달러였는데 1987년에는 6,400만 달러로 감소했다. 그리고 1988년에는 불과 360만 달러밖에 되지 않았다. 포드는 트럭 사업부에 있던 존 데빈을 파견하기로 결정했다. 데빈은 비용을 절감하기 위한 방안으로 직원의 10퍼센트를 감원했다. 대략 500명 정도 되는 인원이었다. 그리고 2년 만에 비용을 4분의 3 수준으로 끌어내렸다.

전쟁

퍼스트 네이션와이드가 비용을 낮추고 있을 때, 다른 곳에서는 전혀 다른 일이 진행되고 있었다. 컨트리와이드 크레디트의 설립자이자 경영자이던 안젤로 모질로와 데이비드 로엡 역시 회사를 국가적인 기업으로 키울 야심 찬 계획을 세우고 있었다. 하지만 이들이 세운 전략은 저비용의 유통 체계를 확보하는 게 골자였다. 즉, 기존에 있던 자료 처리 설비와 네트워크를 그대로 가져가면서도 처리 과정을 혁신하고 고객 서비스를 근본적으로 바꾸는 게 핵심이었다. 이 모든 것들은 현장에서 고객을 직접 대면하는 직원들에게 초점이 맞추어졌다. 일선 직원들에게는 고정급 외에 회사의 성과에 따라 보너스를 따로 지급했다. 퍼스트 네이션와이드를 비롯한 미국 내 대부분 담보 대출 은행의 직원들이 수수료를 받는 것과 전혀 다른 방식이었다.

컨트리와이드가 하지 않았던 일 가운데 중요한 것은 다른 은행을 인수하지 않는 것이었다. 운영을 최적화한다는 명분으로 비용 삭감을 하지도 않았다. 기존의 운영 방식을 어설프게 땜질하지 않고 그

대신, 발달한 정보기술과 하부 구조를 이용하는 전혀 새로운 방식을 시도했다. 이 정보기술 및 하부 구조를 통해서 일선 창구 직원의 권한을 강화함으로써 고객에 초점을 맞추었다. 다른 담보 대출 은행에서는 고객이 대출을 신청한 순간부터 승인을 받을 때까지 걸리는 기간이 보통 45일에서 90일이었지만, 컨트리와이드는 이걸 불과 몇 시간 만에 (나중에는 불과 몇 분 만에!) 처리할 수 있게 만들었던 것이다.

1990년대에는 대출을 한번 받으려면 서로 다른 업무를 하는 열여섯 명이 관여하는 게 보통이었다. 게다가 대출위원회라는 것도 있었다. 이 위원회는 보통 한 달에 한 번 정도 열렸는데, 까딱 잘못해서 서류 하나를 빠뜨리기라도 했다간 한 달을 더 기다려야 했다. 고객 입장에서는 지루하고 힘든 과정이었다. 컨트리와이드가 제시한 처리 과정은 '1인 위원회'가 결정하는 체계였다. 즉, 고객에게 대출 신청을 받은 창구 직원이 혼자서 처리했다. 이 직원은 비록 결정을 혼자 해야 하지만 고객의 신용 정보를 확인할 수 있는, 정교하게 구축된 제3의 데이터베이스를 제공받기 때문에 전혀 어렵거나 힘들지 않았다. 또한 현장에서 담보 인정 비율을 근거로 해서 대출 승인 여부를 결정할 수 있게 도와주는 지원 체계가 마련되어 있었다.

컨트리와이드의 이 새로운 방식은 고객 서비스 측면에서 획기적인 개선을 마련했을 뿐만 아니라, 대출 관련 비용도 대폭으로 줄였다. 1991년에 전통적인 방식을 취하던 담보 대출 은행의 대출 관련 평균 비용이 2,357달러인 데 비해, 컨트리와이드가 대출 한 건을 성사시키면서 들인 비용은 불과 748달러였다. 1989년 퍼스트 네이션와이드의 레이더망 모니터에서 컨트리와이드는 그저 한번 깜박거리는 불빛에 지나지 않았지만, 그건 이후에 전개될 엄청난 변화의 시작이었다.

1989년 컨트리와이드는 고객과 직접 거래할 부서를 설립했다. 이 것은 엄청난 변화의 작은 출발이었다. 과거에 컨트리와이드는 전적으로 중개인을 통해서 고객을 만났다. 비용이 줄어들면서 대출 신청이 급격하게 늘어나고 이윤도 증가했다. 컨트리와이드는 광범위하고 잘 조직된 유통망을 갖추고 있었으며 전국 무료 장거리 전화 서비스를 제공했다.

컨트리와이드는 파산한 은행을 매입하는 걸로 덩치를 키우지 않았다. 대신 3만 달러짜리 소매 지점을 여는 방식을 채택했다. 1990년이 되자 이 지점들은 전국의 24개 주에서 100개가 문을 열었다. 이 100개 지점을 열면서 컨트리와이드가 지출한 돈은 270만 달러였다. 퍼스트 네이션와이드는 15개 주에 284개 지점을 확보하고 있었는데, 이 가운데 14개 주에 있던 지점들은 모두 1980년대에 수억 달러씩 주고 기존의 예금·대부 조합을 매입한 것이었다. 퍼스트 네이션와이드는 대부분 파산했거나 문제가 적지 않았던 은행들을 기반으로 해서 영업을 했는데, 수억 달러짜리의 이 덩치 큰 지점들이 비용에 걸맞은 수익을 올리지는 못했다. 이에 비해서 컨트리와이드는 순수하게 담보 대출 은행이었기 때문에 고객의 신용 위험에서 완전히 자유로울 수 있었다. 대신 담보물 관리만 철저히 하면 되었다. 게다가 컨트리와이드는 담보 업무와 관련된 평균 비용도 계속해서 꾸준히 끌어내렸다. 2000년에 한 건당 비용이 223달러를 기록하기에 이르

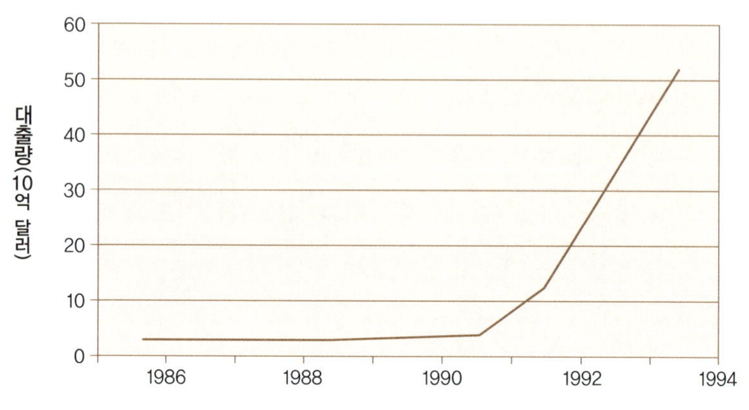

렀다. 컨트리와이드는 비용을 한껏 절감하면서도 대출 신청에서 승인까지의 시간을 획기적으로 줄이며 경쟁 업체에 비해 훨씬 만족스런 고객 서비스를 제공했다. 그리고 무엇보다 중요한 건, 이렇게 함으로써 대출량이 급격하게 치솟았다는 사실이다.(도표 4-6 참조)

한편 1989년 퍼스트 네이션와이드는 K마트에 개장한 170개의 작은 지점들을 철수한다고 발표했다. 충분한 예금 유치를 하지 못했다는 게 회사가 내세운 이유였다. 회장인 로버트 랙코빅은 성명서를 통해서 이렇게 말했다.

퍼스트 네이션와이드는 보다 집중적인 전략을 개발 중입니다. 우리가 최근에 단행한 인수 작업을 통해 발생한 기회에 보다 더 집

중할 것입니다. 그리고 은행에서 우리 고객들의 요구를 충족시키는
데 더욱 집중할 것입니다. 물론, 회사의 수익성에 집중할 것임은 말
할 필요도 없습니다.

1990년과 1991년에 퍼스트 네이션와이드는 총 1억 8,400만 달러
의 적자를 기록했다. 1991년 초에 포드는 데빈을 퍼스트 네이션와이
드의 최고 책임자로 임명했다. 하지만 적자 행진은 계속되었고, 포드
는 퍼스트 네이션와이드의 악화된 재정 상태를 개선하려고 그해 말
에 2억 5천만 달러를 긴급 수혈했다. 이 시점을 기준으로 볼 때 포드
가 지원한, 그러나 회수가 불가능한 악성 채권 규모는 4억 5천만 달
러나 되었다.

블랙홀

한편 1991년, 컨트리와이드는 '핵심적인' 사우스 캘리포니아에서
대출 기업으로 8위를 차지했다. 퍼스트 네이션와이드는 대출 규모면
에서 컨트리와이드의 3분의 1밖에 기록하지 못하며 25위에 겨우 턱
걸이를 했다. 퍼스트 네이션와이드는 지금, 위기에 몰리는 기존 업체
들이 늘 그렇듯이, 비용을 절감하며 수익성이 나쁜 지점들을 정리하
는 데 노력을 집중하고 있다.

"우리는 지금 (중략) 비용과 상품의 질에 노력을 기울여야 합니
다."

데빈이 1991년 중반에 퍼스트 네이션와이드의 인력 10퍼센트를

정리할 계획을 발표하면서 한 말이다.[11]

그 당시 몇몇 사람들은, 포드가 퍼스트 네이션와이드에 쏟아 부은 돈만 해도 새로운 차종 하나를 개발하고도 충분히 남을 거라고 말했다. '블랙홀'이란 말이 포드의 본부 건물에서 떠돌아다녔다. 퍼스트 네이션와이드는 1980년대 후반에 인수한 사업부들을 차례로 포기하기 시작해서, 총 6개 주의 70개 가까운 지사들을 정리했다.

그리고…

1992년에 퍼스트 네이션와이드는 6천억 달러의 손실을 기록했다. 1993년에는 9개 주에 213개 지사로 쪼그라들었다. 당시 최고경영자 존 데빈은, 축소 작업은 계속될 것이라고 말했다.

"우리의 장기 전략은 보다 좁은 시장 유통망에 집중하는 것입니다."

그러나 컨트리와이드는 1992년 1억 2,300만 달러의 수익을 기록했다. 이는 전년에 비해 173퍼센트나 증가한 수치였다. 대출액이 320억 달러나 되었는데, 이는 미국의 그 어떤 예금·대부 조합도 달성하지 못한 기록이었다. 게다가 담보물을 선택하고 관리하는 관리 체제의 질을 높인 덕분에 손실률은 훨씬 하락했다.[12] 컨트리와이드는 담보 대출업 시장에서 시장 주도자의 위치로 올라섰다. 새로운 정보 기술과 업무 처리 방식을 채택함으로써 작은 반란 기업이 기라성 같던 기존 업체들의 턱 밑에서 마침내 시장 주도자로 우뚝 선 것이다. 기존 업체들, 즉 웰스와 체이스 그리고 뱅크 오브 아메리카 등이 새로운 기준에 필적하는 수준의 고객 서비스를 앞세워 시장 탈환을 노리고 있는 가운데 컨트리와이드는 두 번째 돌파를 추진했다. 1990년대 중반, 컨트리와이드는 자신이 확보하고 있는 정보기술 하부 구조와 사업 지원 체계를 제3의 담보 대출 기업에 제공하는 '플래티넘 엑스트라넷(Platinum Extranet)'을 개발했다. 이 시스템은 제3의 독립 대출 기업에도 컨트리와이드에서와 똑같은 효율성과 서비스와 질적 수준을 제공했다. 담보 대출 중개업자, 소비자 신용조합, 심지어 은행에서도 주택 융자 사업을 하는 데 컨트리와이드의 시스템을 사용했다.

컨트리와이드는 공격적으로 인공지능 시스템을 대출 처리 절차에 도입했고, 그 결과는 성공적이었다. 인공지능 시스템은 소매 영업망들을 연결하는 온라인망으로, 기본적으로 저비용을 보장하는 것이었다. 또 2000년대 주택 융자 시장에서의 격전에 대비한 멋진 대책이었다. 이게 있었기에, 거대 공룡 포드가 상처를 핥으며 절뚝절뚝 물러갈 때, 그리고 퍼스트 네이션와이드/칼 페드가 겨우 지역 사업에 만족할 때, 컨트리와이드 크레디트는 활개를 치며 전국을 무대로 전진할 수 있었다.

영광의 날들

컨트리와이드의 영광은 지난 몇 년간 담보 대출 시장이 폭발적으로 확대되는 과정에서 최고조에 달했다. 2002년 대출액이 2,520억 달러에 이르렀는데, 이는 전년도에 비해 82퍼센트 증가한 액수였다.

순위		대출량			시장 점유율	
		2002년	2001년	변화폭	2002년	변화폭
1	웰스 파고 홈 모기지	$196,732	$329,221	67.34%	12.08%	2.01%
2	워싱턴 뮤추얼	$175,537	$311,959	77.72%	11.44%	2.46%
3	컨트리와이드 파이낸셜 코프	$138,194	$251,901	82.28%	9.24%	2.17%
4	체이스 홈 파이낸스	$184,202	$155,680	-15.42%	5.71%	-3.71%
5	ABN 암로 모기지	$81,684	$177,779	44.19%	4.32%	0.14%
6	뱅크 오브 아메리카	$84,065	$88,050	4.74%	3.23%	-1.07%
7	내셔널 시티 모기지	$56,865	$79,478	39.77%	2.92%	0.01%
8	GMAC 레지덴셜 홀딩스	$51,821	$71,617	38.20%	2.63%	-0.02%
9	센던트 모기지	$44,522	$59,280	33.15%	2.17%	-0.1%
10	홈커밍스/CMAC-RFC	$35,724	$52,591	47.21%	1.93%	0.1%
	상위 10개 기업 합계	$1,049,354	$1,157,556	44.62%	55.67%	1.97%
	총 합계	$1,698,942	$2,370,244	39.51%	86.96%	-0.21%

출처 : National Mortgage News

또 상위 10개 업체 가운데 가장 빠른 성장률이었다.(도표 4-7 참조) 4/4분기에만 1,020억 달러라는 어마어마한 기록을 달성했다. 순수익은 1997년 16억 달러에서 1999년 36억 달러로 두 배가 뛰었으며, 그 후로도 계속 빠르게 성장했다. 2002년 총수익은 70억 달러였다. 순수익도 1997년 2억 5,700만 달러에서 2001년 4억 1,000만 달러로 그리고 2002년 8억 4,100만 달러로 증가했다. 2002년 컨트리와이드 크레디트는, 보다 폭넓은 금융 서비스를 제공하는 기업으로 변신을 꾀하며 이 이미지를 회사명에 반영하기 위해 이름을 컨트리와이드

파이낸셜로 바꾸었다. 컨트리와이드의 설립자 안젤로 모질로는 2001년 이와 관련해서 다음과 같이 말했다.

"우리 회사는 지금 극적인 변신을 꾀하고 있습니다. 이 전략적 이동의 증거는 우리 회사의 모든 영역에서 찾아볼 수 있을 겁니다."

황제, 돌아오다!

반란의 성장 기업이나 틈새시장 점유자만이 돌파 전략에 성공할 수 있다는 생각은 버려야 한다. 시장에 존재하던 기존 기업들도 혁신을 할 수 있다. 수많은 시장에서 기민하게 움직인 기존 기업들이 차세대 사업 모델로 돌풍을 일으키고 있다. 멀리 갈 것도 없이, 지금까지 다루었던 금융 서비스 부문을 예로 들 수 있다.

1990년대 초에 미국 내 주택 융자 시장에서 성장 기업이던 컨트리와이드 크레디트가 시장 주도자가 되었다. 하지만 1995년 다시 기력을 회복한 기존 업체들, 즉 노스웨스트, 뱅크 오브 아메리카 그리고 체이스가 다시 컨트리와이드를 밀어냈다. 온라인 은행 거래 부문에서도 성장 기업들은 순위에 들지도 못했다. 처음엔 인터넷에 기반을 둔 성장 은행들이 온라인 은행 시장을 독점할 것만 같았다. 하지만 실제로 일어난 현상은 정반대였다. 온라인 은행들은 전체 미국 은행 예금의 극히 적은 부분만 차지할 뿐이었다.[13] 상위 10개 온라인 은행들은 모두 기존 업체들이었다. 이들이 1999년까지 전자 은행 부문의

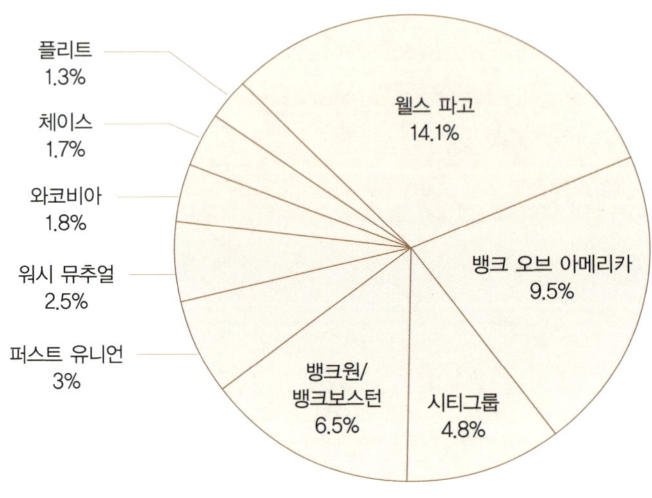

출처 : Gomez Advisors Inc.

상위 10개 순위를 석권해버린 것이다.(도표 4-8 참조)

기민하게 대응한 이 기존 업체들은 은행업의 다른 부문에서 튀어나왔다. 2000년 중반까지 9천 개에 달하던 소비자 은행 가운데 단지 625개 은행만이 전자 거래 서비스를 제공했다. 1999년의 포레스터 리서치에 따르면, 미국 내 전체 계좌의 10퍼센트만이 온라인으로 은행 거래를 했으며, 미국 내 가구의 2퍼센트만이 온라인으로 결제를 했다. 하지만 온라인 은행 시장의 이런 더딘 발전에도 불구하고 어쨌거나, 수많은 '옛날' 은행들이 그나마 새로이 떠오른 이 시장 기회마저 독식하고 있었다.

성장 기업들은 시장에서 활발하게 움직였고, 이 가운데 몇몇은 상당한 성과를 거두기도 했다. 시큐러티 퍼스트 네트워크 뱅크, 넷뱅크 그리고 컴퓨뱅크 등이 초기의 순수 인터넷 은행에 속한다. 이 전자 은행들은 기존 은행에 비해 비용이 적게 들어서, 단순 예금이나 단기 금융 시장 예금 계좌 혹은 당좌 예금 계좌에 대해 고객에게 그만큼 높은 이자를 약속할 수 있는 강점을 가지고 있다. 이런 성장 기업들 외에 기존 은행들도 전자 은행 영역에 마구 뛰어들었다. 인튜이트, 노드스톰, E-트레이드 등이 여기에 속한다. 인튜이트는 금융 소프트 웨어 회사에서 금융 서비스 전반을 아우르는 회사로 성장한 기업이며, 노드스톰은 오로지 은행업으로만 자신의 정체성을 찾았고,[14] E-트레이드는 '텔레뱅킹'을 인수해서 'E-트레이드 뱅크'로 이름을 바꾸었다. E-트레이드는 또 은행 및 증권 회사의 위탁 계좌와 연결이 가능한 시스템을 마련하기 위해 8천 대의 예금 자동입출금기(ATM)로 네트워크를 구성했다.[15]

확장된 금융 서비스 부문에서도 경쟁 기업들은 전자 은행 서비스를 시작했다. 2000년대 중반에 메릴 린치는 홍콩상하이은행(HSBC) 홀딩스와 공조해 유럽과 아시아에서 온라인 은행 서비스 및 투자 서비스를 할 것이라고 발표했다. 또한 GE 파이낸셜 네트워크는 2000년에 자신의 웹사이트 금융 서비스에 전자 은행 서비스를 추가했다. 이 전자 은행 서비스는 GE가 투자한 컴퓨뱅크와 함께 개발한 것이었다.

하지만 보다 멀리 내다보는 은행들은, 전자 은행 성장 기업들이 제기하는 도전의 예봉을 미리 꺾어두기 위해, 자기들끼리 새로운 유통 망을 구축하면서 보다 확대된 조직으로 연대할 수 있다는 능력을 과시했다. 웰스 파고는 인터넷으로 옮겨간 최초의 대형 은행이었다. 웰스 파고는 온라인 은행 업무를 분담할 사업 단위를 따로 만들지 않고 직속 사업 단위를 인터넷 벤처 업무에 직접 투입했다.[16] 1998년까지 웰스 파고는 62만 명의 홈뱅킹 고객을 확보했다. 네이션스뱅크는 50만 명, 뱅크 오브 아메리카는 20만 명을 각각 확보했다.[17] 2000년 초가 되면 뱅크 오브 아메리카, 웰스 파고 그리고 퍼스트 유니언은 모두 자사의 온라인 고객이 100만 명을 돌파했다고 선언했다.[18]

체이스는 대형 은행들 틈에 끼긴 했지만 인터넷 활용에 관해서는 다른 경쟁자들에게 뒤처졌다. 체이스닷컴은 은행 체제 바깥에서 인터넷 사업을 촉진할 목적으로 독립 사업 단위로 설립되었다.[19] 체이스가 J. P. 모건과 손을 잡음으로써 과연 온라인 은행 선두 주자 집단을 따라잡을 수 있을까? 그들이 기대하는 건, 온라인 은행은 성장이 느리며 언젠가는 그럴 기회가 있으리라는 믿음뿐이다. 한편, 웰스 파고는 기민하게 온라인 부문의 주도권을 잡음으로써 뉴욕의 경쟁자인 체이스/J. P. 모건보다 높은 가치 점유율을 누렸다.(도표 4-9 참조)

또 다른 뉴욕의 공룡 기업인 시티그룹은 금융 서비스 부문에서 오랫동안 적극적이며 개혁적인 기업으로 존재해왔었다. 하지만 시티그룹 역시 온라인 영업 개발에 어려움을 겪었다. 주된 이유는 이 사업을 놓고 시간을 너무 오래 끌었기 때문이 아닌가 싶다. 시티뱅크와 트래블러스의 합병으로 탄생한 시티그룹은 총자산 1,170억 달러에

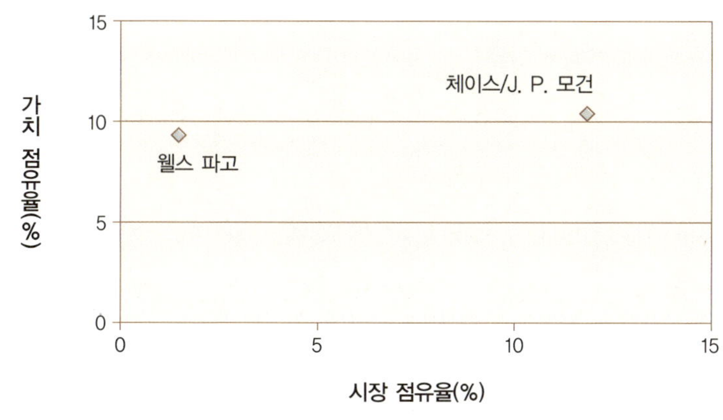

출처 : Federal Reserve System National Information Center, FDIC

1999년 세전 수익이 159억 달러에 이르는, 세계에서 가장 크고 수익성이 높은 금융 기업이다. 시티그룹은 지금 금융 서비스 부문에서 이너서클 지도자가 되어 있다.

체이스와 마찬가지로 시티뱅크도 인터넷 영업을 담당할 독립적인 사업 단위를 만들었다.[20] 당시 트래블러스의 샌디 윌과 함께 시티그룹을 공동으로 지휘하던 존 리드가 1999년 7월 인터넷 사업부를 떠맡았다. 리드는 이 독립 사업 단위를 그야말로 독립적인 온라인 소매 금융 서비스 업체로 개발할 생각이었고, 이 목표를 달성하려고 5억 달러를 투자했다. e-시티라는 이름의 이 회사는 고객을 그다지 끌어들이지 못했고, 시티그룹의 다른 사업 단위들로부터 비난만 들었다. 리드가 물러난 뒤에 e-시티는 처음부터 다시 시작해야 했다.[21] 시티뱅크는 또한 시티 에프아이(Citi f/i)라는 독립적인 인터넷 은행을 출범시켰다. 하지만 이 은행이 출범한 지 1년밖에 되지 않은 2000년 중반, 시티뱅크는 이 인터넷 은행을 기존 온라인 서비스로 통합한다고 발표했다. 이런 실수들을 저지르고도 시티뱅크는 온라인 은행업의 선두 주자들 뒤를 바짝 따라붙었다.

몇 번 주춤거리는 모습을 보이긴 했지만 시티뱅크는 꾸준하게 새로 성장하는 금융 서비스 부문의 이너서클 자리를 굳건하게 지켰으며, 신기술과 서비스는 빼놓지 않고 일찌감치 채택하는 적극적인 노력을 꾸준히 해왔다. 시티뱅크는 온라인 은행을 자신의 핵심 사업에 이식하는 모델을 모색하고 있는데, 이는 금융 서비스 부문에서 시장 지배자로서의 새로운 면모를 확실하게 갖추기 위한 노력이다.

기존의 시장 주도자들도 자신들을 변화시키고 시장을 바꿈으로써 얼마든지 차세대 사업 모델을 개발하며 도약할 수 있다. 이어서 시장 주도자의 독특한 시장 위치를 좀더 깊이 살펴보자. 먼저, 경쟁이 고도화된 시장의 이면을 들여다보고, 어떤 기업이라도 변신을 할 수 있으며 정체 상황을 깨고 나갈 돌파구를 마련할 수 있다는 사실을 증명해보자.

늙은 개들

그다지 눈길을 끌지 못하던 노쇠한 기업이 어떻게 청년의 활력을 되찾았는지 간략하게 살펴보자. 1990년대 후반까지, 데이턴-허드슨(지금의 타깃) 그룹에서 머빈스는 여러 해 동안 찬밥 신세였다. 그룹의 수많은 조직 때문에 머빈스는 전혀 인정받지 못했다. 1990년대 후반까지 이 사업 단위를 팔아치울 건지 폐쇄할 건지를 놓고 숱한 토론을 했다. 머빈스의 차세대판 개념인 콜스가 빠르게 확장을 해나갔고, 그렇지 않아도 허약할 대로 허약해진 가맹점들을 위협했다. 머빈스의 새로운 최고경영자 바트 버처를 비롯한 경영진은 심각한 논의 끝에 마침내 자신들의 운명을 스스로 개척하기로 결심했다. 1999년 1월, 나도 참석했던 회의에서 바트의 경영진은 단일하고도 과감한 목표를 설정하고, 기업의 사운을 걸고 이 목표에 도전하기로 했다.

머빈스의 돌파 전략은 서로 연관된 두 개의 목표에 초점을 맞추었다. 총 재고는 과감하게 줄이면서도 매장에서 더 많은 물품들을 다양하게 집힐 수 있도록 하는 게 바로 그 목표였다. 경영진에서 이런 과감한 목표를 설정한 다음날, 머빈스의 상품 계획 담당 이사가 불가능한 목표라면서 사표를 내고 나가버렸다. 최고 재무관리자 척 린치가 이끄는 머빈스의 경영진은 전혀 흔들리지 않는 모습으로 도전을 시작했다. 그리고 목표를 달성할 수 있는 새로운 프로그램을 마련했다. 머빈스가 마련한 새로운 구매-재고-전시 전략은 기존의 잡화 소매점들이 결코 버릴 수 없다고 생각하던 원칙, 즉 개방형 판매 시스템을 과감하게 버리는 것이었다. 머빈스는 매장의 특징과 핵심 상품에 따라 구체적인 지시를 각 매장별로 내렸다. 이런 혁신의 충격은 빠르게 나다났디.

머빈스는 1년 안에 획기적인 성과를 올렸다. 매장에서 고객이 찾는 물건의 98퍼센트를 그 매장에서 소화할 수 있게 하면서도 총 재고량을 획기적으로 줄였던 것이다. 이 프로그램이 거둔 또 다른 핵심적인 성과는, 가격 할인폭을 대략 1억 5천만 달러나 줄였다는 사실이다. 그리고 가장 중요한 건, 머빈스의 매출액 수익률이 큰 폭으로 뛰었다는 사실이다. 1999년 5.0퍼센트였던 매출액 수익률이 2001년에는 7.1퍼센트로 올라갔다. 2000년 머빈스의 세전 수익은 전년도에 비해 31퍼센트나 뛰어올랐다. 이해에 머빈스의 관리 직원들은 모기업인 타깃의 직원들보다 훨씬 많은 보너스를 받았다. 나중에 머빈스의 최고경영자는 핵심 팀원들과 함께 머빈스에서 성공한 돌파 프로그램으로 타깃을 지휘했다. 이렇게 머빈스는 데이턴-허드슨 그룹의 미운 오리새끼에서 신데렐라로 다시 태어났다.

머빈스의 돌파 프로그램은 머빈스의 시장 위치까지 뒤바꿀 만큼 강력하지는 않았다. 하지만 새로운 성공 사이클을 촉발하고 그걸 즐기게 할 정도의 위력은 충분히 있었다. 아마도 보다 중요한 건, 머빈스의 고위 간부들에게 리더십을 확보해주었다는 사실과, 타깃이 시장 지배자인 월마트와 지속적으로 경쟁하면서도 수익을 낼 수 있게 했다는 사실이 아닐까 한다. 어쨌거나 고객 서비스와 관련한 이 새로운 경쟁력으로 인해 타깃은 강력한 경쟁자로 떠오를 수 있었다. 하지만 타깃이 획득한 무엇보다 소중한 자산은 돌파식 사고방식 그 자체일 듯싶다. 2002년에 타깃은 새로운 경영 전략을 채택했다. 타깃이 설정한 새로운 목표는 과감했다. 바로 '세계 최고의 기업'이 되는 것이었다. 타깃은 이 목표를 달성하기 위해서 단일 기업으로서의 통합적인 전략을 형성해나가고 있다.

머빈스의 성공은, 시장에서 아무리 별 볼일 없는 위치에 있는 기업이라 하더라도 얼마든지 과감한 목표를 달성할 수 있다는 사실을 분명하게 증명해준다. 나아가, 더 잃을 게 없을 정도로 참담하던 머빈스가 타깃 스토어를 메이저 리그에 진출시켰으며, 이 모든 게 그들이 과감한 목표를 설정하고 돌파 전략을 채택할 용기를 가졌다는 사실에서 비롯되었다. 어쩌면 그들에게 더 이상 물러설 자리가 없었기 때문에 이런 놀라운 과업을 성공적으로 이끌었을지도 모른다. 하지만 그렇다고 하더라도 그들이 이룩한 성과를 과소평가할 수는 없다. 이들에게 돌파 전략은 살아남기 위해서 그리고 새로운 성공 사이클을 궤도에 올려놓기 위해서 꼭 필요한 것이었다. 하지만 그런 상황에 처한 기업들이 모두 다 머빈스처럼 도약할 수 있는 건 아니라는 사실은 분명하다.

5장 | 시장 주도자의 사고방식

성공 사이클의 각기 다른 단계에 놓여 있던 잡화 소매 기업 두 곳이 어떻게 돌파 전략을 구사했는지 간략하게나마 더 살펴보자. 1990년대 중반에 새로운 기업이 미국의 '원격 소매 사업'에 뛰어들었다. 이 새로운 유통망을 활용하는 첫 사례가 아니긴 했지만, 이 기업은 확실한 전망을 가졌다. 이 기업은 단일한 상품에서 시작했고, 기존 경쟁자들이 따라잡을 수 없을 정도의 할인을 통해 구매를 유도했으며, 손쉬운 주문 방식과 안전한 배달로 구매자의 관심을 사로잡았다. 새로운 기업에 대한 호의적인 소문이 빠르게 퍼지면서 매출액은 급격히 증가했다. 매출액 증가 수준은 퍼센트 단위가 아니라 두 배 혹은 세 배였다. 거리에 면한 상점 진열대를 어떤 상품으로 어떻게 진열할까 고민할 필요도 없었던 이 기업으로서는, 폭주하는 주문을 맞추기 위해서

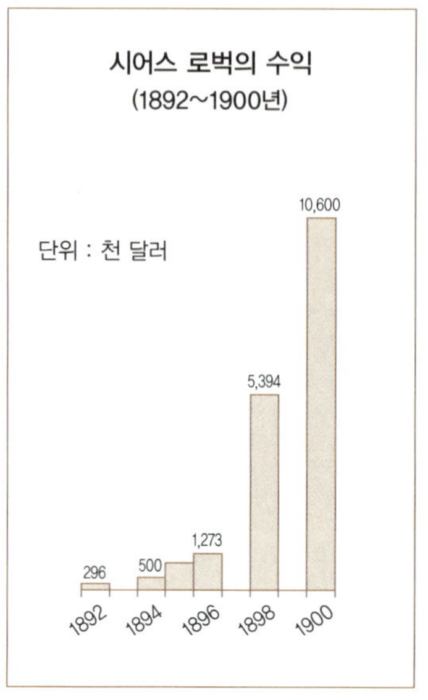

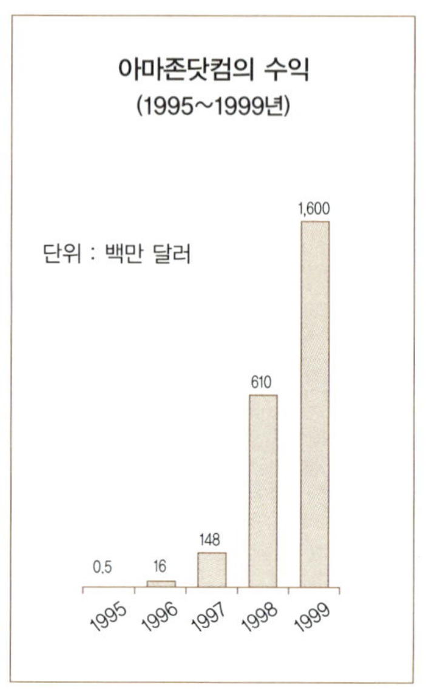

출처 : "1890s America : A Chronology" and annual reports

전략적으로 설정한 창고를 관리하기만 하면 되었다. 취급 상품을 점차 생활 잡화 전체로 늘려갔고, 시장 영역을 잡화 소매업 시장의 중심으로 이동해갔다. 반란의 성장 기업이 시장을 잠식해 들어오자, 기존 업체들은 시장 상황이 돌이킬 수 없을 정도로 변해버렸다는 사실을 깨달았다. 바야흐로 새로운 세기가 열리던 때의 이야기다. 이 정도만 얘기하면, 이 기업의 이름을 알아맞힐 수 있을 것이다.

바로 시어스 로벅이다. 그리고 그 '새로운 세기'는 20세기였다. 한데 시어스 로벅의 성장은 도표 5-1에서 보는 것처럼 오늘날의 성장 기업 아마존닷컴과 아주 흡사하다. 리처드 W. 시어스는 처음 시계 판매로 사업을 시작했다. 그의 회사는 나중에 엄청나게 많은 품목을 다루었고, 1900년에는 경쟁업체이던 몽고메리 워드를 추월했다. 다우존스지수에 이름을 올린 최초의 소매점이었다는 사실이, 시어스가 얼마나 위대한 성과를 거두었는지 입증해주는 자료가 될지도 모르겠다.[1]

아마존닷컴도 1990년대 말 월드와이드웹에서 우편 주문을 통해 책을 팔던 소규모 기업으로 출발해 빠르게 성장했다. 1999년에 총 매출액이 240억 달러에 이르는 미국 서적 판매 시장에서 5.4퍼센트밖에 시장을 차지하지 못했지만,[2] 아마존은 막 싹트기 시작하는 인터넷 판매망을 지배했다. 전체 온라인 서적 판매의 80퍼센트를 아마존이 차지했던 것이다.[3] 시장 지배자의 위치를 계속 유지하면서 아마존은 그때부터 상품선을 늘려나가기 시작했다. 아마존은 지금도 적정하고 건강한 수준으로 계속 성장하는, 수익성 높은 기업으로 자리 잡았다. 2002년에는 판매액이 25퍼센트 성장하며 40억 달러에 육박했다. 그리고 순손실을 2001년 5억 5천만 달러에서 2002년 1억 5천만 달러로 줄였다. 2003년에 아마존은 148억 달러의 자산 가치를 기록하며, 반즈앤노블(11억 달러)과 보더스(11억 달러) 그리고 반즈앤노블닷컴(5천만 달러)을 눌렀다. 하지만 아마존을 보다 정확하게 이해하기 위해서는 비교 대상을 달리하는 게 좋을 듯하다. 성장의 폭이 크다는 점과 온라인 상품 목록이 보여주듯 다양한 품목을 확보하는 데 성공했다는 점에서 볼 때, 아마존은 시어스(68억 달러)의 두 배 가치를 보유하고 있다고 보는 게 보다 유용한 비교가 될지도 모르겠다.

　시어스는 오랜 세월 소매업 부문의 냉동육 보관 창고로 축소해 들어갔다. 결국 다우존스지수에서 삭제되는 수모도 겪어야 했다. 역설적이게도, 시어스는 인터넷 초창기에 인터넷 시장의 선두 주자가 될 수도 있었다. 시어스는 최초의 온라인 기업 가운데 하나로 꼽히던 프로디지의 지분 50퍼센트를 보유하고 있었지만 1996년 그 지분을 매각해버렸다. 원격 소매업 모델을 구축하려고 수많은 기업들이 벌떼처럼 달려들던 1990년대였지만, 시어스는 1993년 통신 판매 사업부를 폐쇄하고, 고속 정보 네트워크 기업인 애드반티스의 지분 30퍼센트를 1997년 IBM에 4억 5천만 달러에 매각했다. 2년 뒤 IBM은 애드반티스가 중심축이던 인터넷 통신망을 AT&T에 50억 달러에 매각했다. 시장의 타성에 젖은 수많은 기존 업체들이 그러하듯 시어스도 새롭게 성장하는 시장을 놓치고 말았다. 통찰력이나 투자금 혹은 노력이 부족했다기보다는 그저 눈만 껌벅이다 놓쳐버렸다고 말하는 게 더 정확한 표현일 듯하다.

　소매 영업 부문을 보면, 시어스는 비록 설비 장치 등의 기구 부문 판매에서는 선두 자리를 지키고 있지만, 잡화 소매 체인 부문에서는 중간치 정도의 성적이며, 최근 400억 달러에 육박하는 소매 시장 부문(심지어 할인매장의 판매액은 4천억 달러까지 성장했다[4])에서도 정체된 모습을 보이고 있다. 1980년대 후반까지도 시어스는 여전히 미국 소매업 시장을 주도했다. 하지만 시어스는 고객과의 접점을 놓치고 말았다. 고객들은 전문 매장이나 카테고리 킬러(저가 정책과 광범위한 상품 구성 등을 구사하는 전문점형 할인점 - 옮긴이) 그리고 할인 매장으로 발길을 돌렸다. 수익을 내지 못하는 매장을 폐쇄하고 조직을 재정비하며 매장의 분위기를 새로운 감각에 맞추는 등 묘안을 냈지만 발길을 돌리는 고객들을 붙잡지는 못했다. 오랜 기간 시장을 지배해왔지만 이제 곧 머지않은 장래에 사라져야 할 운명에 처한 듯싶다.

시어스는 오랜 기간에 걸쳐 서서히 몰락해왔다. 시장을 주도하던 모습은 이미 오래전 이야기다. 20세기 100년에 걸쳐 시어스는 탄생하고 성장하고 몰락하고 또 퇴출의 위기에 직면했다. 하지만 시어스가 여전히 살아남는 걸 보면 시장을 지배하던 기업을 '죽인다는' 게 얼마나 어려운 일인지 알 수 있다. 이처럼 시장 지배자는 시장에 관한 특권을 가지고 있기 때문에 시장의 중심에서 밀려난 뒤에도 오랫동안 살아남는다. 아무튼 시어스는 소매업 부문에서 시장 장악력을 상실했다. 시장 지배자의 왕관은 새로운 세대로 넘어갔다. 시어스의 운명은 지금 시장을 주도하고 있는 모든 기업이 미래에 걸어가야 할 길이 될 수도 있다.

시장에 안착한 기업의 딜레마

시장에 성공적으로 안착한 기업들은 영웅적인 노력, 어렵게 획득한 통찰력, 그리고 수익성 있는 사업 모델을 구축하고 보호하기 위한 힘겨운 투쟁을 겪고 나서야 그 자리에 설 수 있었다. 성공적인 기업을 이끌기 위해서는 엄청난 노력과 투자를 해야만 한다. 하지만 기업을 새롭게 바꾸는 건 훨씬 어려운 일이다. 수많은 기업들이 그들이 위치한 시장에서 변화하거나 시장 자체를 바꿀 힘을 갖지 못한 채 안주한다. 어떤 기업들은 새롭게 변모하지 않으면 살아남을 수 없다는 사실이 명백함에도 불구하고 얼어붙은 듯 변화를 꾀하지 못한다. 이렇게 마비 상태에 빠지는 건 무슨 이유일까? 하나씩 짚어보자.

과거의 유산에 발목을 잡힐 경우

시장에 안착한 기업을 시장 주도자의 위치로 밀어 올리는 성공적인 공식은 여러 가지 형태로 드러난다. 관행적이던 업무 처리 과정이나 실천 지침은 기업이라는 유기체에 깊이 각인되고, 이것이 그 기업이 보다 효과적인 모델을 채택하고자 하는 의도와 능력을 방해한다. 담보 대출업 분야의 기존 업체들은 현재의 업무 처리 방식을 혁신하지 못하고, 결국 컨트리와이드 크레디트 등의 혁신 기업에 주도자의 자리를 내주고 말았다. 오늘날 출판업계의 수많은 출판사가 여전히 전통적인 제작 방식을 고집하며 책을 기획해서 출간하는 데까지 12개월이라는 시간을 소비하지만, 새로운 제작 방식을 채택한 출판사들은 이 기간을 90퍼센트 가까이 단축했다.

한 기업의 정보 체계는 보통 무거운 돌처럼 기업의 발목을 붙잡는다. 20년 이상 된, 시대에 뒤떨어진 정보 체계에 발목을 잡힌 기업은 업무 처리 과정에 보다 새로운 방식을 도입하지 못하거나 신제품을 개발하지 못한다. 정보 체계의 코드를 현실과 맞추기 위해서 정보 체계의 고고학자를 초빙해야 할 지경에 이른 기업들도 있다. AT&T의 최고경영자이던 마이크 암스트롱은, 젊은 시절 IBM에서 영업 사원으로 일했는데, 그때 AT&T에 자기가 팔았던 컴퓨터를 25년이 지난 뒤에도 여전히 쓰고 있다는 사실을 알고 깜짝 놀랐다는 말을 했다.

AT&T뿐만이 아니다. 통신 업체 내에서 신제품 아이디어를 토론할 때마다 제기되는 질문은 "우리가 그럴 능력이 있을까?" 하는 것이다. 간단한 제품 하나를 도입하는 데 여섯 달이 걸릴 수도 있고 더 오랜 기간이 걸릴 수도 있다. 보다 복잡한 제품이라면 영원히 불가능할지도 모른다. AT&T는 무선전화나 케이블, 인터넷 접속 그리고 지역 전화와 장거리 전화 등을 패키지로 묶어서 통합적인 통신 서비스 상품을 개발하려고 노력하는 과정에서, 여러 부문의 통합적인 운영 체계를 뒷받침할 수 있는 시스템을 만들어내지 못해서 많은 애를 먹어야 했다. 다른 기업들도 마찬가지로 비슷한 어려움을 겪고 있다. 문제는 외부에 있는 게 아니라 내부에 있다.

하지만 모든 문제가 다 내부에 있는 건 아니다. 현존하는 유통망이 혁신에 커다란 걸림돌이 되기도 한다. 대형 생명보험사의 한 최고경영자는 불과 얼마 전에 내게 이런 말을 했다.

우리는 우리가 쌓아놓은 대리점망을 결코 버리지 않을 것입니다. 우리는 지난 100년 동안 생명보험 업계에서 가장 강력한 네트워크를 구축했습니다. 우리가 확보한 이 강점을 없던 걸로 하고 새로 무언가를 시도해야 한다면, 결코 그 길을 가지 않을 것입니다.

혁신으로 향하는 길에 가장 강력한 장애물은 유산으로 남아 있는 기업 문화일지 모른다. 기업의 총체적 의식 그리고 (사실 이게 훨씬 중요하지만) 무의식 속에 자리 잡은 전망과 개념과 가정들 때문에 시장에 존재하는 기존 기업은 새로이 대두되는 엄연한 현실에 눈을 감거나 그 의미를 평가절하한다. 디지털 이큅먼트(DEC)가 개인용 컴퓨터를 외면한 사례는 가장 좋은 예가 될 수 있을 것이다. 성공적인 혁신을 위해서는 우선 기업이 보유하고 있는 모든 유산, 즉 유통망, 업무 처리 과정, 제품, 기술, 사업 모델 그리고 사고방식까지 모두 포기해야 한다. 이런 노력이 전제되지 않는다면, 조직은 기껏해야 끊임없는 수정의 길을 걸을 뿐이고, 궁극적으로는 퇴출의 쓰라림을 맛보게 될 것이다.

공든 탑을 무너뜨릴지 모른다는 공포

흔히 미래는 시장 주도자들의 발밑에서부터 시작되는 경우가 많다. 즉, 제품 단가가 보다 싸고 이윤이 보다 적은 곳에서 새로운 시장이 열린다는 말이다. IBM이 미적거리다가 개인용 컴퓨터 시장에 뒤늦게 뛰어든 이유도 제품 단가가 싸고 이윤이 적었기 때문이다. DEC는 새롭게 부상하는 개인용 컴퓨터 시장을 부정했다. 제록스는 싼 가격의 사진복사기 시장을 일본의 경쟁 업체에 넘겨주고 말았다. 그리고 디트로이트의 빅3 자동차 메이커는 단 한 번도 소형차 부문에서 선두를 달려본 적이 없다. 이게 바로 시장에 안착한 기존 기업의 딜레마이다. 새롭게 떠오르는 저가 시장에서 적극적이고 공격적인 경영을 할 경우, 수익성 있는 시장을 좇아 수십 년 동안 이룩한 노력이 물거품이 될지도 모른다는 공포를 이들에게서 읽을 수 있다. 실제로 그런 경제적인 딜레마가 사실인 경우도 있지만 대부분은 잘못된 것이다.

시장의 이전은 결코 이윤이 낮은 게 이윤이 높은 걸 일 대 일로 대체하는 식으로 전개되지 않는다. 이럴 가능성은 극히 희박하다. 더 중요한 건, 새롭게 형성되는 시장을 잡지 못할 경우 이는 곧 성장의 기회를 놓친다는 의미이며, 나아가 시장 주도자의 위치를 성장 기업에게 양보하지 않을 수 없는 상황으로까지 몰린다는 사실이다.

이윤이 낮은 시장이 새롭게 떠오를 때, 시장에 진입해 있던 기업들은 근본적인 선택을 해야만 한다. 사라질 운명에 처한 시장 모델을 붙잡고 성장 기업에 시장 점유율과 주도권을 조금씩 잠식당하면서도, 지연작전을 최대한 구사해 기존의 위치를 고수하며 수익을 가능한 한 조금이라도 더 많이 얻어내는 길을 선택해야 할까, 아니면 기존에 확보한 시장을 과감하게 새로운 질서로 재편해야 할까? 시장에 안착해 있는 기업 가운데서 후자의 전략을 적극적으로 선택하는 경우는 극히 드물다.

푼돈 아끼려다 목돈 날린다

많은 기업들이 현재의 사업 모델에서 단기적인 이익을 최대한 실현하는 데 대부분의 노력을 기울인다. 이들은 자신의 처지가 마치 허공에 매달린 외줄을 타는 것처럼 아슬아슬해서, 까딱 잘못해서 이익을 내지 못할 경우 주식 시장에서 커다란 타격을 입을지도 모른다고 생각한다. 때로는 이런 생각이 옳기도 하다. 하지만 이런 태도는 궁극적으로 기업에 훨씬 더 큰 상처를 안길 수 있다는 사실을 명심해야 한다. 단기적인 이익에 초점을 맞추려는 행위는 결국 푼돈 아끼려다 목돈 날리는 바보짓이 된다. 전략적인 관점에서 지금 당장 무얼 하는 게 가장 중요한지 파악해야 한다.

안전지대를 떠나지 못한다

기업이나 경영자는 만족스럽고 편안한 영역을 버리고 구태여 힘든 곳을 찾아가려 하지 않는다는 사실은 너무도 명백하다. 도표 5-2는 이런 현상을 드러낸다. 목표는 구세계의 정복자에서 신세계의 정복자로 위치 이동하는 것이다.

완벽한 환경을 떠나서 모든 게 낯선 새로운 곳으로 옮겨가기란 누구에게나 힘든 일이다. 모든 게 익숙한 오래된 영역에서 새로운 도전을 해야 하는 영역으로 이전하는 작업은 시장에 진입해 있는 기업이라면 누구나 맞닥뜨려야 하는 중심 과제이다. 많은 기업과 개인이 새로운 영역에 도전하지만 곧 원래 자리로 돌아가고 만다. 결코 쉽거나 만만한 도전이 아니기 때문이다. 새로운 영역을 개척하는 데는 걱정과 불안 그리고 불확실성이 뒤따르게 마련이다. 그래서 많은 사람들이 도중에 포기하고 과거의 자리로 돌아간다. 그러면서 이렇게 말한다.

"아냐, 그건 안 돼."

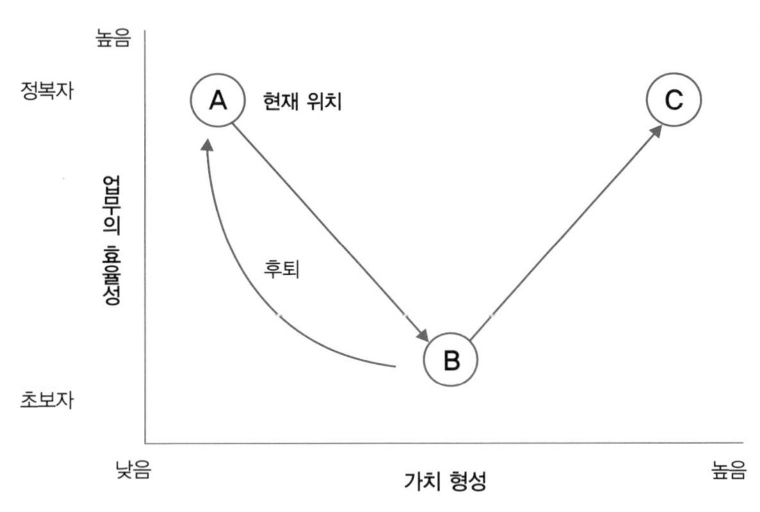
도표 5-2 변화, 안전, 그리고 가치의 상승

근본적인 문제에 대한 지도와 상담 혹은 대규모의 조직적 지원이 있어야만 이 변화가 가능하다. 기존 시장의 안락함에 빠져 있는 모든 기업들이 근본적으로 부닥쳐야 하는 도전은, 현재 머물고 있는 안전지대를 과감하게 박차고 나와서 평온하지 않은 영역으로 뚜벅뚜벅 걸어 들어가는 것이다.

리더십의 문제

새로운 영역으로 이전하는 데 성공하려면 단 하나의 목표에 초점을 맞춘 냉정하고 공격적인 리더십이 필요하다. 기존 시장에 안주해 있는 기업은 근본적인 변화를 꾀하는 지도자의 역할보다는 기존 조직을 관리하고 감시하는 지도자의 역할을 강조하게 마련이다. 하지만 이런 정적인 리더십은 치명적일 수 있다. 진정한 지도자의 역할은 현재의 조직을 있는 그대로 유지하는 게 아니라 미래의 문제를 보다 적극적으로 현재로 끌어오는 것이다.

기존 시장에 안주한 조직의 지도자는 대부분 나이가 많고 지휘자로서의 재직 기간이 상대적으로 짧다. 이런 지도자들 가운데 많은 수가 돌파 전략을 성공적으로 수행할 만한 개인적 특질을 가지고 있지 못하다. 어떤 기업의 최고경영자를 만난 적이 있다. 컨설팅 요청을 받아들일지 말지를 판단하기 위한 자리였다. 그는 회사를 어떤 식으로 개혁할지 내게 설명했다. 자세하게 얘기해달라고 하자, 그 점에 대해서는 자기 동료와 얘기해보라고 했다. 그가 소개한 동료는 은퇴했다가 1, 2년 동안 그 회사의 개혁 작업을 수행하기 위해 복귀한 듯 보였다. 그리고 그 일을 마친 뒤에는 다시 은퇴할 모양이었다. 나는 그 컨설팅 기회를 포기하고 말았다. 시장에 안주한 기업의 운명을 결정할 수도 있는 기간 동안, 그 기업이 이후에 성공할지 실패할지 가늠하는 데는 경영진의 리더십보다 확실한 잣대는 없다.

혼란(Distraction), 분산(Diversion), 산만(Diversity)

어떤 기업이 변신을 꾀하면서 강력한 리더십과 전략을 갖추었다 하더라도 혼란과 분산과 산만이라는 이 3D 문제에 필연적으로 봉착하게 된다. 혼란이 일어나는 가장 보편적인 근원은 사업에서 필연적으로 불거지는 그날그날의 요구사항들이다. 내일의 기회에 맞추어서 일을 하는 것보다 오늘 제기되는 문제에 맞추어 일을 하는 게 당연히 훨씬 쉽다. 그날그날의 필요에 따라 업무를 처리하고 단기적인 수익에 초점을 맞추는 경영 방식은 안전지대에 안주하겠다는 태도와 다르지 않다.

나와 함께 일을 한 적이 있는 돌파 전략 기업 가운데 하나는, 차세대 관련 데이터베이스를 작성하기 위한 종합 계획을 마련했다. 이 데이터베이스는 세계에서 가장 방대한 것이었고, 바로 여기에서 미래의 새로운 고객층과 수익원을 창출할 수 있었다. 시장에서 새로운 주도권을 구축하는 작업에는 기업의 핵심 자산인 고객 정보를 완전히 새롭게 조직하는 일도 포함된다. 어느 시점에선가 나는 이 새로운 주도권을 조직하는 지도자에게 일이 어떻게 진행되어가는지 물었다. 그녀는 이렇게 대답했다.

"일정보다 상당히 늦어지고 있습니다. 새로운 경영 기반은 우리가 목표했던 것보다 최소한 여섯 달 뒤에나 도입될 예정입니다."

그렇게 지연된 이유가 무어냐고 물었다. 그녀의 대답은 이랬다.

"우리가 필요 없다고 판단하고 대체하려 했던 바로 그 시스템의 기능을 개선하는 작업에 동원했던 최고의 프로그래머들 가운데 서른 명이 떠나버렸기 때문입니다."

단기적인 관점에서 시급하고도 핵심적인 업무, 예컨대 고객의 요구니 수익 관련 업무들도 장기적인 관점에서 보자면 오히려 핵심 전략을 방해하는 장애물을 강화하는 것일 수 있다.

근시안

시장에 대한 근시안을 질타했던 테드 레비트의 이야기가 오늘날처럼 절실한 적은 없었다고 해도 과언이 아닐 것이다.[5] 오늘날의 철도는 자기들의 상품은 화물이라고만 생각하는 트럭 운송업자이고, 음성만 자신의 사업 영역이라고 생각하는 통신업자이며, 자신의 산업은 TV 산업에 종속되어 있다고만 생각하는 케이블TV 업자이고, 팔려고 하는 상품은 모두 점포의 진열대 위에 전시해놓아야 한다고 생각하는 잡화 소매업자이다. 시장에 대한 안목을 보다 멀리 확장하는 것이야말로 새로운 가치를 창조해내는 핵심이다.

근시안은 동종 산업 집단 속에서 시간이 흐를수록 강화되는 경향을 보인다. 만일 경쟁 기업이 전통적인 방식으로 경쟁을 강화할 때 그 경쟁 틀에서 벗어나지 못하면 근시안은 피할 수 없이 강화된다. 경쟁 전략은 기존의 시장 구조 안으로 수렴하는 경향이 있다. 이런 경우 경쟁은 가격과 품질 개선에만 초점이 맞추어진다. 이런 식의 경쟁에 휘둘리다 보면 경쟁이 벌어지는 시장의 영역 너머로는 시선이 미치지 못한다. 그 시장 너머에, 혁신에 성공만 한다면 얼마든지 비옥한 시장이 될 수 있는 대체 상품 시장도 있고 인근 시장도 있지만 근시안 때문에 그걸 보지 못하는 것이다.[6]

무엇을 두려워할까?

줄곧 성공의 길을 걸어온 기업을 향해 기업의 생사를 걸고 변화하라고 말한다면, 그 기업은 물론 두려워서 뒷걸음질을 칠 것이다. 전통적으로 볼 때 절망 속에 허우적거리던 기업만이 이런 시도를 했다. 현재의 절망은 현재의 경영 철학과 경영 방식이 절대적으로 잘못되었음을 증명하는 것이라 볼 수 있다. 근본적인 혁신은 가장 거칠고 또한 가장 무서운 변화이다. 하지만 절망 속에서 허우적거리는 상황을 피하기 위해 기업들은 여러 해 동안 피눈물 나는 노력과 수백 수천 킬로그램의 돈을 쏟아 부으며 이 변화를 꾀한다.

근본적인 혁신은 어떤 기업이 현재 누리고 있는 성공을 가능하게 해준 요소들까지 진부한 걸로 만들어버린다. 조심스럽게 쌓아올린 제품/서비스 디자인과 고통스럽고 어렵게 구축한 사업 모델을 파괴한다. 어렵게 조금씩 개선한 모든 것들을 하루아침에 폐품으로 만들어버린다. 수익성 있는 사업을 내팽개친다. 가장 핵심적이던 업무를 주변 업무로 만들어버린다. 자본 투자를 쓸모없는 걸로 만들어버린다. 수많은 기업에게 돌파 전략을 채택하라고 하는 건 위기를 강요하는 것이나 마찬가지다.

이런 이유 때문에 시장 주도자를 포함한 시장의 기존 기업들이 혁신을 꾀하는 걸 주저한다. 하지만 기존 시장의 꿀맛에 안주하는 기업은 혁신을 꾀할 수 없으며, 결국 이 책에서 묘사하는 수많은 혁신적인 기업의 사냥감이 될 수밖에 없다는 사실은 이미 주류 경영학의 상식이다. 기존 기업들은 기존 방식대로 진행하는 사업에서 주변 환경이 점차 경직된다는 사실을 깨달을 것이다. 산업 자체를 변화시키는 혁신을 둘러싼 전투에서 승리를 거두는 시장 주도자만이 시장 지배자가 될 수 있다. 이런 기업의 경영자가 가지고 있는 사고방식은 타성에 젖은 기업의 경영자와 전혀 다르다.

관성의 법칙

이 산업에서는 모든 게 너무 빨리 변하는 바람에, 최고경영자에
게 요구되는 리더십이 1년 전과 1년 후가 전혀 다르다."
— 로저 W. 존슨, 웨스턴 디지털 CEO, 1993년

경영 일선을 오랫동안 지켜온 경영자는 각별히 존경받을 만하다.
오늘날에도 1990년대와 마찬가지로 시장 주도자의 위치를 과시하는
세계적인 산업은 무엇일까? 그런 산업은 드물 것이다. 하지만 분명
히 있기는 하다. 바로 디스크 드라이브 산업이다. 이 산업에서는 지
난 10여 년 동안 거의 11개월마다 새로운 세대의 기술이 선을 보였
다. 몇몇 기업들이 이 치열한 경쟁의 최첨단 기술 사업 분야에서 경
쟁을 벌여왔다.

하드디스크 드라이브 산업은 기술 수명이 짧아서 시장 진입 장벽
이 높지 않다. 하지만 지난 20년 동안의 기술적 가변성을 시장에서
의 가변성과 혼동해서는 안 된다. 이 시장에서의 핵심 경쟁자들은
1990년대의 10년 동안 거의 변하지 않았고 이들이 시장에서 차지하
는 위치도 거의 변하지 않았다. 이는 도표 5-3에서 잘 드러난다.

기술적으로 서로 관련되어 있던 터라, 하드디스크 드라이버의 발
전은 중앙처리장치의 발전과 어깨를 나란히 하며 성장해왔다. 하지
만 하드디스크 드라이버 산업은 가격이 수익을 결정하면서 무어의

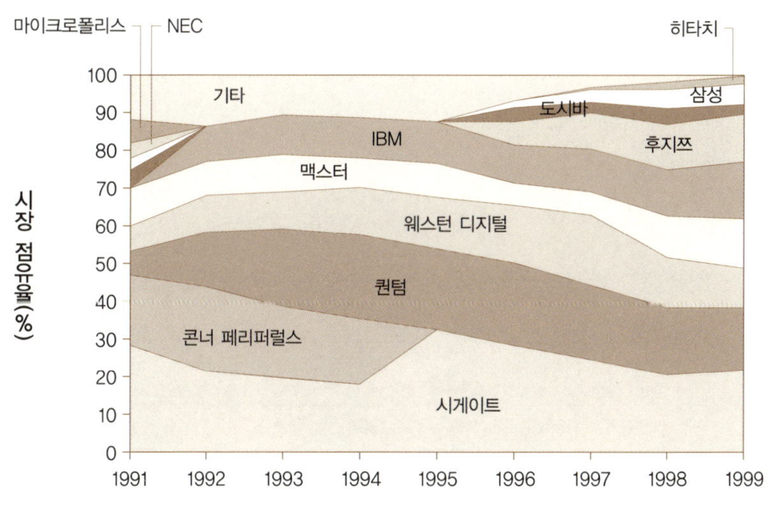

출처 : Dataquest, TrendFOCUS, California Technology Stock Letter

법칙(인터넷 경제 3원칙의 하나로, 마이크로 칩의 처리 능력은 18개월마다 두 배로 늘어난다는 법칙 - 옮긴이)을 쉽게 넘어섰다. (도표 5-4는 하드디스크 1메가바이트당 가격을 나타낸다.) 데이터 처리 장치는 정보 산업을 이끈 핵심적인 추진력으로 작용해왔다.

하드디스크 드라이버는 저장 능력, 밀도, 접근 속도 등의 시장 요구에 부응해 불과 10년 전에는 상상도 하지 못했던 수준으로 발달해 왔다. 플래시 메모리나 집 드라이버, 광 저장 장치 등과 같은 대체 데이터 저장 장치의 등장에도 불구하고 하드디스크 드라이버는 개인용 컴퓨터 데이터 저장 장치의 주된 기술 기반으로 남아 있다.[7]

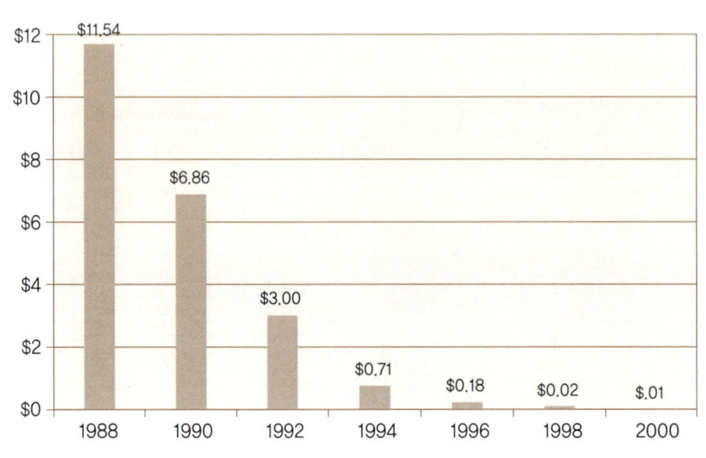

출처 : DISK/TREND

지난 30년 동안 200개가 넘는 업체들이 하드디스크 드라이버 경쟁에 뛰어들었다. 그리고 수많은 기업들이 실패를 맛보았다. 지금까지 유지되고 있는 사업체도 있지만 대다수는 흔적도 없이 사라졌다. 1990년에는 56개 회사가 전 세계에서 하드디스크 드라이버를 생산했다. 하지만 10년 뒤에는 불과 11개 회사만이 남았고, 상위 4개 기업이 전체 시장의 80퍼센트를 차지했다.[8] 누구나 참가할 수 있게 열려 있던 이 시장에서 오직 이 기업들만이 이너서클로 남아 있다. 생존 기업들은 지금껏 치열한 기술 및 가격 경쟁을 벌여왔고, 그 결과 지금의 시장 구조가 형성된 터라, 이제는 어떤 변수가 시장을 위협한다 하더라도 이들이 앞으로도 계속 시장을 지배해갈 듯하다.

해가 거듭될수록 그리고 새로운 기술이 등장했다 사라질수록, 이들 기업은 핵심 시장에서 치열한 경쟁을 벌여야 했고, 그 경쟁에서 살아남았다. 이들은 보다 작고, 보다 빠르며, 보다 싸고, 보다 다양한 디자인을 요구하는 180억 달러 OEM 시장의 요구에 발 빠르게 대응하며 조직을 재정비해왔다. 이들은 거의 1년에 한 번씩 새로운 모습으로 거듭 태어날 수 있었기에 데이터 저장 장치 기술을 빠르게 발전시키며 치열한 경쟁을 뚫고 살아남을 수 있었다. 적자생존의 현장에서 생존한 것이다. 이들이 바로, 시장에 안착한 기업이 앞으로도 시장을 계속해서 주도하려면 반드시 모범으로 삼아야 할 기업의 모델이다.

시장 지배자가 되려면

하드디스크 드라이버 시장은 시장 지배자의 모습을 보여주는 전형적인 사례이다. 시게이트 테크놀러지는 2000년 초에 21퍼센트의 시장 점유율을 기록하면서도 전체 시장 자본의 70퍼센트를 차지했다. 지난 10년 동안 시게이트는 시장 점유율을 유지하면서도 꾸준히 가치 점유율을 늘려왔다. 시장을 주도하는 기업이라면 누구나 눈여겨 부아야 한 교훈을 주는 대목이다.

8인치 드라이버는 시게이트가 창립되던 1979년에 이미 시장에 나와 있었다. 디스크 저장 장치 산업이 처음 시작될 때부터 여기에 관여했던 앨런 슈가르트는 마케팅 전문가인 피니스 콘너, 토머스 미첼 그리고 더글러스 마혼과 함께 시게이트를 창립했다. 이것은, 콘너가 슈가르트에게 보다 작은 5.25인치 드라이브가 새로 떠오르는 개인용 컴퓨터 시장에서 잘 팔릴 거라는 사실을 설득한 이후의 일이다. 이들은 현금 3만 달러와 집을 담보로 해서 빌린 200만 달러를 모아서 캘리포니아에 회사를 차렸다.

1980년에 신생 기업인 컨트롤 데이터사가 세계의 OEM 하드디스크 드라이버 시장을 절반 이상 차지했다. 하지만 시게이트는 보다 작은 드라이버로 빠르게 시장을 잠식해 들어갔다. 생산 첫 해에 1,300개의 드라이브를 선적하는 걸로 5.25인치 하드디스크 드라이버의 첫 거래를 성사시켰다. 구두 상자만한 크기의 이 장치가, 데스크톱 컴퓨터에 사용되던 신뢰하기 힘든 자기 테이프 저장 장치를 대체했다. 사용자들은 테이프를 사용하거나 중앙 컴퓨터를 두드리지 않고도 문서 작업이나 그래픽 작업 등의 결과물들을 손쉽게 데스크톱 컴퓨터에 저장할 수 있게 되었다. 데스크톱 데이터 저장 장치는 폭발력을 가진 기술이었다. 이 기술이 있었기에 오늘날 우리가 알고 있는 이런 컴퓨터 환경이 조성되고 개인용 컴퓨터 시장이 열릴 수 있었다.

시게이트는 처음부터 크게 생각했다. 8인치 드라이브는, 제조업체가 업계의 표준 인증을 이끌어내지 못했고 또 수요에 따라서 빠르게 생산량을 늘리는 데 실패함으로써, 시장을 보다 확장하지 못한 채 주춤거리고 있었다. 하지만 콘너는 시게이트의 디자인을 텍사스 인스트루먼트를 비롯한 다른 회사들이 사용할 수 있게 허락함으로써 이 문제를 피해갔다. 그 결과 이후에 5.25인치 드라이버가 업계 표준 인증을 받게 되었다.[9] 시게이트의 최초 고객은 애플 컴퓨터와 IBM의 개인용 컴퓨터 사업부였다. 1982년에 은행가 한 명이 피니스 콘너에게 시게이트를 너무 빠르게 몰다간 좌초하는 수가 있다고 경고했다. 그러자 콘너는 이렇게 대답했다.

"좌초라구요? 만일 정말 그런 일이 일어날 수 있다면, 난 배를 더 빨리 몰아서 바닷가 모래사장 위로 한 300미터 이상 달려보고 싶군요."

새롭게 형성되는 시장에서 주도권을 잡기 위해 해야 하는 일을 이보다 더 명쾌하게 설명하지는 못하리라.

1980년에 1,000만 달러이던 시게이트의 수익은 1984년 3억 4,400만 달러로 뛰었고, 순이익은 3,700만 달러를 기록했다. 여기에는 IBM과의 대규모 OEM 계약도 한몫을 했다. 시게이트는 주식을 발행해서 7,200만 달러를 모았고, 이 돈으로 미국 내 생산 능력을 다섯 배로 늘리고, 연구개발 센터를 설립하며, 또 싱가포르에 부품 생산 공장을 지었다. 시게이트는 시장을 꾸준하게 40퍼센트 이상 차지하면서 이미 디스크 드라이버 시장의 지배자로 인정을 받았다. 시게이트는 저가 시장을 지배했다. 이 저가 시장에는 개인용 컴퓨터와 부속 장치 분할 시장도 포함되어 있었다. 시게이트는 이미 디스크만 빼고 다른 부품들은 모두 해외에서 싼 가격에 공급받을 수 있는 선들을 구축해놓은 상태였다.

시게이트의 그 다음 행보는 가장 싼 가격에 제품을 생산할 수 있는 업체라는 위치를 확고하게 다지기 위해 수직적 통합 전략을 구사하는 것이었다. 먼저 아시아에 여러 공장들을 확보하고 여기에서 디스크 드라이브 헤드를 생산하는 것부터 시작했다. 수많은 경쟁자들이 하드디스크 드라이브 시장에 새로 진입했다. 모델을 구축하는 데 500만 달러, 제품 생산을 하는 데 1,500만 달러밖에 들지 않을 정도로 시장 진입 비용이 적었으며, 드라이버를 구성하는 부품 역시 어렵지 않게 구할 수 있었고, 또 점차 드러나는 시장 규모가 엄청나다는 사실에 매력을 느꼈던 것이다. 하지만 시게이트는 이미 시장을 훤하게 꿰뚫어보고 있었고, 무엇보다 이미 OEM 고객을 200군데 이상 확보하고 있었다. 이 가운데는 DEC, HP, 허니웰, 그리고 AT&T도 포함되어 있었다. 하지만 뭐니 뭐니 해도 매출액의 50퍼센트를 차지하던 IBM이 시게이트의 가장 큰 고객이었다.

1984년, 시게이트는 처음으로 좌절을 맛보아야 했다. 끊임없이 이어가던 기록 경신도 끝났다. 이해에 시게이트는 75만 7,000개의 10메가바이트 디스크 드라이브를 선적했는데, 이 가운데 3분의 2는 IBM을 향한 것이었다. 한데 IBM이 높이는 반으로 줄이면서도 용량은 훨씬 강화한 5.25인치 드라이브를 요구했다. 하지만 생산량과 품질 문제 때문에 시게이트는 이런 제품을 공급하지 못했다. 실패에 맞닥뜨린 회사 경영진은, 당분간은 충분히 믿을 수 있는 기술에만 매달리기로 결정했다. 콘너는 이렇게 말했다.

"가장 앞서가는 게 좋긴 하지만 위험한 기술로 시장의 선두가 될 필요는 없습니다. 우리는 가장 많은 물량으로 시장을 주도하기만 하면 됩니다."[10]

하지만 거기에 시게이트가 조만간 직면하게 될 심각한 문제의 씨앗이 감춰져 있었다.

디스크 드라이브 시장에서 영광의 날들은 오래 지속되지 않는다. 플로피 드라이버 제조업체인 탠던사가, 시게이트가 차지하고 있는 10메가바이트 드라이브의 대규모 시장을 잠식함으로써 저가 시장에서 교두보를 확보할 목적으로 가격 전쟁을 시작했다. 이어서 대형 폭탄이 시게이트의 머리 위에 떨어졌다. 최대 OEM 고객이던 IBM이 자체 내에 대규모 드라이버 생산 설비를 갖춘 것이다. 공급업체들이 도산하거나 심각한 경영난에 빠졌다. 1984년에 IBM 납품액은 시게이트 전체 매출액의 60퍼센트를 차지하고 있었다. IBM이 터뜨린 폭탄으로 시게이트의 매출은 절반으로 줄어들었다. IBM은 또한 컴퓨터 메모리즈라는 다른 업체로부터 20메가바이트의 새로운 드라이브를 공급받아 개인용 컴퓨터에 장착하기 시작했다. 곧, 10메가바이트 드라이브의 도매가는 430달러에서 320달러로 곤두박질쳤다. 그러자 시게이트는 여기에 빠르게 대응했다. 간부들이 한자리에 모여 디스크 드라이브를 분해하면서, 드라이브의 각 부품의 원가를 최대 얼마까지 낮출 수 있으며, 나아가 회사의 최저 수익을 보장하면서 드라이브의 가격을 최대한 낮출 수 있는 한계가 어디까지인지 꼼꼼하게 계산했다. 미국과 아시아의 하청업체에는 새롭고 보다 낮은 가격에 제품을 생산할 수 없다면 제품을 팔 생각을 하지 말라고 통보했다. 캘리포니아 공장은 싱가포르로 이전했고, 직원 900명을 해고했다. 매

출은 절반으로 떨어졌다. 하지만 가격 경쟁력을 확보할 수 있을 때까지 근근이 꾸려나가며 버텼다.[11]

1988년이 되자 상황은 더욱 나빠졌다. 시게이트가 5.25인치 드라이브 생산 능력을 확장했는데, 바로 그 시점이 3.5인치 드라이브가 등장해 5.25인치 드라이브 부문의 시장을 잠식하기 시작한 때였던 것이다. 빠르게 성장하는 노트북 시장으로 인해 3.5인치 드라이브 시장은 더욱 커져 갔다. IBM과 애플은 데스크톱에도 3.5인치 드라이버를 장착하기 시작했다. 하지만 시게이트의 생산 설비 가운데 90퍼센트가 5.25인치 드라이브용이었다. 1988년 3월, 시게이트는 애플 컴퓨터와의 계약분 50퍼센트를 잃었다. 한 해 전에 34.25달러이던 시게이트의 주가는, 시게이트가 4/4분기에도 손실을 기록하며 4분기 연속해서 손실을 기록할 것이란 예측이 나온 뒤 나흘 만에 18.50달러에서 10.25달러로 떨어졌다. 시게이트는 생산을 줄일 수밖에 없었다. 미국에서만 직원 200명을 감원했다. 하지만 계속되는 가격 전쟁으로 (이 전쟁은 시게이트가 주도했다) 대부분의 다른 경쟁업체들은 시게이트보다 훨씬 심각한 상처를 입었다. 현금은 찾아볼 수 없었고, 적자는 기록 경신의 행진을 이어갔으며, 대형 생산 업체 여섯 곳이 파산했다.

시게이트는 신기술을 개발하지도 못한 채 차세대의 새로운 기회들을 뒤따라오던 경쟁자들에게 내어주며 경직된 모습을 보이기 시작했다. 시장에서 퇴출되기 직전의 전형적인 기존 기업의 모습이었다. 시게이트를 떠나서 콘너 페리퍼럴스를 설립한 피니스 콘너는 1988년에 이렇게 말했다.

"시게이트는 16비트 드라이브에서 32비트 드라이브로 옮겨가야 할 기회를 놓쳤습니다. 시게이트에는 이 간극을 메울 제품들이 없습니다."[12]

시게이트는 퀀텀, 콘너 페리퍼럴스 및 다른 경쟁자들에게 시장 가치를 점차 내주어야 했다.

1989년에는 IBM, 소니 그리고 HP가 OEM 시장에 뛰어들었다. 뿐만 아니라 대규모 하드웨어 회사들도 시장에 뛰어들 준비를 하고 있었다. 회사의 덩치와 시장 점유율이 생존에 점차 중요한 요인으로 작용하기 시작했다. 이런 상황을 감지한 시게이트는 고품질의 하드 드라이브 생산업체이던 임프리미스 테크놀러지를 인수했다. 시게이트는 기술 개발에는 늘 한 발 뒤지면서도 저가 정책으로 시장을 장악해온 콧대 높은 기업이었던 데 비해, 임프리미스는 새로운 생산 방식과 보다 높은 수준의 기술, 연구 개발 능력 그리고 품질 관리 능력을 갖춘 회사였다. 임프리미스를 인수함으로써 시게이트는 제품선을 다양하게 확장하고 새로운 OEM 판매망을 확보할 수 있었다. 1980년대 후반 시게이트는, 개인용 컴퓨터에 쓸 3.5인치 드라이브에서부터 서버나 대형 고속 컴퓨터에 쓸 고용량의 5.25인치 드라이버와 8인치 드라이버까지 모든 종류의 제품을 가장 다양하게 구비했다. 시게이트는 또한 가격 경쟁을 공격적으로 펼쳤다. 이 전쟁으로 수많은 경쟁자들이 시장 분할을 포기하고 돌아서거나 파산했다.

하지만 콘너 페리퍼럴스가 창립 3년차인 1989년에 7억 490만 달러 매출을 기록하며 시게이트를 눌렀다. 이런 눈부신 성과를 기록하며 콘너는 역사상 가장 빠른 성장을 이룩한 신생 기업이 되었다. 그리고 시게이트가 여전히 5.25인치 드라이브 시장을 지배하고 있었지만, 콘너는 시게이트가 꾸물거리는 동안 노트북 컴퓨터에 장착하는 3.5인치 드라이브 시장을 거의 90퍼센트 가까이 장악했다. 게다가 콘너는 새로 성장하는 2.25인치 드라이버 시장도 57퍼센트 가까이 차지하고 있었으며, 노트북 컴퓨터에 장착할 1.8인치 드라이버 시장에서도 선두 자리를 차지하려 했다. 콘너는 1992년에 전체 시장에서 주도적인 위치를 잡았지만, 그럼에도 불구하고 시게이트는 1980년대에 그랬던 것보다 더욱 강력하게 1990년대를 지배한다.

시장 지배자 되기

1990년대가 되자 시게이트는 2,500만 개의 디스크 드라이브를 선적했고, 수십억 달러의 매출을 기록하며 직원 3만 명을 거느린 다국적 기업이 되어 있었다. 시게이트의 고객은 용량이 20메가바이트에서 2.5기가바이트에 이르는 200개의 다양한 제품 가운데 원하는 걸 고를 수 있었고, 드라이브의 접속 시간도 1/1000초대였다. 하지만 시게이트는 이미 구식이 되어버린 재고품들이 거대하게 쌓여서 제조업체의 손실이 기록을 경신할 만큼 커졌을 때에야 비로소 임프리미스 인수로 인한 부담을 털어낼 수 있었다. 1991년의 이 가격 전쟁에서 16개의 드라이브 생산업체가 시장을 떠났다.

1991년 가격 전쟁을 통해서 시게이트는 품질에 문제가 있는 제품

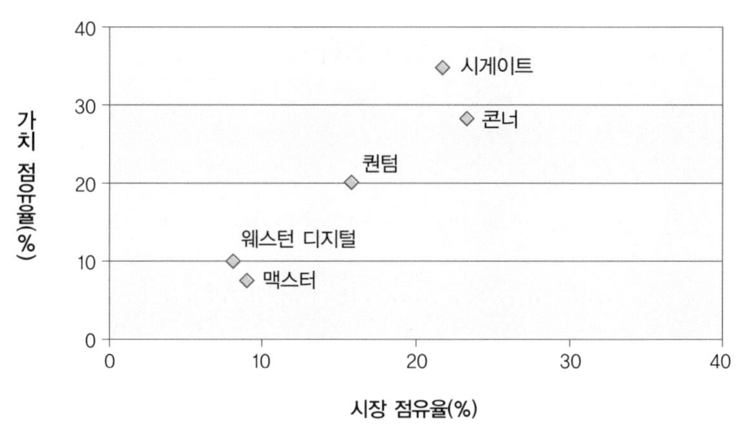

도표 5-5 하드 드라이버 생산업체 (1992년)

을 생산하는 업체는 경기가 나빠질 때 두 배로 고통을 당한다는 사실을 깨달았다. 디스크 드라이브 제조업체들은 또한 그때, 수익성이 좋을 때 가능한 한 많은 현금을 비축해서 차세대 드라이브 개발에 드는 3천만 달러 내지 4천만 달러의 비용을 마련해야 하며, 언제 다시 터질지 모르는 가격 전쟁에도 대비해야 한다는 사실을 깨달았다. 살벌한 가격 전쟁이 끝나고 시장이 평정을 되찾았을 때 시게이트는 도표 5-5에서 보는 것처럼 시장 지배자의 위치를 굳게 지키고 있었다.

1992년의 회복기를 거친 뒤, 역사상 가장 치열했던 가격 전쟁이 1993년 콘너와 맥스터가 175메가바이트 드라이브 선적에 실패한 직후에 다시 터졌다. 이 두 회사는 아직 시장 수요가 살아 있는 구식 드라이브의 가격을 할인함으로써 잃어버린 기회를 보상받으려고 했다.

그 결과, 여섯 개의 대형 하드디스크 드라이버 생산업체 가운데 시게이트를 제외한 다섯 개 회사가 적자를 기록했다. 드라이브의 평균 가격은 50퍼센트 하락했다. 평상시의 두 배가 넘는 하락폭이었다. 가격 전쟁이 얼마나 치열했던지, 1993년의 전체 선적 물량은 전해에 비해 훨씬 늘었음에도 불구하고, 시장의 총 매출액은 190억 달러에서 180억 달러로 10억 달러나 감소했다.[13] 하지만 저가의 개인용 컴퓨터 시장에 주로 의지하던 방식에서 탈피해 있던 시게이트는 이 전쟁의 와중에서도 여전히 흑자를 기록했다. 하지만 시장 점유율이 떨어졌다. 퀀텀이 1993년 시장을 20.7퍼센트 차지하며 최대 드라이브 공급자가 되었다. 그러나 퀀텀이 치러야 했던 대가는 혹독했다. 220억 달러 매출에 4억 4,500만 달러 손실을 기록한 것이다. 퀀텀의 뒤를 시게이트(19.9퍼센트), 콘너(18.7퍼센트), 웨스턴 디지털(10퍼센트)이 이었다. 맥스터는 가격 전쟁으로 심각한 타격을 입고 현대로부터 현금 수혈을 받았다.

콘너 페리퍼럴스가 최대 시장 점유자의 자리를 차지했지만 오래가지는 못했다. 여기에 대한 피니스 콘너의 의견은 이랬다.

"디스크 드라이브 시장은 지난 18개월 동안 근본적인 구조 변화를 겪었다. 이제 기술적인 차별화는 더 이상 존재하지 않는다. 다만 심각한 가격 압력만이 시장을 좌우할 뿐이다. 가격 경쟁력만이 차별성 있는 유일한 경쟁력이다."[14]

하지만 앨런 슈가르트의 생각은 이와 달랐다. 그는 시게이트가 확보한 새로운 기술 기반을, 대량 생산 능력을 기반으로 최대한 활용해

가능한 한 일찍 최대한 많은 분할 시장으로 진출하기로 결정했다. 슈가르트는 안정성과 가격에서 업계의 표준을 마련하겠다는 목표로 연구 개발 부문 투자를 늘렸다. 디스크 드라이브를 만드는 핵심 기술 이외에도 그는 저장 장치 그리고 텍스트와 그래픽, 음성, 영상을 처리하는 소프트웨어 개발에도 힘을 실었다. 목표는 1993년 30억 달러이던 매출액을 2000년까지 두 배인 60억 달러로 늘리는 것이었다. 그리고 이 60억 달러 가운데 10억 달러는 소프트웨어 판매 목표액이었다. 시게이트가 모든 부문의 제품을 생산하는 전략을 택하자 수익성은 경쟁 기업들을 앞질렀다.

1993년에 이르면 시게이트는 전세계 17개국에 공장을 확보하고 4만 명이 넘는 직원을 거느리며 30억 달러의 매출을 기록하는 동시에 미국 내의 200대 기업으로 성장했다. 당시 시게이트는 일련의 새로운 하드 드라이버 제품군들을 막 출시했고, 이에 힘입어 경쟁업체들 가운데서 선두로 나섰다. 또한 시게이트는 소프트웨어 기업을 최초로 인수했는데, 칼텍스라는 데이터베이스 회사였다. 그후로도 계속 기존의 생산시설을 늘이거나 새로운 생산시설을 확보하는 데 많은 투자를 했다. 이런 투자는 1982년 싱가포르에 처음 투자한 이후로 시게이트가 거의 해마다 해오던 것이었다.

시게이트가 이룩한 수직적 통합 역시 경쟁력을 높이는 데 크게 기여했다. 경쟁 기업들이 협력업체로부터 필요한 제품들을 제때에 공급받지 못해 어려움을 겪을 때도 시게이트의 각 공장에서는 충분한 물량을 확보할 수 있었던 것이다. 시게이트의 수익성은 어떤 기업보

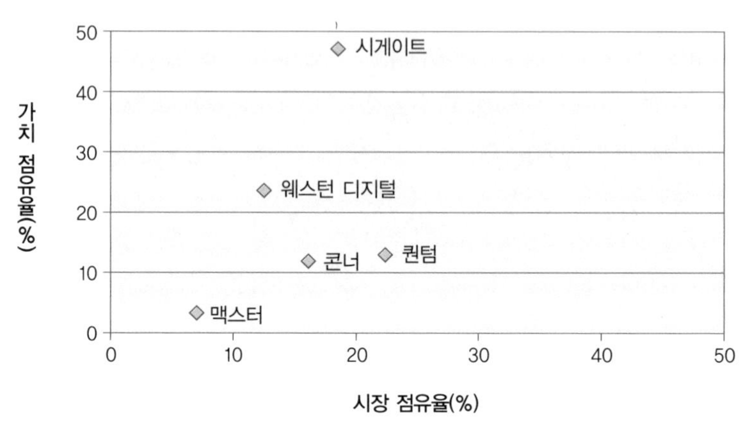

다 좋았다. 하지만 그럼에도 불구하고, 슈가르트는 시게이트를 업계의 선두 자리로 올려놓지는 못했다. 도표 5-6에서 보는 것처럼, 1994년에 시장 점유율 선두를 차지한 기업은 퀀텀이었다.

시장에서의 주도력 굳히기

1995년 슈가르트는 시장 점유율 문제를 '집 나간 자식'인 콘너 페리퍼럴스를 11억 달러에 인수함으로써 해결했다. 그해에 시게이트가 단행한 여섯 건의 인수 가운데 규모가 가장 컸던 이 인수 작업으로 시게이트는 연매출액이 80억 달러에 이르는 거대 기업이 되었다. 그 결과 시게이트는 퀀텀을 가볍게 추월하고 하드디스크 드라이버 시장의 3분의 1을 차지했다. 이런 변화를 통해서 시게이트는 대용량

시장에서의 지배력을 확보하며 데스크톱과 노트북 컴퓨터 시장에서의 위치를 확고하게 굳혔다. 뿐만 아니라 인수 작업을 통해서 시게이트는 콘너의 소프트웨어 사업과 테이프 드라이버 사업을 확보했으며, 정보처리와 소프트웨어 운용 부문의 사업 비중을 높일 수 있었고, 슈가르트가 소프트웨어 매출액의 목표치로 공언했던 10억 달러 선을 넘어설 수 있었다. 5.25인치 드라이버의 독점 공급자가 된 이후부터 6만 5천 명의 직원을 거느리게 된 시게이트는 업계에서 가장 완전한 기업으로 변신했다. 시게이트의 수익은 나머지 경쟁 업체들의 수익 총액보다 많았다.

600명의 기술자들이 시장의 모든 영역에 공급할 디스크 드라이브를 연구했다. 이러한 노력은 3년 혹은 5년 뒤를 내다보는 것이었다. 공장 부지만 해도 4.6평방킬로미터가 넘었다. 400군데의 OEM과 공급자에게 50개의 디스크 드라이브 모델을 생산·공급했다. 시게이트는 디스크 드라이브와 메모리 관련 분야를 모두 시장 영역으로 규정했고, 중요한 기술들은 모두 회사에 수익을 가져다주는 재료로 파악했다. 시게이트가 수익을 얻는 방식은, '더 많은 신제품을 다른 어떤 업체보다 신속하게, 또 대규모 물량으로 출시하는 것'이었다. 슈가르트는 또한 신속한 통합을 신봉했는데, 콘너와의 협상이 마무리되자 다섯 달 안에 모든 통합 작업을 끝내라고 지시했다.[15]

권딤은 DEC가 시장에서 발을 빼려고 할 때 고가高價 사업 부문을 강화할 목적으로 DEC의 디스크 드라이브 사업부를 3억 6천만 달러에 인수하면서 저항을 계속했다. 하지만 퀀텀은 이 새로운 조직을 통합하는 과정에서 많은 어려움을 겪었다.[16] 그리고 IBM이나 도시바 같은 기업들은 핵심 시장에서의 경쟁을 한층 강화했다. 퀀텀은 시게이트와 시장 점유율 면에서는 비슷했지만, 시장 자본은 시게이트의 5분의 1밖에 되지 않았다. 이건 바로 시게이트가 시장을 지배한다는 걸 의미했다.

슈가르트는 웨스턴 디지털의 척 해거티를 비롯한 여러 독립 하드 디스크 드라이버 생산업체의 최고경영자들과 함께 1990년대 말에 은퇴했다. 시게이트는 그후에도 길을 잃지 않았다. 시게이트는 지금 시장 지배자의 면모를 갖추고서 제품을 계속 개발해 시장에 내놓고 있으며, 디스크 저장 장치 관련 시장을 끊임없이 넓혀가고 있다.

그리고 세 개의 기업이 남았다

1990년대 초반 디스크 드라이브 시장에 있던 다섯 개 업체 가운데 네 곳, 즉 시게이트, 퀀텀, 웨스턴 디지털 그리고 맥스터는 10년이 지난 뒤에도 여전히 시장에 건재하고 있다. 유일하게 이 명단에서 빠진 콘너 페리퍼럴스는 시게이트로 다시 돌아갔다. 2000년 초에 전체 시장 점유율과 가치 점유율을 통해 업계 선두를 달리던 시게이트가 소프트웨어 회사인 베리타스와 합병을 하기로 결정했다. 하지만 2000년 말, 새롭게 수익성을 확보한 맥스터는 시장에서의 주도력을 장악하기 위해 야심 찬 결단을 실천에 옮겼다. 퀀텀의 하드 디스크 드라이브 사업부를 맥스터 주식 230억 달러로 인수한 것이다. 2000 년 2/4분기의 하드디스크 드라이브 매출액에 근거할 때, 합병으로 덩치를 불린 맥스터는 31퍼센트의 시장 점유율로 22퍼센트에 머무는 시게이트를 추월했다. 하지만 시게이트는 분기마다 치러야 했던 회계상의 압력에서 벗어나, 다시 업계 1위 자리를 탈환하기 위한 도전에 몰두할 수 있게 되었다.

두 건의 내부 합병을 예외로 할 때, 해마다 차세대 기술이 도입되는 그토록 치열한 경쟁 시장에서, 시장을 주도하던 기업들이 10년이 지난 뒤에도 어떻게 여전히 건재하여 변함없이 경쟁하고 있는지, 그 이유가 궁금하지 않을 수 없다. 대답은 이렇다. 시장을 주도하는 기업들이 끝없이 이어지는 위기에 단련되어, 기술적인 면에서나 조직적인 면에서 혁신을 통해 늘 새롭게 탄생할 수 있는 능력을 갖추었기 때문이다.

여러 해 동안 개인용 컴퓨터 부문의 대규모 시장에서 치열한 경쟁이 진행되었다. 시게이트가 특정 시장에 빠르게 진입했다가도 즉시 퇴각할 수 있게 생산 능력을 빠르게 증설하거나 감축할 수 있는 역량을 갖추고 그에 따라 대량 재고 및 그로 인한 가격 전쟁을 피할 수 있었던 것도, 바로 이런 '전쟁'을 치르면서 자연스럽게 획득한 교훈이 있었기에 가능했다. 공장 증설이 지금 얼마나 빠르고 보편적이냐 하면, 디스크 드라이브 생산 능력을 제로에서 몇 달 안에 수백만 개로 늘릴 수 있을 정도이다. 그래야만 수요와 공급 사이의 간극을 최소로 줄이면서 대량으로 시장을 공략할 수 있기 때문이다.[17] 이런 기업들은 모두, 과연 경쟁을 뚫고 생존할 수 있느냐 하는 간단한 원칙하에 모든 체계를 정리했다. 그 가운데서 속도가 가장 중요한 덕목이다.

한번은 퀀텀의 노사관계 이사에게 회사에 왜 연금 계획이 없느냐고 물었다. 그의 대답은 이랬다.

"우리 회사에서 연금에 관심 있는 사람은 아무도 없습니다. 우리 회사 생산 라인에 있는 직원이 어디에 관심을 갖는지 얘기해드릴까요? 우리는 한 달 일찍 시장에 제품을 낼 수 있게 당면한 문제를 해결하는 직원에게는 40만 달러의 보너스를 지급합니다."

시게이트는 시장 주도력을 계속해서 유지하기 위해 몇 개의 핵심 주제를 강조한다. 주류 경영학의 논리와 다르게 시게이트는 생산 능력, 제품의 품질, 그리고 생산 능력의 증설과 감축이라는 신속한 전환 능력을 확보하려는 수직적 통합을 가장 중요하게 여긴다. 시게이트는 수직적으로 통합된 사업 구조를 기반으로 해서 비용 감축과 품질 향상 그리고 주기의 단축을 성공적으로 수행했다. 시게이트는 덩치가 큰 경쟁자는 속도와 가격 경쟁력으로 공격하고, 덩치가 작은 경쟁자는 시장의 영역과 규모 그리고 공급선의 다변화로 압도한다. 때에 따라서 쓰러뜨려야 할 목표물을 정하고 가격 전쟁을 벌이는 건 말할 필요도 없다.

시게이트는 연구 개발 부문에도 많은 노력을 기울인다. 시게이트의 연구 개발 프로젝트는, 기동성 있는 개발팀을 동원해서 단기적인 목표에 초점을 맞추면서도 전체적으로는 포괄적인 포트폴리오를 유지한다. 시게이트의 이런 모습을 보면 알렉산더가 세계를 정복할 때 활용했던 공식을 사용하는 듯하다. 알렉산더는 먼저 특정한 목표물을 설정한 다음, 대규모 병력을 그 목표물에 집중시켰다. 그리곤 소수 병력만 남겨 정복지를 감시하게 하는 동시에 대규모의 본진은 다음 목표를 향해 진군하게 했다.

시게이트는 동종 업계의 그 어떤 기업도 필적하지 못할 만큼 광대한 제품과 서비스를 축적했다. 시게이트는 핵심 시장뿐만 아니라 이윤폭이 높은 분할 시장에도 광범위한 전문적 솔루션 및 서비스를 제공한다. 이런 다양한 수익 원천이 있기에 때로 피할 수 없는 가격 경쟁으로 출혈이 있다 하더라도 전체적으로는 안정을 유지할 수 있다. 하지만 무엇보다 중요한 사실은, 시게이트는 단 한 번도 하드 드라이브의 데이터 저장 장치와 관련된 차세대 기술 개발에 뒤처진 적이 없다는 것이다. 이런 원칙들을 굳게 지켰기에 시게이트는 현재까지 세계에서 가장 경쟁이 치열한 산업 부문에서 선두 자리를 고수하고 있다. 지금은 뒤로 밀려나고 말았지만 다시 한번 시장을 주도하고 싶은 기업이라면, 시게이트의 사례가 훌륭한 교과서가 되리라 생각한다. 이런 통찰과 훈련이 없이는 꿈만 꾸다가 결국, 차세대를 내다보고 준비하는 경쟁자에 의해 시장 밖으로 떠밀리고 말 것이다. 도표 5-7은 시게이트한테 배워야 할 주옥같은 교훈을 정리한 것이다.

2002년 말, 소프트웨어 메이커인 베리타스와 분리된 하드 드라이브 사업부인 시게이트는, 기업 공개를 통해 기업의 가치를 대략 50억 달러로 평가받으며 성공적으로 공공 금융 시장에 복귀했다. 시게이트는 기업 공개로 한층 공고하게 자리를 잡았다. 한편 시장을 지배하던 맥스터는 15억 달러 미만의 평가를 받았다. 2002년 4/4분기에 시게이트는 분기 매출액 17억 3,000만 달러에 1억 9,800만 달러의

- 기동성 있는 개발팀을 가동해서 차세대 제품 개발에 집중한다.
- 제품의 품질을 높이고 비용을 절감하며 생산 능력을 확보하기 위해 조직을 수직적으로 통합·관리한다.
- 적극적으로 비용 감축 훈련을 한다.
- 대규모 물량으로 시장에 맨 먼저 진출한다.(신속한 설비 증설 능력을 확보한다.)
- 변신을 완벽하게 마무리한다.
- 기업의 면모를 일신할 필요가 있을 때 인수나 합병을 이용한다.
- 광범위한 제품군을 확보한다.
- 덩치가 작은 경쟁자는 시장의 영역과 규모 그리고 공급선의 다변화로 압도한다.
- 덩치가 큰 경쟁자는 속도로 기를 꺾는다.

수익을 기록하며 전년도에 비해 가파른 상승세를 보였다. 이와 대조적으로 맥스터(+퀀텀)의 매출액은 전년도에 비해 10억 400달러 감소했으며, 수익은 3,730만 달러로 시장 지배자인 시게이트에 비해 훨씬 낮았다. 영원한 시장 지배자가 그 어느 때보다 강력한 모습으로 자기 자리를 탈환했다.

시장 지배자의 사고방식

시게이트의 경험은 시장 지배자가 어떤 사고방식을 가져야 할지 확실한 사례를 제시한다. 경쟁과 관련한 시게이트의 본능과 기술은 고도로 개발되어 있다. 시게이트는 추격해오는 후발 성장 기업을 적극적으로 공격한다. 때로는 이들의 시장 잠식을 차단하기 위해 가격 전쟁도 불사하고, 보다 덩치가 큰 기술 경쟁자에 대항해서는 속도전으로 기를 꺾는다. 시장을 지배하는 기업은 기존 시장에서 어떤 부문이 새로운 시장으로 부각하는지 확실히 파악하고, 사업에 영향을 미치는 혁신적인 조치를 지체 없이 단행한다. 가장 최근의 기술을 늘 가장 먼저 시장에 도입하지 못할 수도 있다. 하지만 시게이트는 최고의 품질을 대량으로 세계 어디에서나 쉽게 구할 수 있는 접근성에 관한 한 어떤 기업도 자기를 따라잡지 못하게 한다. 시게이트는 핵심 사업에서(혹은 그 주변에서) 차세대 하드웨어든 소프트웨어든, 그리고 업무나 장치의 기술이든 늘 혁신적인 조치를 단행한다.

시장에 안착한 기존 업체들 가운데서 최고의 기업은 기존 시장에 영향을 미치는, 미처 획정되지 않은 시장 영역에 적극적으로 반응한다. 마이크로소프트는 대략 3천 곳의 소프트웨어 회사와 연대하며 그 분야에서 진행되는 상황을 예의주시한다. 전망이 밝은 신상품은 즉각 초기 단계에서 마이크로소프트가 파악을 하고 권리 일체 혹은 유통권을 인수하거나 공동 개발을 추진한다. 비록 마이크로소프트가 벤처 투자 영역에서도 활발히 움직이고 있긴 하지만, 연대에 초점을 맞춘 마이크로소프트의 접근 방식은 소프트웨어 산업에서 진행되는 상황들을 효과적으로 감지하는 데 목적이 있는 듯하다.

반면에 시스코는 떠오르는 신기술 부문에 참여하는 방식으로 주로 벤처 자본을 활용한다. 유망한 기술을 보유한 기업들에 투자를 하고 기술적인 성취를 이룩한 기업들은, 심지어 그 기술이 상업화되기도 전에, 적극적으로 달려들어 붙잡는다. 유망한 기술을 알아보고 획득하고 나아가 시장을 주도할 수 있는 상품으로 개발하는 능력에 관해서는 시스코를 높이 칭찬할 수 있다. 새롭게 부각되는 혁신적인 기술 동향을 끊임없이 파악하고 또 자기 것으로 확보하는 것은 시장 지배자의 핵심적인 성공 요인이다. 하지만 시장 지배자가 가져야 할 사고방식으로 이것보다 더 중요한 게 있다.

시장 지배자의 의무 가운데 하나는 시장의 평화와 번영을 보장하는 것이다. 시장 지배자는 반드시 시장의 경계선을 분명히 인식하고 그 영역을 지켜야 한다. 이는 이웃 시장을 주도하는 기업들과 안정적인 관계를 유지해야 한다는 걸 의미한다. 또한 대체 상품이나 서비스가 시장을 잠식하는 일에도 특히 관심을 기울여야 한다.

두 번째 의무는 시장이 장기적으로 건강하게 유지되게끔 하는 일이다. 시장 지배자는 시장의 이익을 정치적·행정적으로 관철해야 한다. 시장에 대한 여론을 우호적으로 유지하는 것도 이 의무에 속한다. 시장 지배자는 또한 시장에 출시되는 상품, 나아가 그 산업 전반에 대한 수요를 끊임없이 자극하고 확대해야 한다. 수요를 확대할 수 있는 사회경제적 기반 조성에 국가보조금을 지출하도록 하는 것도 이런 활동에 속한다. 교육 부문에 대한 국가적 지원을 유도하는 일이 그런 예가 될 수 있다. IBM이나 노텔 같은 기업들은 오랫동안 교육 부문 지원에 깊은 관심을 기울여왔다. 이것은 모두 자기 상품들을 소비자에게 보다 가깝게 가져가기 위한 활동의 일환이며, 동시에 보다 많은 학생들을 자극해서 미래의 자원을 풍부하게 하기 위한 활동이기도 하다.

시장 지배자에게 질서와 안정은 최고의 관심사다. 시장에 갓 진입한 성장 기업이라면 기존의 질서를 깨뜨리는 데서 기쁨을 찾을 수 있다. 하지만 시장 지배자는 혼돈과 파괴를 최소화하는 데 관심을 가질 뿐이다. 보다 안정적인 경쟁 질서를 구축하길 원하는 것이다. 이 질서를 파괴하는 행위는 시장 지배자의 눈으로 보자면 당연히 벌을 받아 마땅하다. 새로 진입한 성장 기업의 파괴적인 경쟁 행위에 대한 시장에 안착해 있는 기존 기업의 반응은 단지 때리고 마는 게 아니라 공격해서 빼앗는 것, 다시 말해서 벌을 주고 인수하는 과정으로 볼 수 있다. 이처럼 시장에서 지배자가 된 기업은 시장의 모든 영역과 위치에서 경쟁중인 기업들을 예의주시하고 이들이 조금이라도 침입의 조짐이 있을 때 신속하고 효과적으로 제어할 수 있는 전략과 전술을 개발해야 한다.

시장 지배자는 또한 미래를 내다보아야 한다. 기업이 끊임없이 고객 가치 구성을 개선하거나 제품을 현대화하지 않을 경우 시장이 장기적으로 침체할 수 있다. 현재의 시장 환경에만 의존한다면 고객 가치 구성을 단지 개선하는 것에 머물게 될 뿐이다. 보다 동적인 환경에서 시장 지배자는 자신만의 돌파구를 마련할 필요가 있을 수 있다. 시장 지배자는 기본적으로 질서와 안정을 희구하는 존재이기 때문에 변화를 거부할 수도 있다. 이런 상황은 피해야 한다. 시장 지배자는 주변 환경과 관계없이, 해당 산업과 시장이 미래로 계속 이어질 수 있는 경로를 확보해야 한다. 변화와 혁신의 전망과 방향은 시장 지배자의 최대 관심사이다. 따라서 시장 지배자는 현재와 미래의 기술이 어떤 경로로 발전해나갈지 분명하게 꿰뚫고 있어야 한다. 시장 지배자들은 보통, 시장을 중심으로 형성된 사업적 공동체의 모든 것들을 하나로 아우르는 복합 체계를 구축함으로써 핵심 산업 기반에 대한 장악력을 강화한다.

진정한 시장 지배자라면 시장을 둘러싸고 형성된 공동체, 시장의 안정, 고객과 주주에 대한 보상, 시장의 건강 그리고 현재 시장의 미래 상태를 끊임없이 생각하게 마련이다. 차세대 시장 지배자는 특히 시장 지배자의 위치에 오르기 위해서 이런 사고방식을 체화하려고 할 것이다. 이는 오래 자리를 지켜온 시장 지배자가 시장에 갓 진입한 성장 기업의 사고방식을 어느 정도 가지고 있는 거나 마찬가지이다.

혁신적인 기존 기업

시장에서 주류에 속하는 기존 기업이 혁명을 일으킨 적은 없다는 말이 있다. 그러나 이건 사실이 아니다. 수많은 기존 기업들이 돌파 전략을 통해서 자신의 모습을 변모시켜 시장에서의 위치를 바꾸고 새로운 가치를 창조해왔다. 시게이트는 실리콘밸리에서 태어나서 성장했다. 사실 《포춘》이 선정하는 서열 1,000위에 속하는 기업이 시게이트처럼 끊임없이 혁신을 계속하기란 아마 어려울 것이다. 그러면 여기에서 우리가 찾아볼 수 있는 가장 답답하고 진부한 기업을 골라서, 이 기업이 어떻게 세계 최고를 기록할 만큼 빠른 속도로 기업을 변모시켰는지 살펴보자.

아메리칸 스탠더드의 변신

욕실 용품 제조업체로 잘 알려진 뉴저지의 아메리칸 스탠더드가 우리의 연구 대상이다. 아메리칸 스탠더드는 반세기 이상 배관 부문에서 시장 주도자의 자리를 지켜왔다. 이 회사는, 1장에서 설명한 바 있는 '수요 흐름 기술(DFT, Demand Flow Technology)'이라는 돌파 전략 프로그램에 입각해서 앞으로도 오랫동안 시장 지배자로 군림하게 될 것이다.

아메리칸 스탠더드의 돌파 전략은 애초 재정 위기에서 비롯되었다. 바로 코앞에 보이는 파산이나 매각만큼 기업을 생존이라는 목표에 집중하게 하는 요소는 없다. 아메리칸 스탠더드의 최고경영자 엠마뉴엘 마노 캄포리스가 처한 상황은 이랬다. 외부로부터 자금 수혈을 받기란 불가능했다. 회사의 빚을 갚아나가기 위해서는 회사 내부의 자원에서 어떻게든 현금을 마련해야 했다. 그렇게 하지 못하면 채권단에 회사를 넘겨야 했다. 그는 이 위기 상황을 돌파할 수 있는 핵심이자 유일한 방법은 유동 자산을 줄이고 이 자금을 부채 상환으로 돌리는 것뿐이라고 판단했다. 아메리칸 스탠더드는 주문을 받아서 생산하고 공급하는 과정을 혁신적으로 바꾸었다. 이게 바로 DFT라는 접근법이었다. 수요를 예측해서 생산 계획을 잡던 예전 방식을 버리고 오로지 고객의 주문에 따라서만 제품을 생산했다. 동시에, 작업 공정 사이의 대기 시간을 없애겠다는 목표 아래 끊임없이 연구하고 노력한 끝에 생산 주기를 획기적으로 단축했다. 그 결과, 어떤 세라믹 배관 제품의 주형을 제작하는 데 과거에는 80일 이상 걸리던 걸 불과 이틀 만에 해냈다. 원자재를 줄이고, 작업 공정을 줄이고, 생산 주기를 줄이고, 그리고 완성품의 재고량을 줄이는 게 목표였다.

DFT 프로그램은 배관 설비 부문뿐만 아니라 공기 조절 장치(트레인), 공기 제동기(웨스팅하우스) 등의 사업 부문을 포함한 전체 기업 차원에서 진행되었다. 1988년부터 1996년까지 창고 회전수는 2.8회에서 11회 이상으로 늘어났다. 그리고 총 유동 자산은 반 이상 줄어들었다. DFT라는 경영 혁신 프로그램으로 다각도에서 경쟁력을 회복한 아메리칸 스탠더드는 지금 세 개의 핵심 사업 부문에서 시장 점유율을 늘려가고 있으며, 이 세 사업 부문에서 세계적인 선두 기업으로 시장 위치를 강화하고 있다. 이러한 변모를 이끌어낸 힘은 회사의 인터넷 홈페이지에서도 확인할 수 있다. 이 홈페이지에는 지구를 찍은 사진 옆에 다음과 같은 글귀가 도전적인 인상을 풍기며 자리 잡고 있다.

> 우리 회사는 해마다 더 강하게 성장한다. 우리 회사는 경쟁자보다 더 멋지게 개혁을 이룰 수 있다. 수요 흐름 기술(DFT)은 우리 성공의 원천이다.

아메리칸 스탠더드는 자사와 시장을 공격적으로 새로이 규정함으로써 혁신을 이룩하는 데 성공한 기존 기업이 사례를 보여준다. 시장에 안주해 있는 기존 기업이 성장과 수익 그리고 가치를 새롭게 창조하기 위해서는 혁신을 꾀하지 않으면 안 된다. 이건 절박한 문제이다. 이런 혁신은, 현재의 운영 상태를 조금씩 고쳐나가는 방식으로는 결코 이룩할 수가 없다. 현재의 모습을 최대한 완성하는 데만 전념하는 시장 지배자가 있다면, 이 기업은 필연적으로, 차세대 기술과 사업 모델 그리고 경영 실천으로 시장을 뒤바꾸는 차세대 시장 주도자에게 밀려나고 말 것이다.

시장을 주도하고 지배하는 기업으로 계속 남고 싶다면 현재의 상황을 뒤집어엎는 혁명을 단행해야 한다. 최적화 전략으로는 대부분의 사업에서 주도권을 유지하지 못한다. 비록 우리가 잭 웰치와 GE를 존경하고 있긴 하지만, 잭 웰치와 GE는 결코 기업 혁신의 사례가 되지는 못한다. 뿐만 아니라 이들이 지속적으로 가치를 창조하는 틀을 만들어냈다고도 할 수 없다.

최적화 전략

GE를 모범으로 삼았던 몇몇 기존 기업들이 있다. 그 가운데는, GE의 성공 모델을 그대로 모방했을 뿐만 아니라 GE의 핵심 간부를 경영자로 영입한 회사도 있다. 이렇게 영입된 사람은 오랫동안 GE의 부회장으로 있으면서 잭 웰치와 함께 손발을 맞추었던 래리 보시디였다. 그는 1991년 GE의 부회장 자리를 떠나서 비틀거리는 120억 달러짜리 앨리드시그널의 지휘를 맡았다.

보시디는 앨리드시그널의 지휘봉을 잡자마자 곧바로 'GE 각본'을 꺼내들었다. 보시디가 수행한 세 가지 핵심 원칙은 사업 부문 간의 포트폴리오 조정과 경영 실천의 문화 그리고 비용 절감이었다. 그는

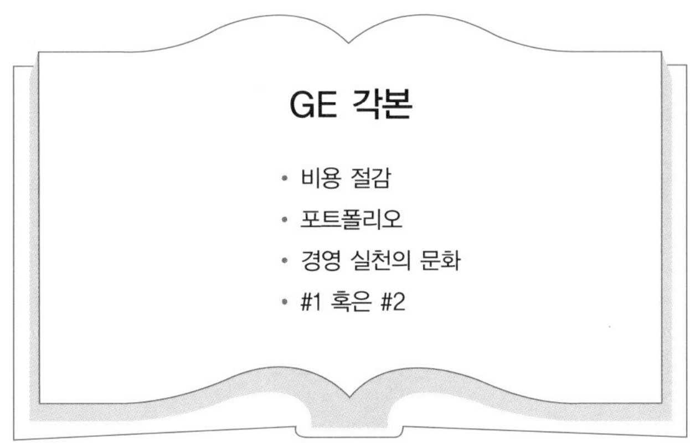

앨리드시그널의 항공 우주 산업 부문과 자동차 산업 부문에 전략적인 초점을 맞추고, 이와 관련이 없는 부문의 자산을 매각하고 사무실과 공장을 닫았다. 또 앨리드시그널의 간부들을 대대적으로 정리하고 새 임무와 역할에 적합한 사람들로 간부진을 새롭게 구성했다. 140명으로 구성된 고위 간부진에 총 40명의 외부 인사를 따로 영입했다. 1만 8천 개 일자리의 총 8만 6천 명을 해고했고 54개이던 사업단위를 38개로 줄였다. 그는 또한 협력 업체의 수도 3분의 2 수준인 3천 개로 줄였다.

부시디는 GE를 본 뜬 벤치마킹의 필요성을 역설했고, 집행의 책임을 맡은 간부들에게는 목표 달성을 독려했다. 그는 GE에서 성과가 있었던 프로그램을 곧바로 앨리드시그널에 적용했다. 앨리드시그널에 부임한 첫해에 그는 8만 6천 명을 웰치의 GE 워크아웃 개발 프로그램을 본 딴 프로그램으로 교육시켰다.

보시디는 자신의 이러한 시도가 점진적인 변화를 꾀하는 것이 아니라 '획기적인 비약'을 위한 것이라 생각했다. 그리고 회사 내의 간부를 포함한 직원들도 다들 그렇게 생각했고 추호의 의심도 없었다. 1994년까지 앨리드시그널의 시장 가치는 거의 세 배 가까이 성장했다. 그리고 순수익도 흑자를 기록했다. 보시디는 웰치처럼 앨리드시그널을 세계적인 기업으로 키우겠다는 야심을 품고 온 힘을 기울였다.

그럼에도 불구하고 래리 보시디는 120억 달러짜리 기업을 200억 달러짜리로 만들겠다던 개인적인 목표는 이루지 못했다. 최적화 전략을 통한 성장에는 한계가 있기 마련이다. 100억 달러짜리 전자 커넥터 회사인 AMP의 적대적 인수를 시도했지만 실패했다. 물러나야 할 2000년이 다가오고 눈에 띄는 성과가 나타나지 않자 보시디는 미니애폴리스의 대표적인 기업 허니웰을 150억 달러에 인수했다. 이리하여 앨리드시그널은 200억 달러 이상의 매출액을 확보했다. 하지만 결과는 성공적이지 않았다. 훨씬 더 유명한 허니웰이라는 이름 때문에 앨리드시그널은 기업의 정체성을 잃고 말았다.

1999년 12월의 합병으로 허니웰의 마이클 본시그노르가 합병된 회사의 최고경영자가 되었다. 정해진 각본에 따라 전 회사 차원에서 비용 감축과 정리 해고가 강하게 단행되었다. 그리고 포트폴리오를 위한 자산 매각 계획도 섰다. 하지만 합병을 할 때 나타나는 전형적인 여러 문제점에 유럽 시장의 불황까지 겹쳤고, 새로운 허니웰은 수입의 원천인 목표 시장을 놓치고 말았다. 수익상의 문제가 발생하자 투자자들은 깜짝 놀라서 발을 빼기 시작했고, 허니웰의 시장 가치는 절반으로 떨어졌다. 허니웰이 장기적이고 유기적인 성장이 아니라 단기적이며 숫자상의 놀음에 지나지 않는 방식으로만 수익을 추구하는 이류 회사와 피와 살을 섞었다는 주장과 비판이 쏟아졌다. 잘못하다간 막 인수 작업을 끝낸 기업이 또 다른 인수 대상이 될지도 모른다는 추측도 나왔다.[1]

이 예측은 1년도 지나지 않아 현실로 나타났다. 유나이티드 테크놀러지가 400억 달러에 허니웰 인수를 시도한 것이다. 허니웰의 이런 상황을 바라보던 잭 웰치는 은퇴하려던 계획을 미루고 이 회사에 대한 480억 달러 입찰 사업을 감독했다. 비록 GE와 허니웰이 항공전자공학이나 화학공업 분야 등에서 겹치는 부분이 있긴 해도, 제품으로 중복되는 건 불과 몇 개뿐이었다. 예컨대 GE는 비행기 엔진 시장을 지배했고, 허니웰은 항공전자공학이나 항공관제 시스템 분야에서 걸출한 능력을 발휘하고 있었고, 이 둘은 서로를 잘 보완하고 있던 상황이었다. 이러한 사실을 들어서 유럽의 반독점 규제자들은 그 거래를 무산시켰다. 결국 허니웰의 미래는 이도 저도 아니게 되어버렸고, 정체성을 갖춘 독립 기업으로 살아남을 수 있을지조차 미지수인 상태에까지 이르렀다. 이 모든 상황이 GE의 각본 때문에 빚어지게 되었던 것이다.

아에트나의 교훈

GE의 전략을 보다 파편적으로 채택함으로써 성공을 거두기도 했지만 때로는 참담한 실패를 경험한 기업들도 있다. 코네티컷의 복합 보험사인 아에트나 라이프 앤드 캐주얼티가 GE의 사례를 열렬히 받아들여 전범으로 삼았지만 참담한 실패를 맛보았다. GE처럼 아에트나는 포트폴리오 초점을 강화하고, 수많은 부차적인 사업 부문들을 매각했다. 일련의 영업소들을 폐쇄하며 비용 절감에 박차를 가한 것이다. 그리고 여기서 발생하는 수익을 핵심 산업에서 시장 주도권을 획득하는 데 지출했다. 아에트나는 GE의 원칙에 따라서 포트폴리오를 공격적으로 재조정함으로써, 건강 보험과 건강 관리 부문에 전문화를 꾀하며 주도권을 잡으려고 시도했다. 아에트나는 110억 달러를 들여서 연속적으로 빠르게 세 개의 건강 관리 조직을 인수했다. 다소 비싼 뉴욕 라이프 헬스 케어(10억 달러, 회원 1인당 600달러)와 상대적으로 싸지만 재정적인 문제를 안고 있는 프루덴셜 헬스 케어(10억 달러, 회원 1인당 200달러) 그리고 너무 비싸게 사들인 US 헬스 케어(90억 달러, 회원 1인당 3,000달러)가 그들이었다.[2]

아에트나는 이렇게 시장 주도자라는 개념에 초점을 맞춘 잭 웰치를 그대로 모방하면서 미국 최대의 건강 보험사가 되었다. 아에트나의 최고경영자 리처드 J. 허버는 1998년에 이렇게 자랑했다.

"우리는 보험업계의 지형을 바꿀 것이다."

이런 과정을 통해 건강 관리 보험 시장이 안정되면서 세 개의 전국적인 이너서클 보험사가 형성되었다. 아에트나 헬스 케어라는 별명

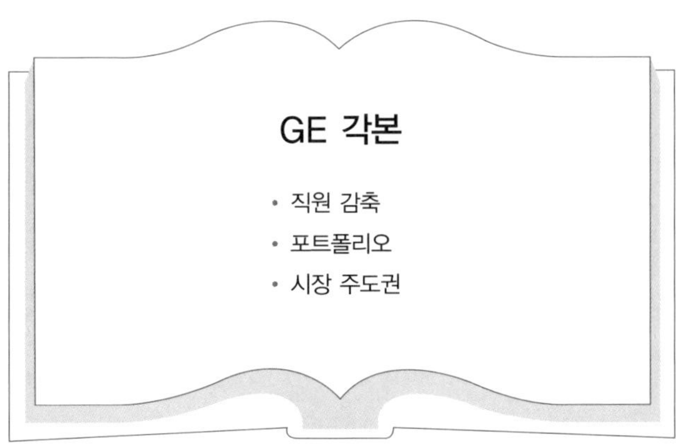

을 얻은 아에트나와 시그나 코포레이션 그리고 유나이티드 헬스 코포레이션이 그들이었다. 아에트나는 거대하고도 상이한 세 개의 정보 체계를 빠르게 통합해야 했지만, 컴퓨터를 비롯한 정보 기술 활용에 오랫동안 뒤처졌기에 실제로 이 일을 감당해낼 수가 없었다. 현장에서 아에트나는 환자와 병원, 의사 그리고 미국의료협회에게서까지 외면당했다. 아에트나는 시장 점유율을 높이는 데 모든 걸 걸었지만 여러 가지 이유로 또 다른 핵심 고객, 즉 주주에게 제대로 된 성과를 돌려주지 못했다. 1999년 아에트나의 주가는 30퍼센트나 추락했다.

2000년 초, 주주들은 아에트나가 초라한 경영 성과를 낸 데다 네덜란드 보험사 ING와 웰포인트 헬스 네트웍스에 100억 달러라는 낮은 가격에 인수되기까지 하자 분노했다. 리처드 허버가 사임하고 그 뒤를 윌리엄 H. 도널드슨이 이었다. 그는 금융 보험 사업과 건강 보험 사업을 분리하겠다고 약속했다. 아에트나가 금융 부문 사업부를 매각할 것이라고 발표하자 아에트나의 시장 자본은 80억 달러 아래로 떨어졌다. 분노한 주주들은 US 헬스 케어와의 합병이 잘못된 선택이었다고 강력하게 주장하며 나섰고, 아에트나는 주주들에게 820억 5천 달러를 지불하는 데 합의했다. 2000년 말, 아에트나는 금융 서비스 부문과 국제 영업 부문을 ING에 77억 달러에 매각하고 순수하게 건강 보험 부문에만 집중하기로 했다.[3] 1990년대 아에트나가 선택하고 걸어갔던 길은 GE와 같았지만 GE의 영광은 조금도 누리지 못했다. 하지만 아에트나보다 더 참담한 실패를 경험한 기업도 있다.

대학살

앨리드시그널이나 아에트나가 봤다면 오히려 안도의 한숨을 쉬었을 만한 사례도 있다. 선빔 코포레이션이 바로 그 불행한 회사였다. 잭 웰치의 추종자라기보다 1980년대 기업 매수인 제임스 골드스미스의 추종자라고 할 수 있는 앨 던랩이 이 회사에 들어오면서 불행은 시작되었다. 펄프와 종이 제조 회사에서 젊은 시절을 보낸 던랩은 다니던 회사인 스콧 페이퍼가 규모를 줄이고 경쟁 기업인 킴벌리-클라크에 매각되면서 막 회사를 나온 상태였다.

자칭 '가는 세로줄 무늬의 옷을 입은 람보' 였던 던랩은 1996년 선빔에 들어갔는데, 이런 사실이 월스트리트의 관심을 끌었고 12.25달

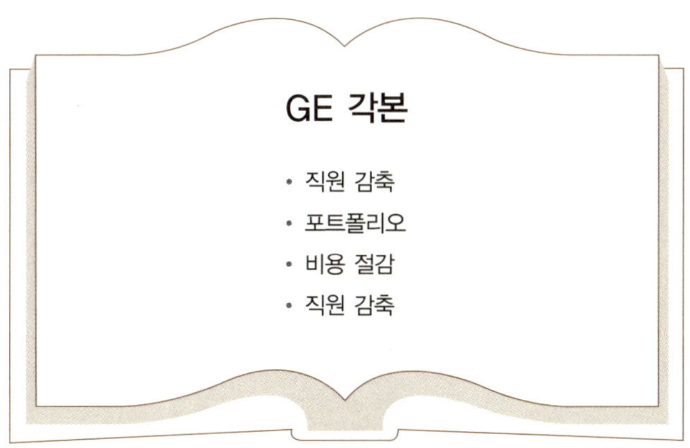

러였던 선빔의 주가는 1997년 말 50달러 가까이 치솟았다. 그는 직원 6,000명을 해고했고, 회사의 일자리 반을 줄였다. 또한 생산 라인의 87퍼센트를 잘라냈다. 사업을 변모시키고 회사의 시장 가치를 높이기는커녕, 던랩은 선빔의 공장을 폐허로 만들고 직원들의 무덤을 밟으면서 주가의 단기 상승만을 꾀했다. 1997년 마침내 주가는 주당 50달러라는 기록을 세웠다.

하지만 1998년 4월 3일, 선빔의 회계에 부정이 개입했을지도 모른다는 소문이 월스트리트에 돌면서 선빔은 뉴욕 증시에서 최고 화젯거리로 떠올랐다. 물론 좋지 않은 방향이었다. 주식 시장이 문을 닫을 무렵, 선빔의 주가는 아침보다 무려 4분의 1이나 떨어진 34.375달러를 기록했다. 두 달 뒤 던랩은 분노한 이사들의 결정으로 쫓겨났다. 2000년 4월에 이르면 주식은 10달러 아래로 떨어졌고, 1년 뒤에는 투기적 저위주(低位株, 1주의 가격이 1달러 미만인 주식 – 옮긴이)가 되었다. 다시 1년 뒤에는 시장에서 선빔의 이름이 사라져버렸다.

인수·합병 전략

교훈은 명백하다. 가치를 창조하기 위해서는 포트폴리오에 입각한 가지치기, 비용 절감 그리고 최적화 전략에 의존하지 마라. 또한 인수·합병을 통해서만 자신의 모습을 새롭게 변모시킬 수 있다고 생각해서는 안 된다. 불행하게도 대부분의 인수·합병은 기대했던 것만큼 바람직한 결과를 내지 못했다. 경쟁 전략에 관해서는 최고 전문가로 인정받는 하버드 대학교의 마이클 포터 교수는 다른 기업을 인수한 기업은 궁극적으로 새로운 산업에서 인수한 기업 가치의 58퍼센트밖에 획득하지 못한다는 사실을 밝혀냈다.[4] 맥킨지 컨설팅 회사는 합병 기업 가운데 60퍼센트는 적어도 재정적인 측면에서는 실패한다고 추정한다.[5] 프라이스워터하우스쿠퍼스는 1990년대에 이루어진 300대 합병 사례를 연구한 끝에, 합병된 기업 가운데 57퍼센트의 주주 배당금이 해당 업계의 평균보다 낮다는 사실을 밝혀냈다.[6]

인수·합병을 성공적으로 이끌어내기 위해서는 통합성의 문제가 가장 중요하다. 다시 말해서, 인수·합병이 독립적인 모험 차원에서 전개되느냐, 아니면 살을 섞고 피를 섞어 하나의 기업으로 새로 태어나느냐 하는 문제이다. 많은 기업들이 당면하는 문제가, 과연 어떻게 통합을 이루어내느냐 하는 것이다. 서로 다른 기업 문화가 부딪친다든가, 직원이 남아돈다든가, 간부의 임무가 불분명해진다거나, 개인의 일자리가 위협을 받는다든가 하는 등의 문제가 결국엔 처음 인수·합병을 추진했던 목적 자체를 흔들어놓을 수 있기 때문이다. 그렇기 때문에 인수한 기업의 조직을 그대로 내버려두는 게 오히려 통합의 어려움을 극복하려 애쓰는 것보다 낫지 않을까 하는 터무니없는 유혹에 넘어가기도 한다.

통합성, 절박한 과제

인수한 기업이 전체 회사 차원에서 건강하게 균형을 이룰 수 있도록 유도한 기업은 사고방식이 조금은 다르다. 바로 이 점에서 GE가 좋은 사례가 된다. GE 캐피털을 살펴보자. GE 캐피털은 27개의 독립 사업부를 거느리고 있고 직원만 해도 5만 명이 넘는데, 지난 5년간 전 세계에서 수백 건의 인수·합병 작업을 해왔다. 하지만 이 회사는 통합 작업의 중요성을 일찌감치 파악하고, 인수·합병 논의가 시작될 무렵부터 구체적이고 세밀한 계획을 세워서 이 작업을 수행한다. 이 작업은 보통 인수·합병이 완료될 때까지는 물론이고 그 이후까지도 지속적으로 이어진다. 경영 구조나 우선적인 경영 주체, 보고 체계, 지원 감축 등에 관한 결정은 가능한 한 인수·합병 작업이 완료된 이후에 내린다.[7] 통합 작업을 성공적으로 이끌기 위해서는 사전 작업이 필수적이다. 그리고 작업 과정을 체계화·구조화하지 않고서는 결코 통합 작업을 성공적으로 마무리 지을 수 없다.

인수·합병은 연구 개발을 대체하는 효과적인 방법이다?

내가 생각하기에, 최고의 인수·합병은 '부품' 혹은 '핵심'을 얻기 위한 인수·합병이다. 다른 말로 하면, 인수·합병을 통해 미래의 사업 모델이나 시장 경쟁력의 특수한 요소가 핵심 조직으로 수혈될 수 있어야 한다는 것이다. 첨단 기술 산업 분야에서 이런 종류의 인수·합병은 연구 개발의 훌륭한 대체 수단이 될 수 있다. 시스코 시스템스가 이런 방식으로 새로운 기술과 연구자들을 흡수해왔다. 실제로 시스코의 최고경영자 존 챔버스는 휘하의 경영진 가운데 많은 사람들을 인수·합병을 통해 흡수한 인재들로 채웠다.[8]

하지만 이런 시스코에 대해 비판도 있었다. 매출액의 13퍼센트나 되는 연구 개발비 가운데 많은 부분이, 신기술을 개발하는 데 사용되는 게 아니라 새로이 사들인 기술과 기존의 기술들을 통합하는 데 사용된다는 것이다. 제대로 아는 사람이라면, 바로 그렇기 때문에 시스코는 비난이 아니라 칭찬을 받아야 한다고 말할 것이다. 이런 점과 관련해서 시스코의 데니스 포웰 이사는 이렇게 말했다.

"만일 신생 기업이 성공하는 데 중요한 역할을 했던 인재들을 함께 데리고 오지 못한다면, 굳이 인수·합병에 흥미를 가질 필요도 없을 것이다."[9]

그렇기 때문에 시스코에서는, 인수·합병이 매듭지어진 뒤에도 계속해서 통합 작업을 전담해서 관리하는 조직을 운영한다. 이 조직은

15~25명으로 구성되어 있고, 철저하게 중앙집권화되어 있다.

마이크로소프트도 시스코와 같이 월례 행사처럼 거의 한 달에 한 번씩 인수·합병을 해왔는데, 특히 브라우저 시장에서 연구 개발의 대체 효과를 톡톡히 봤다. 물론 시스코나 마이크로소프트라고 해서 완벽할 수는 없어서, 다른 기업을 인수·합병했다가 낭패를 본 경우도 숱하게 많다.

핵심 영역에서의 혁신

클레이턴 M. 크리스텐센은《혁신자의 딜레마》라는 책에서, 시장에 안주해 있는 기업이 기존 시장을 깨뜨리는 신기술을 개발해내지 못하는 상황과 시장에 새로 진입한 기업이 이런 기술을 발판으로 전략적 성취를 이룩해나가는 상황을 대조적으로 드러내 보인다.[10] 이런 인식을 바탕으로 크리스텐센은, 기존 기업이 혁신을 이루어내려면 혁신의 추동력을 가진 조직을 그 기업 바깥에서 키워야 한다고 주장한다. 그래야만 이 조직이 모기업의 영향을 받지 않고 성장에 필요한 자유와 자원을 마음껏 누릴 수 있다는 것이다. 크리스텐센의 이런 사고방식처럼, 돌파 전략은 모기업의 외부에서 추동되어야 한다는 생각이 널리 퍼져 있다. 자족적인 신생 기업이야말로 관료적 복잡함이나 문화적 저항에 휘둘리지 않고 성장할 수 있다는 것이다.

그러나 나는 그렇게 생각하지 않는다. 시장에 안착한 기업이라고 해서 스스로 혁신을 이끌어낼 수 없을까? 그렇지 않다고 생각한다. '몸 바깥에' 따로 만든 신생 기업이 유일한 구세주일까? 그렇지 않다.

내부에서 추동되는 동력이 외부에서 이식되는 동력, 즉 합병이나 신설 등의 방식으로 추동되는 동력보다 성공 가능성이 더 많다. 외부에서 이식되는 성장 동력은 대부분 제대로 작동하지 못한다. 왜 그럴까? 먼저, 독립적인 외부 신설 기업은 모기업이 가지고 있는 자원(특히 유통망과 고객)을 지원받지 못한다. 아무리 우호적이라 하더라도 무관심은 성장에 도움이 되지 않는다. 오히려 성장에 방해가 될 뿐이다. 한 기업이 시장에서 정체된 상황을 돌파해나가려면, 그 기업의 모든 역량과 자원을 총체적으로 쏟아 부어야 한다. 몇몇 낙하산 부대로는 결코 돌파해나갈 수가 없다. 구체적인 목표 지점으로 본대가 진격할 계획이 전혀 없는 상황에서 낙하산 부대만 투입한다는 것은 그들을 죽음으로 몰아넣는 행위일 뿐이다. 모기업 밖에서 성장 동력을 구축하기 위해 신설하는 기업은 기껏해야 자살 특공대 역할밖에 할 수가 없다.

외부 신설 기업이 성공하느냐 실패하느냐는 전적으로 이 기업이 대체하고자 하는 핵심 사업에 달려 있다. 모기업의 자원과 고객과 생산 능력에 필요한 만큼 충분히 접근할 수 있을 때, 그리고 모기업이 경영에 충분한 관심을 보일 때, 이 신설 기업(혹은 조직)은 성장에 필요한 영양을 충분히 공급받을 수 있다. 이런 조건들이 충족되지 않으면 '몸 바깥의' 신설 기업은 말라죽고 만다.

내부에서의 성장 : 돌파구로 향하는 길

내부에서의 성장이 성공하느냐 실패하느냐는 결정적인 단 하나의 요인에 달려 있다. 현재의 조직이 차세대 사업을 일구어내고 성장시킬 수 있는 능력을 가지고 있느냐 하는 것이다. 이건 결코 작은 일이 아니다. 한 기업의 미래 사업을 전망할 때 가장 큰 걸림돌은 바로 현재의 조직이란 사실은 상식이다. 아주 간단하고 명료한 질문이 있다.

"당신의 조직은 자기 새끼를 잡아먹는 악어 같은 조직인가, 아니면 새끼를 보호하고 젖을 주는 포유류 동물 같은 조직인가?"

현재의 조직이 차세대 조직 혹은 차세대 사업에 대해서 어떻게 생각하느냐는 것이다. 내부에서의 성장이 성공을 거두려면 모성 본능으로 끊임없이 영양을 주고 보호해주는 부모의 도움이 있어야 한다.

부모 역할을 잘 하기 위한 원칙

핵심은 이렇다. 혁신을 내부에서 구축하든 외부에서 사들이든 간에, 그것을 핵심 사업 영역과 조직으로 통합시키는 것이야말로 성장을 가장 효과적으로 보장하는 길이다. 이것이 바로 내부에서의 성장이란 말이 뜻하는 진정한 의미이다. 그리고 이것이 기존 기업을 변모시키는 최상의 방법이다. 아직 햇병아리인 미래 사업이 장차 성공을 서두기 위해서뿐만 아니라 현재 제대로 운영을 해나가기 위해서라도 모기업의 지원은 필수적이다. 이는 결코 잊어선 안 되는 원칙이다.

외부에서의 성장은 기업의 뿌리, 즉 부품 공급자와 고객과 주주로부터 얻을 수 있는 수많은 가치 있는 덕목들을 원천적으로 차단한다. 현재의 고객과 잠재적인 미래의 고객이 요구하고 기대하는 걸 이해하고 거기에 반응할 때에만 사업은 성공할 수 있다. 모기업은 신설 기업에 무한한 가치가 있는 자원을 제공할 수 있다. 힘들게 획득한 고객 자료와 이와 관련된 노하우가 바로 그런 것이다. 현재 시장에 대한 자료와 판매 구조에 관한 자료 역시 마찬가지다. 현재의 고객을 모두 미래의 신제품이나 서비스를 흔쾌히 받아들일 고객으로 볼 수 없지만, 현재의 고객을 대상으로 해서 끼워 팔기를 할 때 그렇지 않은 경우보다 적어도 보다 낮은 비용과 노력이 든다는 사실이 결정적으로 성공과 실패를 가를 수도 있다.

게다가 선택된 고객들에 투자를 할 때, 비용에 비해 훨씬 가치 있는 충고를 얻어낼 수 있다. 제품을 계획하고 개발하는 단계에서 수행하는 베타 테스트(신기종 혹은 최신 하드웨어나 소프트웨어의 성능을 제품 출시 전에 소수 사용자를 선택해서 미리 시험하는 것 - 옮긴이)의 효과를 예로 들 수 있을 것이다. 이들은 나중에 제품이 정식으로 출시될 때 열렬한 최초 고객이 될 수도 있다. 또한 이 과정을 통해서 고객과의 관계를 한층 돈독하게 할 수 있다.

IBM이 만일 고객 지원 부문을 강화하기 위한 소프트웨어 사업을 포기했더라면 지금 어떤 상황에 놓여 있을까? 만일 IBM이 서비스 부문을 핵심 사업과 조직으로 강력하게 통합하지 않았다면, 지금처럼 수익의 절반 이상을 서비스 부문에서 발생시킬 수 있을까? IBM은 새로운 성장 가능성을 현재의 사업과 조직 핵심으로 통합시키는 게 얼마나 중요한 일인지 가장 확실하게 보여주는 사례이다.

슈왑이 성공을 거둘 수 있었던 핵심적인 근거도 바로 이 통합성의 원칙을 지켰기 때문이다. 1995년, 슈왑은 웹에 초점을 맞춘 독립적인 기업으로 e-슈왑을 신설했다. 1996년에 대략 80만 명의 투자자가 온라인 거래를 했다. 하지만 e-슈왑이 성장하면 할수록 고객의 불만도 커져갔다. 슈왑은 다음과 같이 회상한다.

"혼란 그 자체였다. 고객을 만나는 방식이 전혀 슈왑적이지 못했다. 고객들이 비통합적인 서비스에 불편해하는 것도 당연했다."

공동 최고경영자이던 슈왑과 데이빗 포트럭은 힘든 결정을 내려야 했다. e-슈왑을 계속 독립적인 기업으로 둘 것인가, 아니면 합병을 해서 모기업의 기본적인 서비스망으로 통합할 것인가.

서비스망을 통합한다는 것은 모든 고객들에게 거래 수수료를 30달러로 인하한다는 걸 의미했다. 또한 1년에 1억 달러의 수익 감소가 뒤따른다는 걸 의미하기도 했다. 게다가 웹 사용자들이 슈왑의 290개 지사 및 고객 지원 사이트에 모두 접근할 수 있게 해야 했고, 여기에 소요될 추가 비용도 만만치 않았다. 또한 온라인 용량을 확충하고, 인터넷을 선호할 단골 고객을 대상으로 하는 무료 인터넷 거래망을 확보하는 데도 비용을 지출해야 했다. 하지만 슈왑은 망설이지 않았다.

"우리는 회사의 운명을 건 결정을 한두 번 한 게 아니었고, 그때도 마찬가지였다."

슈왑이 한 말이다. 단골 고객에게 수수료 부담을 안기지 않기로 하고 또 판매 수수료가 없는 뮤추얼 펀드 상품을 출시한 1992년, 슈왑은 엄청난 액수의 비용을 떠안았다. 슈왑의 말을 다시 들어보자.

"엄청난 모험이었다. 하지만 우리는 그렇게 하는 게 고객에게 보다 나은 서비스를 제공하는 것이라 생각했다."

온라인 거래는 분명 고객을 위한 것이었다. 슈왑은 고객을 우선으로 생각하는 이 전략적 중심 원칙을, 고객이 스스로 하는 유가증권 거래의 모든 거래 방식을 개척할 때처럼 가능한 한 적극적으로 펼치기로 했다. 1998년 슈왑은 e-슈왑을 합병해서 슈왑의 전통적인 사업 분야인 증권 위탁업과 긴밀하게 엮이게끔 통합 작업을 강화했다. 온라인 위탁업은 독립적인 사업에서 통합적인 전체 회사 사업의 한 부분으로 자리 잡았다. 온라인 구조는 1년 만에 두 배로 늘어났다. 데이빗 포트럭은 슈왑의 이 변모 과정을 '장관이었다' 라는 말로 표현했다.[11] 통합 작업이 마술 같은 효과를 발휘했던 것이다.

변신에 성공하는 기존 기업은 핵심에 초점을 맞추지, 결코 방만한 사업들로 지리멸렬하지 않는다. 시장에서의 주도권을 유지할 수 있게 해주는 가장 강력한 공식은 혁신과 통합을 하나로 묶는 것이다. 게다가 그 자리를 오래 고수하는 시장 지배자는 지도자로서의 역할과 의무를 기꺼이 받아들인다. 이 긴박한 요구의 가장 근본적인 내용은 시장에서 일어나는 변화의 원천을 포착하고, 이걸 현재의 핵심 사업 분야로 강력하게 통합시키는 것이다.

7장 | 조준, 준비, 발사

성공적인 돌파 전략에는 보편적인 유형이 있다. 간단하게 말하면, 통합적인 기업의 지도자가 조직의 주의와 관심을 한곳에 집중시키고, 명확하고 실천 가능한 강령을 수립하며, 기업의 자원을 과감한 전략적 목표와 우선적으로 수행해야 할 특수한 과제에 최대한 초점을 맞춘다. 돌파 전략을 성공적으로 수행한 기업들이 채택한 전략 수행 과정은 보통 조준, 준비, 발사로 정리할 수 있다. 이들은 명확한 목표와 우선 과제를 설정하고, 집중적이고 체계적으로 실행에 옮겼다. 조준, 준비, 발사 과정의 핵심 요소들을 정리하면 다음과 같다.

1. 조준 : 조직이 품고 있는 야망을 정식화한다. 미래에 성취하고자 하는 상태를 묘사하고 여기에 도달하기 위한 정교한 계획을

세운다.

2. 준비 : 조직을 정렬시킨다. 조직의 구석구석을 자극하고 역량을
   한곳에 모으기 위해 조직 내에서 광범위하게 의사소통 작업을
   한다. 핵심 인물들과의 접촉 창구를 마련한다. 자원을 배분하
   고, 각 구성원 혹은 구성 조직에 의무를 부여하며, 실천을 위한
   하부 구조를 마련한다.

3. 발사 : 특수한 과업을 수행하는 데 모든 자원을 집중한다. 실패
   한 부분은 조정하고 성공한 부분은 보상을 내린다. 결과에 대해
   서 광범위하게 의사소통을 하고, 강력한 추진력으로 과업 수행
   과정을 보다 강화한다.

비록 조금씩 차이를 보이긴 하지만, 이런 접근 방식은 우리가 관찰
한 기업들 가운데 돌파 전략을 성공적으로 이끈 모든 기업들에서 공
통적으로 확인할 수 있다. 한데 특이한 유형이 하나 있다. 이 유형은
특별히 주의를 기울여 들여다볼 필요가 있다. 몇몇 경우에 돌파 전략
은 앞에서 언급한 전략 수행 과정과 전혀 상관없는 혁신 작업이 이미
시작된 뒤에 나타났다. 이렇게 단행된 혁신의 전략적인 잠재성을 기
업의 지도자가 포착하고 보다 야심 찬 목표를 향해 조직을 채찍질한
결과라 볼 수 있다. 오리무중 속에서 돌파의 동력을 '발견하는' 기업
은, 당면한 문제와 전혀 상관없어 보이는 별개의 혁신을 지렛대 삼아
기업의 형태, 시장 위치, 금융 상태 등의 측면에서 보다 광범위한 돌
파를 이룩한다. 이런 사례를 살펴보자.

사우스 캘리포니아의 잡화점 체인 본스(Vons)는 1970년대에 막 싹을 보이기 시작하던 기술을 도입함으로써 다른 소매업자들은 감히 상상도 하지 못했던 일을 실천하며 그 분야의 개척자가 되었다. 계산대에서 컴퓨터 스캐너로 판매 활동을 관리하는 시스템, 즉 POS(point of sale)를 도입했던 것이다. 이런 시도로 본스는 21세기에 펼쳐질 무궁무진한 사업 기회 가운데 하나를 잡았다. 먼저, 기업 전략과는 전혀 상관없는 혁신이 어떻게 광범위한 돌파 전략으로 이어졌는지 그 과정부터 살펴보자. 스캐너는 계산 과정을 빠르게 처리해서 재고 관리를 개선했으며, 그에 따라 매장의 공간 활용도를 높였다. 이렇게 해서 확장된 공간은 영업을 위한 추가 공간으로 활용할 수도 있었다. 혹은 이 추가 공간만큼 매장을 축소할 수 있었기에 부동산 비용을 조금이라도 줄일 수 있었다. 스캐너는 또한 인건비를 줄였고, 고객 만족도를 높였다. 스캐너로 계산을 하면서 처리 속도가 엄청나게 빨라졌기 때문이다. 이런 사실을 깨달은 본스의 경영진은 공정을 보다 빠르게 진행할 수 있는 방법 찾기에 골몰하게 되었다.

이렇게 골몰한 끝에 본스는 계산대에서 구입한 물건을 계산하는 과정, 특히 쿠폰과 수표를 처리할 때 지연되는 시간을 줄여야 한다는 사실을 깨달았다. 지난해에만 해도 미국에서 쿠폰 5,000억 장이 발행되었다. 이 가운데 100만 장 미만이 회수되었다는 사실이 다행이라면 다행이다. 계산대에서 쿠폰을 처리하는 과정이 시간을 많이 잡아먹었고 따라서 그만큼 비용을 발생시켰다. 하지만 스캐너가 이상적인 해결책을 제시했다. 스캐너가 처리하는 쿠폰의 바코드 정보는 쿠폰의 유효 기간이 지나지 않았는지 혹은 쿠폰에 명시된 제품이 구매자가 구입한 물품과 일치하는지 하는 것들이다. 쿠폰에 따른 공제 과정이 자동으로 처리되고, 또한 쿠폰을 발행한 제조업체로 피드백될 정보도 자동으로 처리된다. 오늘날 거의 모든 잡화점 계산대에서는 20여 년 전에 본스가 처음 개척한, 스캐너를 활용한 이 시스템을 채택하고 있다.

스캐너는 또한 고객이 수표를 낼 때 발생하는 시간 지연 문제를 해결하는 데 사용될 수도 있었을 것이다. 하지만 수표에 바코드 정보를 입력하도록 하는 게 쉽지 않은 문제였다. 게다가 그때는 신용카드 사용이 일반화되어 있지도 않았다. 본스는 다른 방식으로 이 문제를 해결했다. 즉, 1980년대 후반에 모든 매장의 계산대에 온라인 카드 판독기를 설치하고 수표 발행을 자동으로 승인받을 수 있는 본스 카드를 고객에게 나누어준 것이다. 이 온라인 카드 판독기와 스캐너가 결합하자 계산대에서 지연되던 시간이 놀랄 만큼 줄어들었다. 계산대의 처리 속도가 빨라지자 그만큼 계산대의 직원 수를 줄일 수 있었고 고객의 만족도도 한층 높아졌다. 이 기술들은 이제 본스뿐만 아니라 다른 잡화점 매장에서도 널리 채택되고 있다. 하지만 1970년대와 1980년대에 이 부문에서 주도권을 잡음으로써 본스는 사업 모델이라는 측면에서 획기적인 돌파구를 마련할 수 있었다.

본스가 수표 처리 속도를 높이는 데 골몰하고 뒤이어 선진 기술에 투자하여 얻은 효과는 비용을 획기적으로 절감한 것뿐만이 아니었다. 본스는 또한, 새로운 사업적 가능성이 있는 여러 분야에 대한 기회를 포착할 수 있었다. 이 선진 기술을 도입한 주된 목적은 매장 계산대에서 발생하는 운영상의 문제를 해결하는 것이었지만, 이 기술이 가져다준 가장 큰 이익은 새로운 성장 기회라고 할 수 있었다. 스캐너와 카드 판독기가 매장 계산대에서의 처리 과정을 빠르고 정확하게 해주었으며 고객에게는 만족을 주었다. 하지만 이게 다가 아니었다. 스캐너와 카드 판독기로 인해 엄청난 가치가 있는 정보를 모을 수 있게 된 것이다. 이 정보는 본스의 사업적 전망을 보다 높일 수 있는 다양한 방식으로 활용될 수 있었다. 고객의 구매 시점에서 축적되는 이 정보는 물품의 구매와 재고 관리 그리고 매장 진열에 이르기까지 중요한 판단 근거가 되었다. 뿐만 아니라 이 POS 자료를 다른 기업에 팔아서 수익을 챙길 수도 있었다. 시장을 조사하는 기업들은, 본스의 한 달 한 매장에서 축적된 POS 자료를 3, 4천 달러에 사갔는데, 300개 이상의 점포를 가지고 있는 본스로서는 이 수익만 해도 1년에 천만 달러가 넘었다. 하지만 이 혁신이 몰고 온 기회는 이보다 훨씬 큰 것이었다.

POS 스캐너가 제품의 움직임과 관련된 총체적인 정보를 제공한다면, 온라인 판독기는 고객과 제품 사이의 관계에 대한 심층적인 정보를 제공했다. 처음에 고객의 수표 발행 권한을 확인하기 위해 도입된 카드 판독기를 통해 본스는 고객의 판매 시점과 시기를 확인할 수 있었다. 이 정보는 스캐너가 축적한 정부와 결합해서는 과거에 상상도 할 수 없었을 만큼 정확하게 각 구매자의 구매 유형을 파악할 수 있게 해주었다.

본스가 확보한 이 정보의 정확도는 새로운 가치를 실현시켰다. 이 가치는 여러 가지 방식으로 현실화되었다. 고객에게 마케팅 우편물을 발송하는 것도 이러한 사례에 속한다. 또한 각 구매자를 대상으로 한 특정 상품의 판매 촉진 활동도 가능하게 되었다. 본스는 또한 새로운 제품이나 패키지 상품의 구성 그리고 가격 변화에 대한 고객의 반응을 이전보다 훨씬 정확하게 확인함으로써, 시장 조사를 하는 기업이나 제품 생산업체를 지원할 수도 있었다.

본스는 본스클럽 회원들을 대상으로 다이렉트 마케팅(일반적인 생산자→도매상→소매상의 전통적 유통 경로를 따르지 않고 직접 고객으로부터 주문을 받아 판매하는 방식 – 옮긴이)이라는 새로운 시도를 했고, 여기에 모든 성장 노력을 집중했다. 본스클럽은 맨 처음 도입했던 카드에 단골 고객 프로그램을 추가로 도입해서 활용도를 한층 높였다. 계산대에서 카드를 이용하는 고객들은 특별하게 표시된 본스클럽용 제품에 대해서는 자동으로 할인 혜택을 받았다. 영수증에는 얼마나 많은 금액이 절약되었고 또 포인트는 얼마나 적립되었는지 기록되었다.

클럽의 회원들에게는 각 개인의 구매 유형에 맞춘 판매 촉진 우편물과 쿠폰을 우송한다. 이렇게 함으로써 쿠폰 회수율을 기존 방식보다 열 배 가까이 올릴 수 있었고, 이 시스템을 활용하는 제품 생산업체는 훨씬 높은 판매고를 기록하게 되었다. 본스의 다이렉트 마케팅 사업부는 본격적인 사업 첫 해에 본스 전체 수익의 반 이상을 창출했으며, 본스의 미래에 보다 중요한 의미를 담당하게 되었다.

다이렉트 마케팅 시장의 규모는 미국에서 연간 800억 달러에 달한다. 이는 TV 광고에 지출되는 금액을 초과하는 액수이다. 고객 정보가 보다 정확해짐에 따라 구체적인 고객을 설정하는 판매 방식은 보다 활기를 띠게 되며, 또 온라인 네트워크의 성장에 따라 고객과의 커뮤니케이션 비용이 감소함으로써 다이렉트 마케팅 방식은 보다 활발해질 것이다. 다이렉트 마케팅의 성패를 결정적으로 좌우하는 정보의 확보라는 측면에서 볼 때, 목표 고객을 보다 정확하게 설정할 수 있다는 점에서 본스는 이 부문의 선두 주자로 나설 수 있는 위치에 서 있다. 이에 대한 사업성은 사우스 캘리포니아에서의 잡화 소매업보다 훨씬 유망하다. 잡화 소매업계에서 본스가 이룩한 돌파 그 자체도 결코 가볍게 볼 수 없는 가치를 창출했고, 이 점을 높이 산 사람들이 있었다. 오랜 전통의 잡화 소매 기업 세이프웨이가 1996년 한 주에 45달러로 본스를 매입했다. 이것은 당시 주가의 세 배였다.

본스는 처음부터 다이렉트 마케팅 서비스를 하는 기업을 목표로 하지 않았다. 공정을 개선하려던 노력은 혁신으로 이어졌고, 이는 보다 넓은 사업 영역으로 돌파해 들어갈 수 있는 지렛대가 되었다. 이게 단지 운이 좋아서였을까? 절대 그렇지 않다. 운영상의 문제를 해결하려고 애를 썼기 때문에 자신의 사업 영역에서 새로운 기술이 가지고 있는 잠재력을 맨 처음 깨달을 수 있었다. 슈왑도 마찬가지다. 고객에 대한 서비스의 질을 어떻게 하면 차별적으로 끌어올릴 수 있을까 골몰했기 때문에 증권 위탁업계에서 인터넷의 위력을 최초로 발견할 수 있었다. 하지만 맨 처음 발견하고 맨 처음 사업에 도입했다고 해서 돌파 전략에 언제나 성공하는 것은 아니다. 조준, 준비, 발

사라는 연속적인 과정은 여전히 넘어야 할 산으로 남는다. 과감한 목
표 달성에 필요한 새로운 능력을 개발하는 데 초점을 맞춘 계획을 마
련해야 한다. 이것이 바로 지도자의 임무이고, 지도력의 문제이다.

위기와 혁신

모든 기업이 다 자신의 마구간에서 돌파라는 이름의 경주마를 찾
아내지는 못한다. 돌파는 필요에 의해 시작된다. 이게 전형적인 현상
이다. 아메리칸 스탠더드, 캐터필러, IBM, 머빈스, 프로그레시브, 플
레인스 코튼 등의 기업들이 변화하는 시장에서 살아남기 위해서는
근본적인 변화가 필요했다. 많은 경우 돌파의 첫 단계는 회사를 살리
고 새로운 성공 사이클을 궤도에 올릴 수 있는 핵심 전략을 탐색하는
데서 시작했다. 예를 들어 아메리칸 스탠더드나 캐터필러 같은 경우
회사 내의 공식적인 연구 모임이 기존의 사례를 벤치마킹하고 또 기
업 변신의 실행 추진력을 찾기 위해서 전 세계를 뒤지고 다녔다. 이
두 회사는 도요타의 생산 체제에서 많은 걸 깨닫고 배웠다. 특히 아
메리칸 스탠더드는 기술적 주도권을 장악하는 데 보탬이 되리라는
생각으로 도요타에서 퇴직한 기술 인력들을 고용하기까지 했다.
캐터필러의 '미래가 있는 공장(PWAF, Plant With A Future)' 계획
은, 부회장 피에르 게린던이 퇴직한 16명의 프로그램 매니저를 불러
서 회사의 미래를 준비하는 특별 조직을 만들고 이들에게 PWAF의

전망을 세우라고 지시를 내림으로써 시작되었다. 이 조직은 전 세계를 여행하면서 제조업 분야에서 최고의 성과를 올리는 사례들을 수집했다. 이 조사 결과는 '팩토리 2000'이라는 문서로 정리되었다. 이 작업에 기초해서 16인의 팀은, 통합적인 정보 체계와 선진 과학 기술로 뒷받침되는 연속 흐름 공정의 시작과 끝을 정리했다. 이로써 공정의 효율성을 높이고 새로운 생산 능력을 확보하며 세계적인 기계 제작업체로 거듭나게 할 원대한 계획이 모습을 드러냈다. 이 PWAF의 전망은 캐터필러의 변신 전략의 목표, 즉 조준 내용이 되었다. 게린던은 이 전망을 다음과 같이 설명했다.

> 목표는, 다른 부문과의 동조하에 끊임없이 이어지는 작업 흐름이다. 끊임없다는 말은 공정의 한 과정이 멈춰서거나 재고가 쌓이지 않는다는 의미이고, 다른 부문과 동조한다는 말은 모든 게 발레나 무용극처럼 진행되어야 한다는 의미이다. 부품이나 소조립품은 정확한 시간에 정확한 순서대로, 있어야 할 자리에 정확하게 준비되어야 한다.[1]

캐터필러의 전망에는 일련의 야심 찬 계획이 명확하게 드러나 있었다. 이 목표에는 공정상의 구체적인 관계들이 포함되어 있었다. 뿐만 아니리 다음에 정리한 것과 같은 새롭게 확보해야 할 능력두 포함되어 있었다.

- 공장 재고 수준을 제로로 만든다.
- 주문 생산 방식에 입각해서 대량 주문 제작 체제를 갖춘다.
- 전체 공급망 관리를 전 세계적 차원에서 최적화한다.
- 제품과 공정 디자인에 부품 공급업자를 참여시킨다.
- 총체적인 품질 관리를 수행한다.
- 전자 기술을 도입한다.
- 고객 인도까지 걸리는 시간을 단축한다.

캐터필러의 PWAF 팀은 회사 전체 차원에서 실시할 정교한 전략을 수립했다. PWAF는 77개의 전문적이고 구체적인 생산 및 조립 공정으로 정식화되었다. 이 77개의 '꾸러미'(그들은 이렇게 불렀다)는 캐터필러의 공장 관리자들에게는 최고의 실천 사례 모음이었다. 그리고 공장 관리자들에게 명령이 떨어졌다. 각자 자신이 속한 공장에서 PWAF를 수행할 계획을 세우라는 것이었다. 핵심 조직에 속해 있던 16명은 이 계획을 세우는 공장 관리자들을 돕기 위해 각 공장으로 흩어져 들어갔다.

회사 전체의 예산을 관리하던 피에르 게린던은 모든 PWAF 제안을 검토했다. 1천만 달러 이상의 예산을 요구하는 사업들은 이사회의 승인을 받았다. 게린던은 각각의 계획안들을 수도 없이 검토했다. 하지만 만일 공장 관리자들이 과제를 수행할 준비가 되어 있지 않았더라면 게린던도 핵심적인 대안을 마련하지 못했을는지 모른다.

그럼에도 불구하고 캐터필러의 성공에는 게린던의 리더십이 결정적으로 작용했다. 게린던과 공장 관리자들 사이에서 일하며 공장 관리자들의 PWAF 계획의 제안 내용 작성을 도왔던 톰 맥마힐은 이렇게 말했다.

"열정과 리더십을 겸비한 지도자가 없었더라면 결코 성공하지 못했을 것입니다. (중략) 너무나 힘든 과정이었고, 사내의 기업 문화도 엄청나게 바꿔야 했습니다."[2]

전 세계에 흩어져 있던 캐터필러의 모든 공장들은 PWAF의 영향을 받았다. 공장 관리자 한 사람은 이 상황을 다음과 같이 표현했다.

"누구라도 그렇게 하지 않을 수가 없었다. 안 그랬다간 돈줄이 끊어지니까."

PWAF를 수행하는 데는 77개의 모범 사례를 활용한 수백 가지 방안들이 도입되었다. 이 모든 것들은 PWAF의 전체 구조와 긴밀하게 연결되었다. 이 과정에서 캐터필러가 이룩한 성취는 놀라울 정도였다. 개별 공장에서 수많은 인상적인 사례들이 나타났다. 졸리에 트랜스미션 공장을 예로 들자면, PWAF 혁신으로 건평을 9만 평방미터 이상 줄일 수 있었다. 이렇게 확보된 공간은 이후에 매우 의미 있게 활용되었다. 자체 제작을 할 경우 외부 업자가 공급하는 것보다 적은 비용으로 고품질의 핵심 부품들을 보다 짧은 기간 안에 확보할 수 있다는 결론에 근거하여, 그 핵심 부품들을 자체 제작하기 위한 설비 증축 공간으로 활용했던 것이다. PWAF를 5년 동안 수행한 결과는 다음과 같다.

재고 수준	-60%
고객 인도 시간	-93% (145일에서 10일로)
공장 내 결함	-85%
보증 지불금	-40%
신상품 도입 시간	-70% (5년에서 18개월로)
부품의 정시 대기율	+70%
생산 라인	주문 생산 라인 150개 추가

캐터필러는 21세기형 생산업체로서의 미래상과 이를 위한 구체적인 방안들을 제시했다. 그리고 고도의 집중과 자원의 엄격한 통제, 그리고 공장 관리자들이 보여준 높은 수준의 자발적 책임성을 기반으로 해서 이 방안들을 훌륭하게 달성했다. PWAF의 성공으로 캐터필러는 1980년대부터 나타났던 하강 곡선을 상승 곡선으로 돌려놓았고 세계 시장에서 차지하고 있는 시장 지배자의 위치를 한층 강화했다.

캐터필러는, 위기에서 비롯된 고전적인 목표 지향적 돌파 전략의 사례를 보여준다. 시장에 안착해 있는 기업이 단행하는 돌파 전략은 거의 대부분 이 범주에 속한다. IBM과 아메리칸 스탠더드도 또 다른 훌륭한 사례를 보여준다. 이들 기업은 돌파 전략을 선택할 당시 생존 자체를 위협받고 있었다. 그렇다면, 한 기업이 변신을 하려면 반드시 생존을 위협받는 상황에 놓여 있어야 한다는 뜻인가? 그렇지 않다. 하지만 생존의 위협이 눈앞에 보인다면 도움이 되는 것만은 사실이다. 과감한 변신 작업을 통해서, 한때 기업 역사상 가장 오랫동안 연속적으로 수익률 증가를 기록하기도 했던 앨트웰 디슈머 플라자 (ADP)의 개혁을 이끈 존 골딩은 회사 내에 위기감을 조성하려고 나쁜 소식을 일부러 몇 배로 부풀려 과장하기도 했다.

새로울수록 좋다, ADP

ADP의 보험 청구 서비스 사업은 위기에 처해 있었다. 전통적인 대형 고속 컴퓨터 기반에만 집착하면서 ADP의 사업 모델은, 저비용과 높은 처리 능력을 자랑하는 차세대 기술로 무장한 경쟁업체의 공격에 매우 취약한 상태였다. 하지만 이런 위협적인 상황이 전개된다는 사실을 깨닫는다고 해서 그것이 곧바로 행동으로 이어지지는 않는다. 새로운 세대의 경쟁자들이 파도처럼 ADP를 덮쳤지만, ADP는 어쨌거나 보험 청구 서비스업 분야 시장에서 지배적인 점유율을 차지하고 있었다. 한데, 단 닷새 만에 핵심 고객 셋이 ADP를 떠나 경쟁업체인 신생 기업과 계약을 맺었다. 이 사건은 자동차 보험 사업부 (ACS)를 획기적으로 바꾼 전기가 되었다.

골딩과 최고운영책임자(COO) 게하드 블렌드스트럽은 새로운 경쟁자들의 시장 점유율이 점차 커진다는 사실과 차세대 기술이 원가나 생산성 부문에서 상당한 정도의 경쟁력을 갖추고 있다는 사실을 증명하는 여러 자료들로 무장을 하고, 새로운 전략을 구축하는 작업에 들어갔다. 두 사람은 핵심 지도부의 지휘를 받으며 판매와 마케팅 그리고 인사 분야 등을 포괄적으로 담당하는 고객팀들을 구성했다.

고객의 요구가 어떻게 변화하는지 파악하고 거기에 적절하게 대응하기 위해서였다. 회사의 중심축을 차세대 기반으로 이동하는 이 새로운 기술 전략을 채택함으로써 ACS는 미래에 대한 전망을 세우기 시작했다.

미래에 대한 이런 전망하에 자동차 보험의 처리 과정을 완전하게 바꿀 계획을 세웠다. 조사관은 휴대용 전자 도구를 이용해서 현장에서 빠르고 정확하게 수리비를 산정할 수 있게 했다. 수리 절차와 수리할 정비소 그리고 표준 작업 시간까지 함께 고객에게 제공한다는 것이었다. ACS가 세운 계획에는 전 차종을 망라하는, 쌍방향의 컴퓨터 원용援用 설계(CAD) 데이터베이스도 포함되어 있었다. 수리비를 산정할 때 전통적으로 사용해온 도면을 이 CAD로 완전히 대체하고자 한 것이었다. 현장에 출동한 조사관이 간편한 장치를 이용해서 이 데이터베이스의 영상 자료까지 완벽하게 접근할 수 있도록 했다. 펜을 사용하는 쌍방향 도구들은 수리비 산정 작업에서 품질과 생산성을 놀랄 만큼 향상시키리라 기대를 모았다.

'아우다포인트'라는 이름의 이 새로운 서비스 체계는 미래 자동차 보험 처리 과정의 야심 찬 계획이었다. 이것은 전 차종의 모든 작업에 소요되는 표준 작업 시간까지 포괄하는 것이어서, 보험사로서는 차량 정비업체에 대한 원가를 관리하는 데도 크게 도움이 되었다. 또한 전국적인 부품 교환망을 구비함으로써 수리에 필요한 부품들을 구매하거나 배달하는 과정도 보다 간편하게 해서, 부품과 관련된 비용을 낮추고 재고량을 줄이며 수리 기간을 단축할 수 있게 했다. 뿐만 아니라 정비업체의 업무 성취 수준을 평가할 수 있는 정교한 체계도 갖추고 있었다.

처음 ACS의 목표는 사실 자동차 보험의 청구에 대한 처리 과정을 개선하고자 하는 것에 불과했다. 하지만 이것은 자동차 보험업계의 하부 구조에 대한 완벽한 구상을 갖추고서, 수리비 산정과 정비 과정에 대한 새로운 관리 방식을 제안하는 내용이었다. 대규모 데이터베이스를 기반으로 한 확실히 새로운 접근이었다.

이러한 목표에 도달하기 위해서 골딩은 여러 가지 작업을 했다. 첫째는 조직이 이러한 계획을 받아들일 수 있도록 설득하는 것이었고, 둘째는 시장을 설득하는 것이었다. 골딩은 2주에 한 번씩 직원들과 만나 이 계획을 설명하고, 이들을 자신이 구상하는 돌파 전략의 전선으로 투입했다. 기존 방식에서 벗어나 차세대의 전자 기술 기반으로 이동하는 폭이 작지 않았기에 골딩은 신기술과 사고방식을 조직에 불어넣을 생각으로 새로운 직원들을 충원했다. 새로운 기술 기반에 익숙한 이 새 직원들은, 골딩이 제시한 새로운 전망과 계획을 전체 조직으로 확산시키고 뿌리내리게 하는 데 많은 도움이 되었다.

새로운 체제로 고객을 맞을 때까지 시장을 잠시 휴업 상태로 만들어두기 위해서, ADP는 새로운 체제의 매력을 홍보하는 비디오테이프를 제작했다. 이 비디오테이프에는 보험 처리 과정에서 자동차 수리비를 어떻게 얼마나 줄이며 생산성이 얼마나 증가하는지, 또 고객 서비스의 품질을 얼마나 향상시키는지 설명하는 내용이 들어 있었다. 물론 비디오테이프에서 소개되는 장치나 도구들은 아직 개발되지 않은 것들이었다. 그럼에도 불구하고 비디오테이프가 소개하는 내용은 너무도 매력적이고 믿을 만했다. 결국 설득이 먹혀들었고, 고객들은 이 새로운 체계가 마련될 때까지 기다렸다. 비디오를 동원한 홍보 작전은 성공했고, 신생 경쟁자들은 더 이상 시장을 넓히지 못하고 그 자리에 '얼어붙고' 말았다.

분명한 목표, 매력적인 전망 그리고 고도로 정식화된 계획을 갖춘 골딩은 돌파의 경영 전략을 추진하는 데 모든 역량을 쏟아 부을 수 있었다. 이 계획을 실천하는 데는 엄청난 노력이 필요했다. 예를 들면 1,300개 차종의 도면을 데이터베이스에 확보할 CAD 파일로 전환하기 위해, 1년 반이라는 기간 동안 가능한 한 많은 CAD 전문가들을 확보해서 고용했다. 또한 소프트웨어 개발자 수백 명을 고용해서 새로운 아우다포인트 수리비 산정 시스템을 개발했다. 아우다포인트는 현장에서 수리할 부품의 목록과 가격 그리고 소요되는 시간을 곧바로 확인할 수 있는 체계이자, 이를 가능하게 해주는 휴대용 전자도구의 이름이기도 했다. 나중에 펜프로(PenPro)로 이름이 바뀐 아우다포인트는 보험 청구서와 수리할 부품의 목록, 차량 수리 요청서, 그리고 결과 보고서 등을 현장에서 출력할 수 있었다. ACS는 또한 정비업체 가맹점 서비스를 도입했다. 가맹점으로 수리할 내용과 영상 이미지가 직접 전송되어 보험금 청구를 둘러싼 필요 없는 분쟁을 최대한 줄일 수 있었다.

ACS의 계획을 완전하게 실행하기 위해서는 조직 내부의 체계를 근본적으로 바꾸어야 했지만, 인수·합병이라는 방식으로 이 문제를 어느 정도 해결했다. 그 대상은 바로 재활용 산업 분야의 홀랜더 서비시즈였다. 홀랜더는 수리할 부품들을 숫자로 표기해서 분류하는 체계를 개발했는데, 그게 전자 자료 교환망(EDEN, Electronic Data Exchange Network) 시스템이었다. 이걸 활용하면 북미 전역에 있는 재활용 센터나 부품업자의 창고에 있는 부품들을 손쉽게 찾을 수 있다. EDEN을 통해서 사용자들은 부품과 관련된 정보를 얻기도 하고, 또 자기가 확보한 재고 정보를 다른 사람에게 제공할 수도 있다. 홀랜더의 재고 관리 체계는 1,200여 곳의 부품 공급업자와 연계되어 있었고, 어떤 부품이든 자동으로 소재를 파악하고 구매하며 배송받을 수 있는 서비스를 제공했다.

ACS의 핵심 데이터베이스와 수리비 자동 산정 도구들은 지금 미국에서 연간 600만 건 이상 사용되는데, 이는 전체의 반이 넘는 수치다. ACS는 여기서 멈추지 않았다. 핵심적인 돌파 전략을 새로운 시장으로 밀고 나갔다. ACS는 지금 '클레임스 매니지먼트 솔루션스 사업부'로 이름을 바꾸고, 보다 많은 변화가 필요한 의료 보험 시장에도 이와 비슷한 다양한 서비스들을 제공하고 있다. 클레임스 매니지먼트 솔루션스는 ADP의 다른 사업 단위에 도움을 주면서 ADP의 미래를 확실하게 보장하고 있다.

ACS가 위기에 봉착했지만 자신을 변모시키는 데 성공한 것은, 경험 많은 지도지 준 골딩을 투입하는 모기업의 통찰력이 있었기 때문이다. ACS의 변모는 기본적으로 조준, 준비, 발사라는 틀을 따랐다. 변모를 위해 골딩이 시도한 정교한 접근 방식이 없었다면 ACS는 결코 성공하지 못했을 것이다. ADP라는 동부 지역 기업에서 성공 신화를 이룩한 혁신적인 서부 경영자 골딩의 승리였다.

출판업계의 조준, 준비, 발사

독립적인 사업 단위에서도 리더십만 갖춘다면 전체 기업의 적절한 지원 속에서 돌파를 이룰 수 있다. 개별 사업 단위에서 조준, 준비, 발사라는 이 접근 방식을 활용한 사례가 있다. 대학 교재를 주로 내던 중소 규모의 출판사 프랭클린 퍼블리싱은 1990년대 중반 기존의 교과서 사업은 소멸해가는 사업이라는 결론을 내렸다. 판매 수량은 인상되는 책값 때문에 계속 떨어지고 있었다. (대학 교재의 가격은 지금 보통 100달러가 넘는다.) 게다가 교수단은 보다 참신한 내용을 원했지만 이 요구를 만족시키지 못했고 (새로운 교재를 제작하는 데 걸리는 기간은 보통 1년이 넘었다), 새로운 교수법과 내용을 담은 뉴미디어의 등장이 출판 영역을 심각하게 잠식하는 상황이었다.

프랭클린의 최고경영자는 고위 간부들로 구성된 핵심 조직을 구성하고, 회사가 선택할 수 있는 방안들을 모색했다. 광범위한 연구와 논의 끝에 마침내 새로운 전망을 마련했다. 이 전망은, 회사를 '전자 멀티미디어 학습 자료를 제공하는 선두 주자' 로 자리매김하자는 것이었다. 그리고 이렇게 자리매김하기 위해서는 114가지 사항이 필요하다고 정리했다. 그리고 이를 가능하게 할 방안들을 찾았고, 순차적인 86개의 핵심 사업을 마련했다. 이 사업을 담당할 특별위원회를 조직했고, 이 위원회는 최고운영책임자가 이끌었다. 그리고 각 사업에 그 사업을 이끌어나갈 책임자와 구성원들을 배치했다. 사업의 우선순위가 정해지고, 개별 사업들은 미리 계획해놓은 순서에 따라 집행되었다.

첫 번째 사업은 기존의 낡은 사업 모델을 현실에 맞게 조정하는 한편 미래에 필요하게 될 핵심 역량을 구축하는 것이었다. 그리고 기존의 식자植字 방식 대신 전자 출판 시스템을 도입했다. 그러자 책을 시장에 내는 데까지 걸리는 시간을 75퍼센트나 줄일 수 있었다. 게다가 적은 부수로도 출판을 할 수 있었다. 이렇게 함으로써 개별 출판물의 위험률을 낮추고 재고 수준도 현격하게 떨어뜨릴 수 있었다.

디지털 출판이라는 새로운 방식이 도입되자 교재 내용이 한층 참신해서 교수나 학생들 모두 만족했고, 저자도 책이 빨리 나와서 만족했고, 비용과 위험이 줄어들어 출판사도 만족했다. 이로써 다음 단계의 사업인 주문형 교재 출판에 필요한 핵심 역량이 갖추어졌다. 새로이 확보한 디지털 기반이 있었기에, 출판사는 교수들의 수요에 대응하는 주문형 교재라는 개념을 도입할 수 있었다. 각기 따로 존재하는 내용 혹은 원고나 사례 분석 내용 등의 글을 한 권의 교재로 통합해내고, 디자인과 제목에까지도 교수들의 주문과 참여를 유도했다. 출판사의 목표는 주문형 교재를 넘어서서 온라인상의 주문용 교육 패키지로까지 나아갔다.

2년 동안 집중적인 노력을 기울인 끝에 프랭클린 퍼블리싱은, 전통적인 방식의 출판 분야에서도 성장률과 수익률을 한껏 끌어올리는 동시에, 미래 사업의 핵심을 구축하는 데도 성공했다. 이들은 전자 교육 사업 부문에서 시장 주도자가 되는 걸 목표로 설정하고 그 목표를 향해 빠르게 달려갔다. 그러던 중, 시장에 안착해 있던 기존 기업 맥그로힐에 인수되었다. 3년도 안 되는 기간 동안 프랭클린은 교과서 시장에서 혁신적인 성장 기업의 면모를 굳히며, 맥그로힐의 시장 점유율과 비교할 때 10퍼센트도 안 되는 수준에서 20퍼센트까지 점유율을 끌어올렸다. 맥그로힐은 무섭게 성장하는 프랭클린의 힘을 보았고, 자신들의 시장 위치를 지키려고 프랭클린을 인수했던 것이다.

프랭클린은 현실을 정확하게 분석한 뒤 이를 바탕으로 미래에 대한 전망을 설정했고, 이 전망을 구체적인 사업으로 전환했으며, 우물쭈물 시간을 보내거나 산만하게 이것저것 벌이지 않고 곧장 집중적으로 계획했던 사업을 추진했다. 그 결과, 우리가 관찰한 기업 가운데 3년 안에 돌파를 이룩해낸 기업은 세 곳밖에 없었는데, 그 가운데 하나에 끼는 성공 신화를 창조했다. 조준, 준비, 발사라는 틀은 프랭클린이 성공을 거두는 데 중심적인 역할을 했다.

ADP와 프랭클린이라는 두 사례에서 보듯, 한 기업이 시장에서 부닥치는 위기는 그 기업이 변화를 일구어내는 데 훌륭한 촉매로 기능한다. 위기는 돌파 전략을 이끌어내는 지도자의 유력한 동맹군이다. 골딩은 ACS에 만연하던 자만심과 무기력을 공격하기 위해서 그리고 변화의 동력을 구축하기 위해서 나쁜 소식을 최대한 부풀렸다. 그의 충고는 이런 게 아닐까 싶다.

"당신 회사에 위기가 없다면, 만들어라!"

하지만 위기는 돌파 전략의 필요조건이 아니다. 계속해서, 기록을 경신하며 끊임없이 성장하고 있는 기업이 시장에서 또 한번 도약하기 위해 조준, 준비, 발사의 틀을 어떻게 활용하는지 살펴보자.

제2의 도약

UTi 월드와이드는 물류 분야에서 빠르게 성장하는 세계적인 기업이다. 1993년 불과 몇몇 국가를 사업 영역으로 하는, 운임을 수취인이 지불하는 방식의 운송 사업에 뛰어들었던 이 회사는 지금 전 세계에 지부를 둔 세계적인 기업으로 성장했다. 10년도 채 안 되는 기간에 업계 최대의 기업들과 어깨를 나란히 하며 전 세계를 망라하는 네트워크를 구축하고, 총매출을 10억 달러 이상 기록하고 있다. 2001년 6월, UTi의 고위 간부들이 런던 교외에 모여 그간의 성적을 평가하고 미래를 준비하는 모임을 가졌다.

모임의 분위기는 험악하지 않았다. 위기가 임박한 것도 아니었으니 당연했다. 하지만 진지했다. 참석자들이 촉각을 곤두세운 주제는 최고경영자와 대표와 회장직을 번갈아 맡고 있는 회사의 세 설립자, 즉 로저 매팔레인, 피터 토링턴 그리고 타이거 베셀스가 무슨 생각을 하고 있는가 하는 것이었다. 이들은 현재의 성과에 만족하며 앞으로도 계속 기존의 방식을 지켜나가려 할까? 아니면 계속 더 강하게 밀어붙일 생각일까? 새로운 가능성이 모든 방향으로 열려 있던 그 시기에 영국에서 가진 이 모임은 일종의 의식儀式과도 같은 것이었다. UTi는 전략적으로 설정했던 목표를 이미 달성했다. 그렇다면 다음에는 과연 무엇이 기다리고 있을까? 모임에 참석한 간부들이 한결같이 품고 있던 이 의문은 금방 풀렸다. 설립자 세 사람이 단호한 의지로 새로운 전략적 목표를 부여했기 때문이다.

수취인 지불 운송 사업의 세계적인 네트워크를 구축하는 게 UTi의 첫 번째 도약이었다. 두 번째 도약으로 UTi는 새롭고 과감한 목표를 설정했다. 그것은 바로 회사의 포트폴리오를 수취인 지불 운송 사업과 통관 절차 대행업에서 공급망 관리(supply-chain management, 제품 생산을 위한 공정을 부품 조달에서 생산 계획, 납품, 재고 관리 등의 전 부문에서 효율적으로 처리할 수 있게 해주는 관리 솔루션 – 옮긴이) 전반을 아우르는 것으로 바꾸는 것이었다. UTi의 목표는 전 세계의 고객에게 이런 공급망 관리를 해주는 동반자가 되는 것이었다. 영국에서 역사적인 모임을 가진 몇 달 뒤, UTi의 간부 조직은 회사의 야망을 구체적인 계획으로 정리했다.

UTi의 조직은 '제2의 도약(NextLeap)' 전략을 구축하고 집행하는데 조준, 준비, 발사라는 틀을 활용했다. 세계적인 수취인 지불 운송 사업에서, 세계적인 핵심 고객의 동반자로서 고객에게 통합적인 물류 관리 서비스를 제공하는 것으로 변신하는 걸 목표로 조준했다. UTi는 이 목표(혹은 그렇게 되었으면 하는 미래의 상태)를 여섯 개의 핵심 사업과 일련의 통합적인 사업들을 통해서 달성했다. 고위 간부들이 각각 이끄는 '세계 조직'은 여섯 개 핵심 사업의 계획을 각자 마련했다. 이 과정에서 핵심 요소들을 파악하며 각 단계에 적합한 실천 지침을 정식화했음은 말할 것도 없다.

'제2의 도약'은 2001년 10월 남아프리카공화국에서 열린 UTi의 연차 세계네트워크모임에 참석한 회사의 100대 간부들에게 처음으로 공식 제시되었다. 고위 간부들의 노력에 힘입어 UTi는 불과 넉 달도 되지 않아 구체적인 목표를 설정했다. 이 모임에서 모든 간부들은 전략에 대한 설명을 들었고, 각자의 일자리로 돌아갔을 때 직원들에게 이 전략에 대해 설명할 자료를 제공받았다. 최고경영자는 각국 지사장들에게 공식적으로 약속을 받았다. 각자의 사업장에서 직원들에게 회사가 채택한 새로운 전략, 즉 '제2의 도약'을 설명하고, 이 전략을 이룩하기 위해 직원들이 준비해야 할 것들을 갖추게 하겠다는 내용이었다. 석 달 뒤에는 멀티미디어 CD를 비롯한 추가 자료를 각 지사 및 지점으로 내려 보냈다. 회사의 내부 통신망도 새로운 전략에 대한 이해를 돕기 위한 활동에 중요한 매개체가 되었다. 넉 달에 걸쳐 집중적인 교육과 준비를 마친 뒤인 2002년 1월, UTi는 '제2의 도약'의 첫발을 내디뎠다. UTi의 '제2의 도약' 준비위원회는 그동안 이 전략 사업에 성공적으로 착수하고 집행하기 위해 가장 먼저 수행해야 할 작업들을 꼼꼼하게 챙겼다. 이 작업들은 여섯 개의 핵심 사업들을 정식화하는 과정에서 '간부 지도자 조직'이 선택한 것들이었다.

초기에 집행된 이 작업들 가운데 하나는, UTi가 고객들에게 특정

선적 혹은 하역 시점에 전 세계의 물류 상태를 파악하게 해주는 '주
문 관리 체계'를 전 세계적 차원에서 전개하는 것이었다. 그 다음 작
업으로는 창고 재고를 파악할 수 있게 해주는 서비스가 발표되었다.
이것 외에 다른 핵심 사업들도 차세대 정보 체계에 초점을 맞추었다.
그리고 전 세계의 고객을 위한 고객 맞춤 방식의 서비스를 제공했다.
뒤를 이어 새로운 사업 모델로의 이전이라는 통합적인 종합 계획의
일부로, 추가 서비스와 하부 구조 구축 작업을 준비했다. 통합적인
사업의 일환으로 인수·합병 작업도 펼쳤다. 2002년에 스페인과 미
국에 있던 물류 회사를 대상으로 한 핵심적인 인수·합병 작업을 마
치고, 시작에서 끝까지 책임지는 종합 물류 체계의 문을 열었다.

비록 새로 도입한 서비스와 새로 설정한 고객 관계가 UTi의 발전
경로에 초점을 맞춘 것이긴 했지만, '제2의 도약'의 기본적인 목적
은 보다 근본적인 것이었다. 로저 맥팔레인은 시상대 이야기를 자주
했다. UTi는 첫 번째 도약을 완수함으로써 세계적인 물류 시장의 경
연장에 당당하게 참가할 수 있는 자격을 갖추었다고 믿었다. 이제
UTi는 시상대에 올라 메달을 목에 걸고 싶었다. 2002년 말, UTi가
'제2의 도약' 사업 착수 1주년 기념식을 앞두고 있을 무렵에 로저 맥
팔레인은 회사의 전략 지도 조직에 다음과 같은 메모를 보냈다.

12월 13일, UTi의 시장 가치는 에어본 익스프레스, 티베트 & 브
리튼, 긴테츠, 넵튠 오리엔트 라인(이 회사는 APL 쉬핑, APL 로지스틱
스 그리고 GATX를 소유하고 있다), 포워드 에어, 페이서 인터내셔널,

이글, 그리고 i2 테크놀러지보다 앞섰습니다. (이 회사들은 모두 1년 전만 해도 UTi를 앞섰던 회사들이다.) 그리고 12월 13일 바로 그날, UTi의 시장 가치는 세계 최대의 수취인 지불 해상 물류 회사인 쿠엔 & 나겔의 절반을 기록했으며, 브링크스와 BAX 글로벌을 소유하고 있는 피츠톤의 4분의 3을 기록했습니다. (UTi의 세 설립자들은 1990년대 초에 BAX 글로벌에서 나왔다.) 여러분들은 UTi를 물류 시장의 올림픽 경기장에 출전시켰다는 사실을 자랑스럽게 생각하셔도 됩니다. 아직도 우리 앞을 달리고 있는 회사들이 몇몇 있습니다. EXEL, 엑스페디터스, 스틴스 그리고 니폰 등이 그들입니다. '제2의 도약'이 끝날 때 시상대에 서 있을 우리 모습을 생각하면서 긴장의 끈을 늦추지 맙시다.

로저가 이 메모를 보내기 바로 몇 주 전에, UTi의 세계 전략 지도 조직은 로스앤젤레스 해변의 호텔에서 연차 전략 회의를 했다. 한데 이 모임이 있기 1년 전에 이들은 '두 번째 전략' 착수를 선언하기 위해 모였었다. 1년밖에 지나지 않았지만 많은 게 바뀌었다. 2002년 모임에서는 한 해 전과는 비교도 안 될 정도로 자신감이 충만했다. 한 해 전에 예측했던 동향은 예상대로 전개되었고, 그때 설정했던 전략적 경로가 옳았다는 사실이 입증되었기 때문이다.

단일한 회사의 조직원으로서 자기들이 수행하는 사업의 방향과 우선순위에 대해서 전적으로 일치하는 세계 각지의 간부들과 한 자리에 모인다는 것은 놀라울 만큼 신선하고 유쾌한 경험이다. 결코 쉬운 일이 아니고 흔한 일도 아니다. 어떤 조직이나 다 그렇겠지만, 맨 처

음 전략을 착수할 때에는 시행착오도 겪었다. 그래서 '제2의 도약'
은 잠시나마 흔들리기도 했다. 최고경영자 로저 맥팔레인은 '제2의
도약' 전략은 결코 잘못된 게 아니라는 사실을 설득하기 위해 몇 번
이나 격렬한 논쟁을 벌였다. 이 기간 동안 수익성의 문제가 불거지기
도 하고, 운영상의 문제가 심각하게 제기되기도 했다. 2002년, 근래
의 기업 역사에서 없었던 일로서 국제 거래량이 감소했다. 월스트리
트의 눈길이 싸늘하게 바뀌었다. 장기적인 전략은 뒤로 미루고 단기
적인 수익 증대에 초점을 맞추라는 압력이 거세게 제기되었다.

예를 들면, UTi가 처음 전략적 사업들을 착수할 때 각 사업을 추진
할 주체들을 전 세계의 네트워크에서 차출해야 했다. 그러다 보니 일
단 한 주 이상 깊이 있는 팀 활동을 미국에서 먼저 수행해야 했다. 그
런 다음에야 비로소 여섯 달에 이르는 의미 있는 과업 수행 활동을 펼
칠 수 있었다. 이 사업들을 추진할 직원을 뽑을 때, UTi에서 최고로
꼽히는 인재들을 가려서 뽑았다. 그 시점에 이들을 핵심 사업에서 빼
낸다는 것은 참으로 힘든 결정이었다. 전 세계 각국에서 사람들을 불
러 모을 때 드는 경비도 내키지 않는 지출이었다. 각 지사의 운영 책
임자에게 경비 절감을 외치면서 동시에 핵심 인력들을 뽑아내고, 게
다가 만만치 않은 여행 경비까지 지출한다는 것은 결코 유쾌한 일이
아니었다. '제2의 도약'이 대기 상태로 밀려날 가능성은 충분했다.

하지만 어떻게 해서 '제2의 도약'이 원래의 길을 뚜벅뚜벅 걸어갈
수 있었을까? 여기에 대한 해답은, UTi가 2001년 남아프리카공화국
에서 '제2의 도약' 전략에 착수하던 모임에서 찾아볼 수 있다. 이 자

리에서, 전 세계에서 모인 대략 100명 가까운 간부들은 '제2의 도약'을 성공적으로 이끌기 위한 목표를 하나씩 선택하라는 과제를 받았다. UTi의 고위 간부들은 이전에 과감한 목표를 설정할 것을 꼽았고, 그걸 달성한 경험이 있었다. 이번에 다시 전 세계에서 모인 간부들은 '우리 자신이 명쾌하게 업무를 수행할 것'을 꼽았다. UTi가 불확실성 속에서 끝내 '제2의 도약'을 조직에 뿌리내리고 열매를 수확할 수 있었던 것은 바로 이 업무 수행에 대한 책임감이었다. 로저 맥팔레인은 여기에 대해 다음과 같이 말했다.

> 우리가 '제2의 도약'에 착수했을 때, 회사 안팎의 수많은 사람들이 불가능한 일이며 결코 성공하지 못할 거라고 했습니다. 하지만 우리는 불과 1년 만에, 매우 힘든 환경임에도 불구하고 우리가 설정했던 목표들을 훌륭하게 달성하며 힘차게 전진하고 있습니다. 우리는 지금 막 시작했을 뿐입니다.

UTi가 '제2의 도약'의 2차년도를 맞을 때, 이 전략이 그동안 거둔 성공에 힘입어 임무에 대한 책임과 열정은 한층 강화되었다. UTi가 새로운 핵심 역량, 즉 세계적인 차원의 주도권을 고안하고 추진할 수 있는 능력을 구축했다는 건 명백한 사실로 확인되었다. UTi는 핵심적인 돌파 전략을 중심으로 강력한 통합력을 구축한 세계적인 기업으로 성장했다. 조준, 준비, 발사라는 틀이 UTi가 목적지에 도달할 수 있게 다리 역할을 해주었다.

전략의 틀

사업의 성패는 돌파를 어떻게 잘 감행하느냐에 달려 있다. 기업과 시장을 변모시키기 위해서는 우선 전망을 발견하고 계획을 세우는 데 엄청난 노력을 기울여야 한다. 앞에서 살펴본 사례들은 대규모의 통합적인 혁신을 위한 깊이 있고 체계적인 방법론들을 소개한 것이었다. 어느 사례든지 변화를 성공적으로 이끌어내기 위해서는 고도로 구조화된 틀을 활용해야 한다는 사실을 보여주었다.

기업과 시장을 변모시킬 정도의 대규모 돌파는 이것저것 산만하게 혁신을 꾀하는 것이 아니다. 돌파를 제대로 해내고자 하는 기업이라면, 다른 기업이 훌륭한 성취를 이루어냈다고 해서 그 사례를 무조건 좇아가서는 안 된다. 자율성이 강한 기업은 모든 방향으로 사업을 벌이는 경향이 있다. 하지만 돌파 전략을 수행하는 기업은 사업을 변모시키기 위해서 고도로 구조화된 계획과 모델을 고안해낸다. 그런 다음에 계획을 실행하고 목표를 달성하기 위해 체계적이며 고도로 집중적인 방식으로 자원을 활용한다. 이 성공 공식은 조준, 준비, 발사이다. 그러므로 돌파 전략의 첫 번째 단계는 바로, 새로운 전략을 계획하고 준비하며 집행하기 위해서 일관성이나 원칙이 없는 활동들을 중단하는 것이다.

어떤 사업의 돌파구를 마련한다는 것은 새로운 성공 사이클을 궤도에 올리는 것이다. 이 성공 사이클의 핵심 요소는 다음과 같다.

1. 시장에서 강력한 고객 경쟁력을 발휘할 고도로 정식화되고 구조화된 전략
2. 돌파 전략에 입각한 조직 정렬
3. 대규모의 조직적이고 체계적이며 신속한 실천

조준, 준비, 발사의 틀은 돌파 전략의 지원하에 이 세 가지 핵심 요소들을 구사하는 데 초점을 맞춘다. 어떤 기업이 이 세 가지 본질적인 요소들을 어떻게 구사하는지는 문제가 되지 않는다. 처한 조건과 상황이 기업마다 다르기 때문이다. 하지만 세 가지 요소들을 확보한다면, 과감하게 목표를 설정하고 추구하는 기업은 보다 강력한 동력을 얻을 수 있다.

대부분의 기업은 불행하게도 단 한 차례의 성공 사이클밖에 경험하지 못한다. 연속적인 성공 사이클을 경험하고 싶다면, 다시 말해 돌파를 통해 기업과 시장을 바꾸고 새로운 성공 사이클을 맞고 싶다면, 그리고 그 과정을 보다 효과적이고 효율적으로 닦고 싶다면, 우선 다른 기업의 사례에서 일반적인 원리를 파악하고 배워야 한다. 계속해서, 돌파 전략에 성공한 기업의 경험에서 일반화한 핵심적인 보편 원리들을 살펴보자.

조준

목표를 조준하는 과정에 대해서는 많은 이야기를 할 수 있다. 하지만 먼저 세 가지 핵심적인 요소를 주의 깊게 살펴볼 필요가 있다. 첫째, 그리고 둘째, 이 과정은 활동을 멈추는 것부터 시작한다. 이 단계는 다음과 같은 말로 요약할 수 있다.

"그냥 아무것도 하지 말고 가만히 앉아 있을 것!"

본질적이지 않은 활동을 정지하고, 얼마 동안 핵심적인 전략에 집중하라는 말이다. 두 번째 단계는 거기에 함께 앉아 있는 것이다. 간부 조직의 주의와 관심을 공통적인 과업에 붙잡아두는 것만 해도 결코 작은 성과가 아니다. 간부 조직의 관심과 주의를 목표 조준 과정에 집중하게 하는 데는 시간이 걸린다. 이 과정에 참가하는 사람들은 대부분 틀림없이 '가만히 앉아 있는 것' 보다 훨씬 중요하고 급하게 해야 할 일이 있다고 생각할 것이다. 이처럼 지엽적이고 전술적인 목표들이 끊임없이 불쑥불쑥 튀어나와 새로운 전략의 형성을 가로막고 방해할 것이다.

이 집단을 전략적인 흐름 안으로 불러들여 진정으로 전략을 생각하게 하는 데는 적지 않은 노력이 들 것이다. 이 단계에선 각 개인이 기업의 현재 상황과 발전 경로에 대해 어떻게 생각하고 파악하는지 다양한 방식으로 조사하는 게 큰 도움이 될 것이다. 팀을 짜서 공동 작업을 하게 하는 것도 효과적일 것이다. 최고경영자가 일 대 일로 면담하는 건 말할 것도 없이 매우 가치 있는 노력이다. 하지만 어느 시점에선가 다음과 같은 본질적인 문제를 제기할 것이다.

"이 팀은 계속 유지되고, 이 팀에서 함께 통합적인 전략을 구상하고 집행하게 됩니까?"

지엽적이고 전술적인 관점이 아니라 통합적이고 전략적인 관점이 형성된 것이다. 이처럼 공동 작업을 통해 목표를 추구해나갈 경우 간부들은 하나의 단일한 팀으로 묶이게 된다.

목표를 조준하는 단계에서는 간부를 새로 고용하거나, 인수·합병을 추진하거나, 중요한 회사 자원을 배분하는 결정을 내리거나 하는 등의 파편적인 일체의 활동은 중단해야 한다. 이건 매우 중요한 사항이다. 어떤 조직이나 기업이 임박한 위기를 앞두고 있을 때, 활동을 중지하고 꼼짝도 하지 않는 것은 매우 강력한 효과를 발휘한다. 머지않아 휴지기가 끝나는 것과 동시에, 평상시에 드러나지 않던 조직의 응축된 힘이 무서운 기세로 폭발한다. 이 새로운 힘은 이전보다 훨씬 조직적이며 강력하다.

목표를 조준하는 단계에서는, 시장에 관한 정보와 스스로에 대한 지식을 수집하고 조율하며 초점을 맞출 대상을 찾아야 한다. 가능한 경로와 시나리오를 생각하고 토론하고 탐색하는 기간이다. 이를 위해서는, 전략적인 여러 선택 사항과 요소들을 구상하고 심사하고 발전시킬 예리한 통찰력과 철저한 분석 작업이 동시에 필요하다.

목표를 조준하는 단계에서의 세 번째 핵심 요소는 가능성 여부이다. 어떤 과정을 밟든지 간에 이 과정을 거쳐 도출되는 결론은 단일하고 통합적인 전략이어야 한다. 그리고 간부 조직이 확고한 신념으

로 지지하는 실천 가능한 구체적인 전략이어야 한다는 것이다. 이것
이 목표를 조준하는 단계에서의 핵심적인 과제이다. 이와 관련된 핵
심 단어들은 '단일한', '통합적인', 그리고 '실천 가능한' 등이다. 하
지만 나더러 하나만 들라고 한다면, 나는 '초점'이라는 단어를 선택
하겠다.

일본의 기업들이 전략 계획 과정에서 설정하는 핵심 개념 가운데
하나가 '방침方針 관리'이다. 이러한 접근 방식을 사용하는 일본 기업
들은 결정적으로 중요한 전략적 긴급 명령, 즉 '방침'을 확인하기 위
해 초기 단계에 엄청난 시간과 노력을 쏟는다. 이들은, 한 기업이 2
년 혹은 3년이라는 기간 동안 결정적인 프로그램은 기껏해야 두세
개밖에 (하나면 더 좋겠지만) 수행하지 못한다는 사실을 불변의 원칙
으로 받아들이고 있다. 이 결정적인 프로그램들을 확인한 뒤에는 대
부분의 시간과 에너지와 자원을 '방침'을 달성하기 위해 쏟아 붓는
다. 그 '방침'이 전체 기업의 목표가 되는 것이다.

돌파 전략 기업도 이와 비슷한 과정을 밟는다. 단일한 결정적 요소
에 모든 초점을 맞추기 때문이다. 프로그레시브는 고객을 향한 빠르
고 편안한 서비스에 초점을 맞추었고, 컨트리와이드는 신속하고 비
용이 적게 드는 대출 승인 과정에 초점을 맞추었다. 그리고 아메리칸
스탠더드는 재고의 회전율을 높여 유동 자산을 줄이는 데 초점을 맞
추었고, 캐터필러는 21세기형 생산 체계를 구축하는 데 초점을 맞추
었다.

어느 경우에서나 구체적인 목표는 회사 전체의 모든 활동에 뿌리

를 내렸다. 핵심적인 단 하나의 주도적인 가치는 회사 내의 그 어떤 일보다 우선했고, 이 주도적인 가치의 추구는 위치 선정이나 제품, 서비스의 구성 등 모든 면에서 관철되었다. 이런 기업들은 강력하고 질투심 많은 지도자가 조직의 전 부분을 빈틈없이 장악하고 있으며, 회사와 직원들은 이 리더십을 기꺼이 받아들이고 즐긴다.

이 새로운 전략은 흔히, (항상 그런 건 아니지만) 시장 가치를 특정한 수치로 제시하거나 목표 시장을 정교하게 규정하는 등의 선명한 전략적 요소를 모두 포괄한다. 선택한 전략이 충분히 경쟁력이 있고 실현 가능성이 있는지, 혹은 자원에 대한 파악이 현실성이 있는지, 금융상의 문제는 없는지, 위험도가 어느 정도인지 등을 판단하고 결정하기 위해 공식적인 심사 기구를 설치할 수도 있다. 목표를 조준하는 단계에서 이런 작업은 매우 유용하다. 전략의 질을 높이고, 있을 수 있는 위험을 줄이며, 전략 수행의 일정을 유기적으로 조직할 수 있기 때문이다. 많은 기업들이 새로운 계획을 전면적으로 시행하기 전에, 그들이 설정한 돌파 전략을 시험하고 보완하기 위해 제한적인 범위에서 전략을 적용해본다. 이런 과정을 통해 새로운 모델의 가능성과 힘을 확신한 다음에 본격적으로 이 새로운 전략을 수행한다.

이건 거꾸로, 목표 조준의 내용을 고도로 개발하는 게 왜 그렇게 중요한지 반증하는 것이기도 하다. 돌파 전략에는 당연히 대담한 실천이 따른다. 하지만 대담한 실천은 반드시 사전에 철저하게 준비되어야 한다. 초기에 우리 회사는 엔론과 일을 할 뻔한 적이 있었다. 천연가스 사업에서 에너지 교역으로 변신을 꾀하는 엔론의 계획은 매우 강력한 돌파 전략이었다. 우리는 1990년 중반 새로운 사업 모델로 돌파를 시도하는 엔론과 컨설팅 계약을 맺었다. 하지만 단 두 번 회의를 해본 뒤 그만두기로 했다. 고백하건대, 그때 그들의 도덕성 부재를 간파했던 건 아니다. 그때 우리가 눈치 챈 건 잠시도 가만있지 못하는 그들의 카우보이 기질이었다. 그들은 어떤 결정이든 충분한 생각이나 과정 없이 그냥 기분 내키는 대로 내렸다. 권총을 뽑아 들고 쏘기 전에 무언가 생각을 해야 했지만, 전혀 그런 게 없었다. 그들은 정교하게 전략을 구상해내는 힘든 작업은 하려고 들지 않았다. 대담한 돌파는 고통스러운 사전 작업이 전제된 이후에야 최상의 효과를 발휘할 수 있다. 첫 단계는 당신의 목표를 하나의 조직으로 완벽하게 다듬는 것이다. 도표 7-1은 목표를 조준하는 단계의 핵심 요소들을 보여준다.

도표 7-1 성공 사이클의 출발 : 목표 조준 단계

가설을 테스트한다.	자료를 모으고 분석한다.	포부를 설정한다.	핵심 가치와 사업을 설정한다.
기회를 검토한다.	사업적 통찰력을 적용한다.	(기대하는 미래 상태의) 목표를 묘사한다.	기대하는 미래 상태의 구조를 정식화한다.
자기 평가			

간부 지도 조직을 정렬시킨다.

→

준비

싸움에서 이기는 장수는 싸움을 시작하기 전에 이길 수 있는 조건을 미리 만들고, 싸움에서 지는 장수는 어떻게 이길지 알지도 못하면서 싸움을 시작한다.

—《손자병법》

간부 조직을 변신이라는 핵심적인 목표 주변에 단단하게 묶어두는 작업은 목표 수행의 초기 단계 작업이다. 이 단계를 성공적으로 조직하면, 적어도 설정한 전략이 잘못된 것이 아닌 한, 이후 전략 집행 과정에서 제기되는 대부분의 문제들은 충분히 극복할 수 있다. 간부 조직을 전략 형성의 초기 단계에 깊이 관여하게 할 때, 전략을 성공적으로 수행할 가능성은 보다 높아진다. 한 고객 기업과 작업하는 과정에서 우리는, 20명의 고위 간부들 가운데 10명을 현재 업무에서 완전히 해방시키고 한 달 반 동안 모든 시간을 오로지 회사의 전망과 전략을 근본적으로 재수정하는 작업에만 집중하게 한 적이 있다. 이런 식으로 고위 간부들을 집단적으로 전략 구상 작업에 투입하는 사례는 수많은 돌파 전략 기업에서 찾아볼 수 있다.

전략을 설정하고 간부 조직을 정렬시킨 다음에는 조직 전체를 준비시키는 작업에 들어가야 한다. 어떤 전략 사업이든 충분히 세밀한 계획이 서지 않는 한, 그리고 회사의 모든 결정적인 자원들을 동원해서 이 사업을 지원할 수 있게 조직하기 전에는 결코 섣부르게 실행에 옮겨서는 안 된다. 성숙하지 않은 사업은 피해야 한다. 먼저, 간부 지도자들의 역할 규정이나 배치, 사업을 추진할 인력과 의사소통 및 지도 능력을 포함한 교육 프로그램, 그리고 프로그램과 프로젝트 관리를 담당할 하부 구조 등의 모든 자원이 미리 마련되어야 한다. 이 핵심 요소들을 확보한 다음, 이제 전략 사업을 화려하게 발표하라. 세밀하게 계획해서 출발해야 조직 전체의 관심을 받을 수 있고, 나아가 전체 직원들에게서 동기를 유발시킬 수 있다. 그리고 간부 조직의 결단과 약속을 이끌어내야 한다. 과거에 전략 수정을 시도했다 실패한 경험이 있는 기업일수록 일관성 있는 사전 조정과 대규모 동조 집단은 특히 중요하다.

이때의 지도 내용은, 회사의 새로운 미래 전망이 무엇이며 어떤 경로로 거기에 도달할까 설명하는 게 핵심이다. 조직 전체를 이 새로운 목표로 이끄는 작업은 성패를 가르는 근본적인 관건이며, 따라서 가능한 모든 수단과 도구를 동원해서 일관성 있는 단일한 메시지를 전체 조직에 전달해야 한다. 이 메시지 내용은 아마 이렇게 요약될 것이다.

"우리는 지금 변화를 꾀하고 있다. 그 배경과 이유는 이러하며, 우리가 이루고자 하는 목표는 저것이며, 우리는 이 목표를 이러저러한 방식으로 달성할 것이며, 여기서 여러분들이 해야 할 역할은 이러하며, 회사가 기대하는 것은 저러하다."

새로운 전략의 이러한 내용을 전 직원들에게 직접 알리려면 다양한 방법을 동원해야 한다. 여기에는 직원을 대상으로 하는 교육 활동도 포함된다. 아메리칸 스탠더드는 18개월 동안 7개국 언어로 3만 7천 명에게 DFT 훈련 과정을 거치게 했다. 포드자동차에서는 고위 간부가 주도하는 소모임 토론회에 6만 명의 직원이 참석해서 '포드 2000' 전략을 소개받고 설명을 들었다.

준비 단계에는 의사소통과 교육 이상의 것을 준비해야 한다. 특히 중요한 일은, 수익률이 낮고 중복되는 활동을 줄임으로써 이후에 투입될 자원과 역량을 비축하는 일이다. 현재 진행 중인 사업에 대한 공식적인 감사 활동을 벌이는 것도, 상대적으로 가치가 낮은 사업을 중단하거나 보류하거나 혹은 다른 사업으로 통합하기 위한 적절한 수단이 될 수 있다. 제품의 구성과 제품 및 서비스의 공정, 보고서 작성, 회의 등을 재검토하고 조정하는 것도 여기에 포함된다. 이 모든 작업의 목표는, 이후 가장 우선적으로 수행할 사업에 초점을 맞춰 배치할 자원을 확보하는 것이다. 돌파 전략은, 개인적인 활동력을 최대한으로 확장할 수 있는 (상대적으로) 소규모 집단이 수행한다는 사실을 명심해야 한다. 그렇기 때문에 특히 이 집단에 소속된 사람들의 짐은 최대한 덜어주는 게 돌파 전략의 추진력에 힘을 실어주는 게 된다. 이 핵심 집단에 대한 지원은 필수적이다. 그리고 이들을 위해 할 수 있는 최대한의 배려는 그들이 지금 지고 있는 번거롭고 산만한 수많은 짐들을 덜어주는 것이다.

자원을 재배치한다고 한 때, 거기에는 물론 인적 자원도 포함된다. 준비 단계에서는 인적 자원을 단순히 머릿수로 파악하는 기존의 방식에서 벗어나, 새로운 재능과 능력을 재배치한다는 관점에서 바라보아야 한다. 지금도 많은 경영자들은 직원을 머릿수로만 바라보며, 직원의 수를 줄이는 걸 어떤 사업을 포기하는 걸로 받아들이거나, 직원의 일을 덜어주는 걸 생산성을 떨어뜨리는 걸로 받아들이는 제로섬(zero-sum) 사고방식에 사로잡혀 있다. 배는 가볍게 할수록 빨리 나아간다. 쓸데없는 회의와 보고서 등에서 직원들을 해방시켜라. 직원들이 현재 지고 있는 짐 가운데 10퍼센트만 덜어내도, 전략을 추진할 에너지와 역량은 몇 배로 늘어날 것이다.

준비 단계에서, 전략 사업을 추진할 조직은 (만일 이게 아직 마련되지 않았다면) 핵심적인 전략 가치를 보장해줄 구체적인 사업 계획을 작성해야 한다. 내 경험으로 볼 때, 이 단계에서 적절한 프로젝트 관리 능력은 아직 존재하지 않는 게 보통이다. 그렇기 때문에 이 관리 능력을 반드시 구축해야 한다. 여기에는 적절한 훈련 과정이 포함된다. 또 전략 사업을 수행하는 과정에서 필요에 따라 즉각 투입할 수 있는 예비군 집단을 미리 마련해두는 것도 매우 중요한 배치 작업 가운데 하나다.

교육을 준비하고 실시하는 일, 새로운 직원을 모집하는 일, 의사소통을 관리하는 일, 그리고 경영 체계를 뜯어고치는 일 등에서의 인간관계, 나아가 회사와 직원 사이의 관계를 조정하는 작업도 새로운 전략을 지원하는 데 매우 중요하게 작용한다. 예를 들어 아메리칸 스탠더드에서는 DFT 전략을 도입하면서 기존의 성과급 제도를 폐지하고 새로운 제도를 도입했다. 새로운 성과급 제도는 간단했다. 재고 수준이 5천만 달러씩 감소할 때마다 회사는 1천 명이 넘는 직원들에게 보너스를 지급하는 방식이었다.

준비 단계에서 임무를 부여하는 작업은 핵심적인 요소이다. 사업을 추진할 주체를 조직하는 일에 초점을 맞추어야 하며, 사업 추진 과정에서 간부들이 맡을 역할도 구체적으로 명시해야 한다. 돌파 전략과 관련된 대부분의 사업은 반드시 미리 내용을 규정해야 하고, 미리 추진 주체를 설정해야 하며, 또 적절한 단위에서 미리 승인을 해야 하며, 미리 자금을 확보해야 하고, 미리 조정하고 통제해야 한다는 사실을 잊어서는 안 된다. 또한 이 제반 업무를 담당할 조직이 반드시 있어야 한다. 이 조직은 고위 간부 조직의 도움을 받아서 필요한 활동 내용을 확정하고 또 핵심적인 임무 부여 작업을 수행함으로써 그 활동을 지원하게 된다. 임무 부여 작업 뒤에는 반드시 책임을 규정하고 자원을 배분해야 한다. 예측할 수 있다는 사실은 그 자체만

도표 7-2 전략의 착수를 준비한다 : 준비 단계

조직을 정렬시킨다.	핵심적인 임무를 부여한다.	자원 할당 : 프로젝트 자원,	책임
전망과 계획에 대해 홍보하고 교육시킨다.	새로이 떠오르는 지도자들을 사업을 추진할 조직에 배치한다.	프로그램 관리 집단, IT, 조직적 역량	사업의 목표를 경영 체계 안으로 통합한다.
투입 자원을 통합하며 전략을 강화한다.		현재 업무 활동을 가지치기한다.	개별적 계약 체결

간부 지도 조직을 정렬시킨다.

→

으로도 성공에 도움이 된다. 하지만 간부 조직 등의 주변 후원 조직
은 지원을 아끼지 말아야 한다. 도표 7-2는 준비 단계의 핵심 요소들
을 보여준다.

발사

아무리 목표를 적당히 조준하고 또 준비를 철저히 했다 하더라도
제대로 실천을 못한다면 소용이 없다. 실천을 성공으로 이끌기는 쉬
운 일이 아니다. 기업을 변모시키는 건 경영에서도 가장 어려운 부
분이다. 대규모 조직의 기업에 통합성을 관철시키면서 기업의 면모
를 바꾼 사람으로는 잭 웰치보다 나은 사례가 없을 것이다. 1990년
대에, 10년에 걸친 조직적 준비 작업 끝에 그리고 웰치의 영향력이
최정점에 서 있던 시기에, GE는 기업 통합의 깃발 두 개를 높이 들
었다. '워크아웃'과 '식스 시그마'였다. 하지만 이 둘 다 진정한 의
미에서 기업의 변신을 꾀한 것이었다고는 볼 수 없다. 어느 것도 기
업과 시장의 관계를 전면적으로 뒤바꾸려 했던 전략이라고 볼 수 없
다. 이 두 개의 방법론은 이미 수십 년 전에 다른 데서 완성된 것들
이었다.

문제는 이렇다. 당신은 당신이 가지고 있는 건 하나도 버리려 하지
않을 것이다. 다 중요하고 꼭 필요한 것이기 때문이다. 하지만 돌파
전략은 핵심에 초점을 맞추는 것이다. 나머지는 버려야 한다는 뜻이

다. 그렇다면 놓치고 싶지 않은 수많은 사업들 가운데 무엇을 선택해야만 할까? 이 문제를 해결하는 데 두 개의 핵심적인 개념이 도움이 될 것이다. 그건 바로 '우선순위'와 '프로그램 관리'이다.

우선순위를 어떻게 설정할까?

일반적으로 어느 회사든 수많은 사업을 추진하고 있다. 하지만 이들 사업 가운데 상당수는 그 기업의 핵심적인 전략과(그 기업에 이런 전략이 있다면) 전혀 상관이 없다. 어지러울 정도로 산만하고 다양한 사업 구성 때문에 그 기업의 자원은 이내 바닥이 나버리고, 결국 정체하고 말 것이다. 아무리 지금 잘나가는 기업이라 하더라도 핵심적인 통합성이 지켜지지 않는 한 피할 수 없는 운명의 외길이다. 예전에 시장에서의 근본적인 변화를 시도하던 중소 규모의 건강 보험 회사를 고객으로 상담한 적이 있다. 이 회사의 다음해 운영 계획은 132개의 사업을 진행하는 것이었다. 계획하고 있는 사업의 수를 핵심적인 사업 중심으로 줄이라고 했다. 그랬더니 이런 대답이 나왔다.

"당신은 이해를 잘 못하실 겁니다. 이건 모두 다 결정적인 사업들입니다. 줄이려고 애를 쓰고 또 썼지만 더 이상 줄일 수가 없었습니다."

나는 계속 고집을 부리며 고위 간부 조직에게 이 132개의 사업들을 결정적인 것, 중요한 것, 가치 있는 것이라는 세 개의 범주로 분류해보라고 했다. 그들이 해놓은 분류에는 가치 있는 건 하나도 없었고, 중요한 게 2개였으며, 나머지는 모두 결정적인 것으로 분류되어 있었다. 나는 포기하지 않고 다섯 명의 간부들에게 우선순위를 매겨 상위 50개를 선택하라고 했다. 이들이 순위를 매겨온 50개의 사업을 이번에는 이들보다 한 직급이 낮은 운영관리위원회에 주며 순위를 매겨보라고 했다. 그랬더니, 아니나 다를까 예상했던 결과가 나왔다. 고위 간부 조직에서 1위로 꼽았던 사업을 운영관리위원회에서는 47위로 꼽았으며, 2위로 꼽았던 건 44위로 꼽았다. 뭐 이런 식이었다. 이 중요한 두 관리 집단은 한 회사에 있으면서도 우선순위를 거의 완전히 반대로 파악하고 있었다.

이 회사의 중간 관리자들은 또 어떻게 우선순위를 매겼을지 상상해보자. 수많은 사업들이 각기 다양한 수행 단계에서 서로 이리 부딪치고 저리 부딪친다. 각 사업 책임자들은 자기 사업을 끝내기 위해 도와달라고 고함을 지르며 분투한다. 시간과 자원 할당을 요구하는 수많은 대립적인 주장을 교통정리해줄 우선순위의 기준은 어디에도 존재하지 않는다. 아우성만 들릴 뿐이다. 이 아우성이 가장 크게 들리는 곳은 흔히 정보 체계와 같은 곳이다. 이런 상황에서 담당 책임자들은 어느 사업이 궁극적으로 관심을 끌 것인가 하는 얼토당토않은 기준으로 허겁지겁 우선순위를 매겨버린다. 이런 결정들은 어떻게 이루어질까? 흔히, 다음과 같은 기준이 작용한다.

- 어느 사업이 가장 쉬울까?
- 어느 사업의 책임자를 내가 가장 좋아하나?
- 어느 사업의 책임자가 가장 입김이 세나?

- 나는 어느 사업이 가장 중요하다고 생각하나?
- 나의 상급자는 어느 사업이 가장 중요하다고 생각하나?
- 내게 어떤 보상이 있나?
- 어느 사업이 가장 빠르게 결과가 나타나나?
- 어느 사업에서 사람들이 일을 하고 싶어하나?
- 어느 사업이 가장 눈에 띠나?
- 누구 목소리가 가장 큰가?
- 모든 사업에 똑같이 나누어주어야겠다.

할당을 요구하는 아우성이 특히 큰 자원을 지키는 문지기는, 위에 열거한 질문 내용에 근거한 자기 나름의 우선순위를 가지고 있다. 하지만 불행하게도 각각의 자원을 담당하는 문지기가 가지고 있는 우선순위는 제각기 다르다. 이러한 사업들은 모두 병렬 회로처럼 배치되어 있어 모든 사업이 다 정지하지 않는 한 아무런 변화도 일어나지 않는다. 그렇다면, 마지막 결과는 어떨까? 진행되다 만 수없이 많은 사업들이 자원을 모아놓은 문 주변에 매달려서 서로 자기 얼굴을 봐달라고 고함을 질러대고, 그 앞을 지키는 문지기는 어찌할 바를 모르고 허둥대다가 도덕적 해이 상태에 빠지거나, 혹은 그 자리에서 돌처럼 굳어버리고 만다.

많은 기업에서, 자원을 지키고 할당하는 문지기는 그야말로 수백 개의 사업이 저마다 자기가 우선순위 1번이니까 자기에게 먼저 자원을 할당해야 한다고 고함을 지르는 걸 어찌 할 줄 모르고 지켜보고만

섰다. 수많은 신규 사업이 열 개 혹은 그 이상의 자원에 대한 병목 현상으로 진행이 정지된 상태에 놓여 있는 기업을 수도 없이 보아왔다. 이러다 보면, 핵심적인 자원의 문 앞에서 그야말로 수많은 사업들이 실종되고 표류한다. 그곳은 언제부터인가 버뮤다 삼각지대가 되어버렸다. 고도로 분권화되고 자율적인 전략들이 횡행하는 기업일수록 이런 자원 요구의 과부하 상태가 빈번하고 일상적으로 일어난다. 관리자들과 조직들은 제각기 독립적으로 보다 많은 사업을 추진한다. 따로 떼어놓고 보면 이 사업들은 모두 근거가 있다. 하지만 한데 모아놓고 보면 이들은 서로 연관되지도 않고 관계도 없다. 결국 이들은 기업의 자원을 고갈시키고 기업을 마비시킨다.

이 문제를 해결할 방법은 오로지 하나밖에 없다. 당신 회사의 능력을 파악하는 것, 그리고 이 능력을 가능한 한 높이는 것, 그리고 핵심 사업들의 우선순위를 정하는 것이다.

기업의 변신을 위한 전략 청사진이 사업으로 구체화될 때, 핵심적인 철학적 질문이 이 우선순위를 매기는 과정에서 제기된다. 많은 자원을 필요로 하지 않는 작은 사업들을 제한된 영역에서 우선적으로 실행에 옮겨야 할까, 아니면 전체 전략에서 덩치가 크고 결정적인 사업에 초점을 맞추어야 할까? 돌파 전략을 성공으로 이끈 수많은 기업들은 크고 어려운 사업들을 먼저 시작했다. 그리고 이 사업이 성공하자, 자잘한 모든 문제들이 한꺼번에 풀려버렸다. 이 접근 방식은, (이건 새로운 영역으로 한 걸음씩 다가가는 게 아니라 전면적으로 새로운 영역을 열어젖히는 방식이다), 돌파의 핵심 개념과 정확하게 일치한다.

힘들고 어려운 부분을 먼저 정복하고 나면, 이때 성취한 결과는 한 걸음씩 걸어가는 방식보다 훨씬 빠른 속도로 기업과 시장을 미래로 전진시킨다. 바로 이런 이유에서 돌파 전략을 추구하는 기업은 대담하게 모든 걸 걸기를 선호한다. 특히 목표에 대한 조준과 준비 작업을 완수한 경우 더욱 그렇다.

ADP의 데이터베이스, TRW 크레디트의 '코페르니쿠스 사업', 혹은 프로그레시브의 PACMAN 등과 같은 사업들을 펼치려면, 보다 많은 자금이 있어야 하고 또 기업의 보다 많은 부분이 집중적인 관심을 기울여야 한다. 이 사업을 효과적으로 수행하기 위해서는 전문적인 프로그램·프로젝트 관리가 필수적이다.

프로그램 관리

프로그램·프로젝트 관리(PPM)는 현대의 경영에서 점차 그 의미가 커지고 있다. 한때는 주로 기계공학이나 IT 활동을 관리하는 개념으로만, 혹은 항공 산업이나 건설 산업 등에서만 활용되던 PPM은 현재 경영의 주류 개념으로 자리를 잡아가고 있다.

돌파 전략에서 프로그램 관리를 담당하는 조직은 여러 가지 결정적인 역할을 수행한다. 이 조직은 첫째, 간부 조직에서 우선순위를 정한 여러 사업들을 조직하고, 추진 주체를 설정해서 그들이 해당 사업에 착수하도록 지원한다. 둘째, 프로젝트 관리자를 위한 최상의 실천 방안과 도구를 개발하고 제공한다. 셋째, 출발과 완료의 여러 단계에 공존하는 수많은 사업들을 조정한다. 이 조직은 또한 진행 상황을 관찰하고, 관찰 내용을 간부 조직에 보고하며, 필요할 때는 적극적으로 개입해서 진행을 돕는다.

훌륭한 프로그램·프로젝트 관리 능력이 있을 경우, 사업 집행을 보다 체계적으로 진행할 수 있다. 프로그램·프로젝트 관리자가 또 다른 갈등의 원천이 되는 걸 막기 위해서는 최고경영자나 최고운영책임자가 직접 이 조직을 지휘해야 한다. 이렇게 될 경우, 날마다 반복되는 자원 할당의 요구와 아우성은 사라질 것이다. 명확한 지시와 신호 그리고 우선순위가 있음으로 해서 혼란은 사라지고, 돌파 전략을 실어 나르는 사업은 성공적으로 진행될 것이다. 도표 7-3에서 보듯이 프로그램·프로젝트 관리는 발사 단계에서 필수적이다.

도표 7-3 돌파의 실현 : 발사 단계

활성화	운영	성취	좌절의 극복	인근 영역 탐험
공식적인 선언	복수의 사업과 핵심 가치를 관리한다.	보상과 성과에 대한 인식	꾀부리는 사람들을 찾아내고, 적극적으로 개입한다.	돌파에 의해 발생한 새로운 기회를 포착한다.
통합적인 사업들의 1차 착수	진행 상황을 관찰하고 인적 자원을 관리한다.	사업 결과를 널리 알린다.		목표를 새로 규정한다.
	프로그램·프로젝트 관리	자신감을 부여한다.		

가치 발생
→

돌파 전략에 필요한 전술 팁 10가지

돌파 전략에 성공한 기업들의 사례에서 최상의 실천 지침을 다음 10가지로 일반화해보았다.

전략 지도 조직을 형성하라

전략을 구상하고 집행하는 전체 과정 가운데서, 초기에 간부 조직을 이 작업에 동참시키는 일은 매우 중요하다. 5명에서 20명 사이의 최고위 간부를 포함, 회사의 상황과 조건을 고려해서 지도 조직을 구성하라. 회사의 핵심 전략을 재조정할 절박한 필요가 있다거나 혹은 그럴 기회가 주어졌다는 사실을 이들에게 반드시 일러주어야 한다. 이 간부 조직을, 전략을 선택하고 정식화하는 작업에 반드시 참여시켜야 하며, 또 준비 및 발사 단계에서도 이들이 함께 하도록 해야 한다. 이 조직이 돌파 전략을 충분히 인식하지 못하면, 새로운 성공 사이클을 궤도에 올릴 가능성은 그만큼 줄어든다. 이 전략 지도 조직은, 구성원과 조직의 관심과 초점을 개발하고 유지할 필요가 있을 때마다 모여야 한다. 모임 장소는 별장 같은 호젓한 곳이 좋다.

SOPO를 창조하라

두 번째 핵심 요소는 전략 위원회 · 프로그램 위원회(SOPO, Stratcgy Office and Program Office) 기능이다. 이 조직은, 전략이 구축된 이후에 전략 지도 조직이 전략을 형성하며 프로그램 관리를 하는 데 핵심적인 역할을 하도록 지원한다. 전략 위원회는 스태프 조직과 사업 단위 사이의 회의와 협력을 용이하게 하고, 전략의 수행을 가속화하는 데 필요한 훈련 프로그램과 프로젝트 관리를 지원한다. SOPO는 비록 간부 조직의 구성원들이 지휘를 하도록 해야 하지만, 조직 내 새로운 지도자에게는 자신의 능력을 발휘하고 자신을 부각시킬 수 있는 좋은 기회가 되기도 한다.

컨설턴트를 선택적으로 활용하라

컨설턴트를 인수·합병과 마찬가지로 생각해야 한다. 컨설턴트를 고용한다거나 인수·합병을 하는 것은 전략이 아니다. 하지만 전략적 차원에서 부족한 부분을 메우기 위해 컨설턴트를 고용하고 인수·합병을 하는 건 때에 따라 돌파 전략에 결정적인 도움이 될 수 있다. 핵심적인 회의를 주재하거나 고위 간부들을 지도할 때 도움을 줄 수 있는 사람을 적극적으로 활용할 필요가 있다. 잘만 활용하면 훌륭한 투자가 될 수 있다.

준비되지 않은 사람은 팀에서 제외하라

필요하다면 맨 처음 함께 시작했던 구성원들을 재조정하라. 전략 과정에 제대로 합류하지 않는 사람이라면 가능한 한 빨리 제외시켜야 한다. 많은 사람들이 이런 종류의 결정을 내리지 못하고 괴로워한다. 하지만 새로운 전략을 출범시키는 중요한 시기에 이러한 사람은 조직에 비용만 부담시킬 뿐이다. 솔직하고 간단명료하게 말해야 한다.

"이게 우리가 하려는 것입니다. 만일 당신이 이 전체 흐름 속에서 하나로 섞이고 제대로 기능할 수 없다면, 이제 그만 헤어지는 수밖에 없습니다."

여기에는 두 가지 원칙이 확실하게 담겨 있어야 한다. 하나는, 우리는 한 팀이 되어 일을 할 것이라는 내용이고, 다른 하나는, 우리는 함께 전략을 구성하고 채워나갈 것이라는 내용이다. 만일 당신 조직의 구성원이 이 원칙을 만족시키지 못한다면, 늦기 전에 서둘러 정리해야 한다. 결코 쉬쉬하거나 망설일 문제가 아니다.

개인적인 접촉을 활용하라

효과적으로 업무를 수행하는 고위 간부들 가운데 많은 사람들이 개인적인 접촉을 중요하게 여기고 활용한다. 이들은 공식적인 회의나 만남 이외의 개인적인 일 대 일 대화를 통해 많은 걸 전달할 수 있다고 믿는다. 그들은 이런 대화를 틈이 날 때마다 지속적으로 이어간다. 개인적인 관계는 특히 강력한 힘을 발휘한다. 차세대 지도자로 꼽히는 인물들과 개인적인 관계를 발전시킬 때 어떤 일이 일어나는지 잘 살펴보기 바란다.

관리 체계를 다시 구축하라

돌파 전략이 성공을 거두려면, 핵심적인 목표와 시스템 그리고 성공에 이르는 경로가 공식적인 조직 체계 안으로 통합되어야 한다. 업무에 대한 평가 기준도 새로운 전략에 철저하게 초점을 맞추어야 한다. 과거의 기준으로 새로운 전략 사업을 평가하는 일이 일어나지 않도록 해야 한다. 만일 기존의 잣대로 업무를 평가한다면, 현재 추진하는 사업은 미래의 사업을 창조하려는 전략적 변신의 길에서 점차 벗어나게 될 것이다.

의사소통을 폭넓게 하라

내 경험으로 볼 때 수많은 간부들이, 자기는 열심히 회사의 전망을 얘기하고 새로운 전략을 충분히 설명했는데 그걸 제대로 받아들이는 직원이 없는 것 같다고 불평한다. 분명히 말하지만, '충분히'라는 말은 의미가 없다. 의사소통은 끊임없이 계속해야 하는 것이다. 똑같은 내용을 수백 가지 방식으로 수백 가지 자리에서 하고 또 해야 한다. 가능한 모든 방법과 매체를 다 동원해야 한다. 회사 내의 인트라넷도 강력한 매체가 될 수 있다. 당신이 그 주제에 대해 완전히 질리고 지칠 때쯤이면, 조직은 그제서야 겨우 그게 뭔지 알아듣기 시작한다고 보면 된다.

목표는 높게 잡고, 실천은 낮게 하라

돌파 전략은 까마득한 미래에 투자하는 게 아니다. 가까운 미래에 결과가 실현되도록 해야 한다. UTi는 모든 사업의 시한을 최대 6개월로 못 박았다. 규모가 큰 사업은 적절한 기간마다 수익성을 확인하고 평가할 수 있도록 작은 단위로 쪼갰다.

제임스 콜린스와 제리 포래스가 제시한 '그리고의 힘(Power of

AND)' 개념[3]은 모든 돌파 기업에서 빛을 발한다. 돌파의 기초를 쌓으면서도 성장의 열매를 딸 수 있다. 저비용의 경쟁력을 갖추면서도 보다 나은 고객 서비스를 제공할 수 있다. 이윤과 수익률을 늘리면서도 매출액을 늘릴 수 있다. 오늘의 일을 하면서 내일을 준비할 수 있다. '그리고의 힘'은 많은 부분 초점과 우선순위를 설정하는 데서 비롯되며, 일부는 새로운 처리 과정과 기술에서 비롯된다. 하지만 본질적으로 그건 목표를 설정하고 실천하는 마음 상태에 달렸다.

차세대 지도자 군단을 개발하라

돌파 전략은 차세대 지도자들이 자신의 능력을 마음껏 발휘할 수 있는 기회의 장이다. 이들에게 기회를 주고 이들이 거둔 성과에 박수를 보내라. 공식적인 차세대 지도자 조직을 만듦으로써 핵심 사업들을 추진할 인적 자원의 저장소로 활용할 수 있다. 어쩌면 이들 가운데서 당신의 뒤를 이어 회사를 지휘하게 될 지도자가 나올지 모른다. 당신의 차세대 사업 모델은 차세대 리더십이 발휘될 훌륭한 장이다.

리더십의 요소를 확보하라

성공을 보장하는 마지막 핵심 요소는 리더십이다. 리더십은 위에서 설명한 9가지를 모두 합한 것보다 더 중요하다. (여기에 대해서는 8장에서 자세하게 설명하겠다.) 최고 지도자는 돌파 전략의 건설자이자 소유자이다. 그는 최상의 결과를 이끌어내기 위해서 조준, 준비, 발사의 과정을 세밀하게 구축하고 추진해야 한다.

8장 | 돌파 전략의 리더십

어떤 조직이든 훌륭한 리더십만 갖춘다면 아무리 과감하게 설정한 목표라도 달성할 수 있다. 문제가 되는 것은 조직에 속한 개인들의 질이 높냐 혹은 낮냐 하는 것이 아니라, 그들이 조직 속에서 한 팀으로 함께 일할 수 있는 능력이 얼마나 되느냐 하는 것이다. 하지만 보다 크고 중요한 문제는 이것이다. 최고 지도자의 리더십에는 성공을 보장하는 공통된 특성이 있을까? 당신의 리더십이 과연 여기에 버금갈 수 있는지 확인할 수 있는 질문 몇 가지를 정리해보았다. 잘 읽어보기 바란다.

• 전략 수행에 필요한 고도로 정식화된 종합 계획을 개발하는, 결코 쉽지 않은 일을 해낼 수 있나?

- 이 전략을 완벽하게 지원할 수 있게 간부 조직을 정렬할 수 있나?
- 경영자로서 마지막이 될지도 모르는 위험을 감수하면서 적어도 3년에서 5년 동안 핵심적인 전략 사업에 집중할 수 있나?
- 똑같은 연설을 수백 번 반복할 수 있나?
- 전략의 핵심 사항들을 수행할 핵심 간부 50명 혹은 100명과 개인적인 관계를 구축하고 유지할 수 있나?
- 돌파 과정에서 나타날 온갖 장애물을 발 벗고 나서서 제거할 수 있나?
- 가장 친한 친구 혹은 동료가 돌파 전략을 수행하는 데 방해가 될 경우 망설이지 않고 이들을 조직에서 내보낼 수 있나?
- 전략적 사업과 일상적인 사업을 동시에 추진하면서 그 사이에 균형을 유지할 수 있나?
- 돌파 전략을 추진하면서 재정적 자원과 조직적 자원이 필요할 때마다 충분히 동원할 수 있나?
- 전략을 추진하는 과정에 조직의 한 부분에서 잘못된 결과가 나올 때, 당신이나 혹은 당신이 구축한 핵심 조직이 이걸 파악하고 바로잡을 수 있나?

만일 이 모든 질문에 자신 있게 '그렇다'고 대답할 수 있다면, 당신은 지금 당장이라도 돌파 전략에 착수하고 실행할 수 있다. 하지만 모든 지도자와 조직이 돌파 전략을 실천에 옮길 능력을 갖추고 있지는 못하다. 아무리 좋은 전략이라도 성공적으로 수행할 수 없다면 의

미가 없다. 뛰기 전에 먼저 생각해야 한다. 자신을 평가하는 데서부터 출발해야 한다. 나의 리더십은 과연 돌파 전략을 구축하고 추진하는 데 필요한 자질을 갖추고 있을까, 하는 질문에서부터 출발해야 한다는 말이다.

맨 먼저 확인해야 할 사항은 개인적인 능력이다. 돌파 전략을 성공적으로 이끈 최고경영자들은 대부분, 전략적인 것뿐만 아니라 세부적인 운영 사항에 대해서 그리고 개인적인 관계를 광범위하게 구축하는 데 놀라운 능력을 소유하고 있다. 이런 능력은 최고경영자에게 공통된 특성이긴 하지만, 돌파 전략을 이끈 지도자의 경우 특히 이 특성들이 두드러지게 드러난다. 이들은 아주 세부적인 사항까지 장악한다. 이와 관련된 성공 요소는 깊이 있는 운영 경험이다. 그 분야의 사업이 어떻게 돌아가는지 깊이 그리고 세세히 아는 것은 근본적인 변화를 추구하는 전략을 수립하고 추진하는 데 매우 소중한 자원이다. 이런 점에서 볼 때, 수많은 최고경영자들이 아버지나 할아버지 때부터 기업을 경영해온 경영자 가족의 이력을 가지고 있다는 사실은 그다지 놀라운 일이 아니다. 이들은 자기 사업의 모든 세세한 것들을 다 알고 있었으며, 전략을 형성하고 추진하는 데 이런 지식을 활용했다.

위대한 돌파 전략의 지도자들은 다재다능하다. 이들과 가장 유사한 직업은 건축가와 청부업자라고 할 수 있다. 최고의 지도자는 건축가처럼 체계적이고 구조적인 구조 디자인 기술을 가지고 있으며 동시에 청부업자처럼 조직과 집행상의 정교한 기술을 가지고 있다. 하지만 이것만으로는 최고경영자의 특성을 규정할 수 없다. 돌파 전략의 지도자들은 훨씬 더 많은 덕목을 갖추고 있다. 그들은 프로 미식 축구팀의 단장과 감독 그리고 쿼터백을 모두 합한 역할을 수행하고 있다.

돌파 전략의 지도자들은 영웅적이다. 우리가 관찰한 모든 지도자들은 마지막을 승리로 장식하며 위대한 업적을 이룩하는 과정에서 영웅적인 모습을 보여주었다. 이 특성은 겸손함과도 직접적으로 연관되어 있다. 제임스 콜린스는 성공적인 지도자의 핵심적인 특성으로 겸손함을 꼽았다.[1] 이와 관련해서 내가 즐겨 인용하는 말이 있는데, 산악인에 대해서 로버트 퍼시그가 한 말이다.

"잘 모르는 사람이 보기에는, 이기적인 산악인과 사심 없는 산악인이 어떻게 다른지 구별이 되지 않는다."[2]

퍼시그가 내린 결론은 이렇다. 이기적인 산악인은 오로지 자신을 과시할 목적으로 산에 오르는데, 이들은 결코 정상을 밟지 못한다. 이를 경영과 경영자에 비유하면 딱 맞아떨어진다. 경영자들이 중도에 탈락한 사례를 연구한 논문들[3]을 보면 내 말이 틀리지 않다는 걸 확인할 수 있을 것이다.

하지만 문제는 이 이기적인 산악인들이 수많은 회사의 정상에 올라서 있다는 사실이다. 수많은 사람들이 오로지 자신의 영광만을 추구하면서 직장에 다니고 자신에게 부과된 일을 하고 있다. 사심 없는 지도자들은 찾아보기 힘들다. 우리는 사심 없는 지도자 상에 딱 들어맞는 인물들을 발견했다. 하지만 겸손함은 우리가 관찰한 돌파 전략 지도자들의 공통된 특성이 아니었다. 사심 없는 사람보다 자기중심

주의로 똘똘 뭉친 사람이 더 많았다. 자기중심주의로 똘똘 뭉쳤다고 해서 반드시 그만큼 고결하지 못하다는 말은 아니다. 자기중심주의는 영웅의 정신적 특성이 될 수도 있다. 벤처 투자자 집단에서는 벤처 기업을 이끄는 지도자의 적극적인 덕목으로 이 자기중심주의를 꼽는 게 상식이 되어 있다. 내 경험으로 볼 때, 겸손함은 효과적인 최고경영자의 리더십에 필수적인 덕목은 아니다. 사심 없고 헌신적이며 겸손하고 고결한 성품의 지도자가 참담한 실패를 초래한 사례는 숱하게 많다. 반면에 성공한 지도자의 면면을 살피다 보면 마치 자기중심주의의 박물관에 있는 듯한 착각을 일으키게 된다.

하지만 만일 나에게 돌파 전략을 추구하는 리더십의 진수를 보여준 사람을 꼽으라고 한다면? 그리고 그 기준을 묻는다면? 나는 주저 없이 겸손함을 핵심적인 판단 기준으로 들 것이다. 그리고 아메리칸 스탠더드의 엠마뉴엘 마노 캄포리스를 꼽겠다. 그는 내가 생각하는 최고의 돌파 전략 지도자다. 내가 비록 많은 지도자들을 존경하고 있지만, 그 가운데서도 캄포리스는 다른 지도자들이 본받아야 할 덕목의 기준을 새로이 마련했다.

캄포리스는 이집트에서 태어나 영국에서 교육을 받았다. 유럽에서 처음 직장 생활을 시작했지만, 1990년 아메리칸 스탠더드의 부회장으로 선임되면서 미국에 건너왔다. 이후에 아메리칸 스탠더드에서 주식 매입 과정을 통해 소유권이 바뀌자, 동료들은 캄포리스에게 회사의 경영을 맡겼다. 회장이자 최고경영자였음에도 불구하고 그의 명함에는 단지 '집단의 지도자' 라고만 적혀 있었다.

하지만 행복한 시간은 길지 않았다. 1990년대 초반의 불경기로 미국의 주택 신축 착공 지수는 2차대전 이후 가장 낮게 떨어졌다. 게다가 회사를 적대적 인수·합병하려는 움직임에 맞서야 했고, 이 과정에 쏟아 부었던 자금이 다시 회사를 압박했다. 경영권 방어 과정에서 발생한 부채를 계약대로 상환하지 못하면 회사의 소유권을 빼앗기게 될 상황에 놓였다. 연간 3억 3천만 달러의 이자와 원금 상환 부담으로 회사는 휘청거리기 시작했다. 풍전등화의 위기였다. 어떡하든 빚을 갚아나갈 현금을 마련해야 했다. 회사는 일단 중요하지 않은 자산을 매각했지만, 그걸로는 어림도 없었다.

아메리칸 스탠더드는 연금 계획을 우리사주신탁제도(ESOP, Employee Stock Owner-ship Plan)로 전환했기 때문에 회사의 전 직원이 위기에 몰렸다. 현금을 확보할 재원을 찾던 캄포리스는 10억 달러에 이르는 회사의 재고 수준에 초점을 맞추고, 연구 모임을 조직해 유동 자산의 효율성을 높이는 방안을 모색했다. 콜로라도 컨설팅사가 유동 자산의 규모를 줄이고 현금 흐름을 개선할 수 있는 방책을 제시했다. 아메리칸 스탠더드는 이들이 제시한 '수요 흐름 기술(DFT)'을 텍사스 공장에 적용했다. 효과가 있었다. 간부팀 회의에서 캄포리스는 참석자들에게 이렇게 말했다.

"엄청난 변화를 우리 스스로 일구어내지 못한다면, 우리는 회사를 잃게 됩니다."

그는 간부팀 전원에게 DFT 전략 추진에 나설 것을 '피로써 맹세할 것'을 요구했다. 그 다음에 설정한 과감한 목표가, 유동 자산의 규모를 제로로 낮추는 것이었다. 그리고 이 목표를 달성하기 위한 경로로 '회전주기를 두 배로(TNT, Twice Net Turns)' 프로그램을 채택했다. 공장 재고 회전율을 2년 안에 두 배로 늘리는 게 목표였다. 캄포리스는 이 계획을 곧바로 실행에 옮겼다. 그는 '최고의 인재 100명'을 선발해서 DFT를 아메리칸 스탠더드의 새로운 생산 방침으로 자리 잡게 하는 임무를 맡겼다. 그리고 34개국에 퍼져 있는 100곳 이상의 공장에서 7개 언어로 교육을 실시했다. 그리고 각 공장별로 DFT 목표를 부과했다.

DFT의 핵심은 주문에 따른 생산과 납기일에 맞추어 제품을 완성하는 것이었다. 하지만 아메리칸 스탠더드는 노동조합이 매우 활성화되어 있던 회사였다. 아메리칸 스탠더드에서도 수천 명에 이르는 다양한 직종의 노동자가 다양한 직업별 노동조합에 가입해 있었다. 노동자들이 보통 총 35개의 직업별 노동조합에 가입해 있던 전형적인 미국 기업이었다.

아메리칸 스탠더드는 이 노동조합들을 4개의 상위 직업별 노동조합으로 통합했다. 단위 공장 내에서의 노동 유연성을 강화하기 위한 목적으로 노동자들에게는 원래 가지고 있던 기술 이외의 다른 기술도 교육시켰다. 이 훈련은 기계를 가동하지 않는 시간에 이루어졌다. 잉여 인력은 감독직으로 전환되었는데, 이 감독직은 모든 직원이 돌아가면서 맡았다. 동료 직원들과 함께 새로운 기술을 개발하고 DFT를 수행하는 감독들을 지도하고 교육하는 조직도 따로 만들었다. 아메리칸 스탠더드는 신기원을 이루어냈던 그 기간 동안 단 한 명의 직원도 비용 절감이라는 차원에서 해고하지 않았다. 그 결과 1990년대의 10년 동안 연평균 7퍼센트의 성장을 기록했다. 이 성장의 열매로 유휴 노동력을 흡수했다. 캄포리스는 이렇게 말했다.

> 돌파 전략은 최고경영자에게 총체적이며 명료한 태도와 실천을 요구합니다. 단 한 번이라도 겁을 내고 뒷걸음쳐서는 안 됩니다. 101퍼센트의 열정과 노력을 기울여야 합니다. 그렇지 않으면 전진할 수가 없습니다. 우리는 DFT를 최우선 과제로 설정했습니다. 여러분은 모든 열정을 바쳐 이 위대한 목표에서 잠시라도 눈을 떼서는 안 됩니다. 직원들 가운데 20퍼센트는 터무니없다, 말도 안 된다고 생각할 것입니다. 하지만 상자 속에 썩은 사과가 하나만 들어 있어도 상자 속의 사과는 모두 썩고 맙니다. 이런 일이 우리 회사에서 일어나서는 안 됩니다.

나는 캄포리스가 지칠 줄 모르는데다 핵심 과업에 초점을 맞추는 걸 보고 충격을 받을 만큼 놀랐다. 지칠 줄 모르는 정력과 집중력도 놀라웠지만, 무엇보다 '휴머니즘'과 '작전 명령'이 강력하게 결합된 그의 경영 방식이 특히 나를 압도했다. 그는 실천적인 경영 모델의 전형을 보여주었다. 전 세계에 흩어져 있는 공장들을 부지런히 드나들면서 다른 공장과 비교하고, 전략에 충실한지 관찰하고 독려했다. 회사 내의 간부 직원들과 만날 때도 늘 DFT의 진행 상황을 세세하게 보고받고 또 주문했다. 그는 대부분의 시간을 DFT를 실천적으로 관리하는 일에 보냈다. 원칙을 가지고 열심히 일한 능력 있는 지도자 캄포리스는, 동료 경영자들이 고개를 숙일 만큼 최고경영자의 새로운 기준을 마련했다.

캄포리스는 지금 새로운 도전을 펼치고 있는데, 바로 미국 기업계, 나아가 미국 사회에 도덕 혁명을 일깨우는 일에 힘을 쏟고 있다.

여기서 잠깐 영웅주의와 겸손함에 대해서 생각해보자. 그리스의 역사가 투키디데스가 쓴 다음 글이 돌파식 혁신을 언급하는 것 같아 인용해본다.

> 그들은 혁신하는 일에 몰두했고, 어떤 것을 고안하거나 그걸 실천하는 데 늘 신속했다. 그들은 자신의 힘이 미치지 않음에도 불구하고 과감히 실천에 나섰고, 위험에 빠져도 낙관적 태도를 잃지 않았다.

돌파 전략을 지휘하는 대담한 리더십을 이보다 더 정확하게 묘사하긴 힘들다고 생각한다. 하지만 아테네를 돌파 전략을 수행할 기업으로서 전범으로 삼기에는 좀 모자라는 듯하다. 아테네의 황금기는 기원전 490년 페르시아의 약탈에서 시작해서 기원전 404년 스파르타가 정복함으로써 끝났기 때문이다. 아테네의 영광은 한 사람이 태어나서 살다 죽을 때까지의 짧은 기간밖에 지속되지 못했다. 아테네는 놀라운 성공을 기록했지만, 또한 불꽃처럼 금방 스러졌다. 내부의 이견으로 분열되고 시칠리와 다르다넬스 정복에 실패함으로써 급격하게 약해졌고, 결국 보다 집중력 있고 잘 훈련된 스파르타에 무릎을 꿇고 말았던 것이다.

그리스를 정복한 스파르타의 장군 라이산더는 이런 말을 했다고 한다.

"대담함은 신을 모욕하는 것이다. 대담함이 오만함을 낳고, 오만함이 천벌을 불렀다."[4]

대담하면서도 겸손할 수 있을까? 혁신적이면서도 현실적일 수 있을까? 캄포리스는 이 화합할 수 없어 보이는 두 개의 덕목을 동시에 지니고 있었다. 최고의 돌파 전략 지도자는 현실에 발을 딛고 서서 미래의 전망을 제시한다. 오만함을 모르는 그리스인이자 신앙심 깊은 종교인이었던 캄포리스는 자신이 설정했던 과감한 목표에 대해서 다음과 같이 말했다.

"우리는 우리의 힘만으로는 도저히 이룰 수 없는 목표를 설정했다. 우리는 신의 도움 없이는 결코 이룰 수 없는 목표를 설정했던 것이다."

실패하는 리더십

돌파 전략이 성공했을 때 그 공적의 커다란 부분을 리더십으로 돌릴 수 있다고 했는데, 거꾸로 돌파 전략이 실패했을 때도 리더십이란 관점에서 설명할 수 있다. 잘못된 리더십에 따른 전략이 실패로 끝났을 때, 이 잘못된 리더십의 가장 큰 결점은, (또한 가장 일반적인 것이기도 한데) 간부 조직의 구성원들을 전략 주변으로 결집시키지 못했다는 것이다. 이런 현상은 보통 정중한 불복종이나 미적거리는 행동으로 나타나지만, 때로는 보다 직접적인 방식으로 나타나기도 한다. 돌파 전략에 실패하는 대부분의 기업은 강력한 지방 영주들 사이의 느슨한 결합체 형태를 갖추고 있으며, 이런 상태로도 그럭저럭 잘 꾸려간다. 지방 영주들은 자신의 영지에서 자기만의 우선순위와 원칙에 따라서 사업을 펼친다. 소위 '복합 기업'의 형태이다. 하지만 이런 형태의 기업은 오래 가지 못할 것이다. 이런 상황이라면 최고경영자는 통합적인 단일 전략으로 전체 조직을 지휘할 수가 없다. 이 지점에서 리더십의 문제가 비롯된다.

두 번째 실패 요인은 전략을 실천적으로 장악하고 관리하지 못하는 것이다. 돌파 전략을 성공적으로 이끈 지도자들은 전략의 구성과 실천상의 세세한 사항들까지 파악했다. 이들은 돌파를 위해 전투를 벌이고 있는 일선 장병들과 끊임없이 접촉했다. 많은 지도자들이 세세한 사항들은 알려고 하지도 않고 전략의 소유권 자체를 하부 지도자 집단에게 위임하는 경향을 보인다. 이 때문에 불행한 경험을 했던 대표적인 기업이 레비스트로스이다. 이 회사는 초기에 놀라운 성공 신화를 보여주었다. '레비링크 시스템'을 도입함으로써 레비스트로스는 공급방-물류-소매 영업에서 혁신을 일으켰다. 당초 재고 관리를 목적으로 의복 제품에 바코드 꼬리표를 도입했던 레비링크의 효과는 눈부실 정도였다. 1990년대 초, 레비링크 시스템을 사용하던 소매점에서는 품절 현상이나 떨이로 물건을 팔아야 하는 상황을 놀랄 만큼 줄일 수 있었고, 그 결과 매출액과 순수익이 큰 폭으로 뛰었다. 하지만 레비링크의 효과를 가장 많이 본 곳은 레비스트로스였다. 레비스트로스 내의 핵심 공정을 새롭게 설정함으로써 이 경쟁력을 다른 영역으로 확대할 목적으로, 최고경영자는 리더십을 최고정보관리책임자(CIO)에게 넘기고 외부 컨설턴트사에 많은 부분을 의지했다. 하지만 결과는 실패였다. 레비스트로스가 레비링크로 돌파 전략에 실패한 이유가 무엇일까? 가장 큰 이유는 최고경영자가 일선에서 손을 뗐기 때문이라는 게 내 생각이다.

세 번째로 꼽을 수 있는 실패 요인 역시 전략의 소유권과 관련이 있지만 조금 다르다. 우리가 연구했던 많은 기업들이 돌파 전략을 추진하던 중이나 혹은 그 이후에 다른 기업에 인수되었다. 이런 경우 상당수 회사에서 돌파의 추진력이 감소했다. 우리가 보았던 그 어떤 조직보다 막강한 간부 조직과 솔 트루질로라는 걸출한 지도자가 버티고 있던 US 웨스트가 퀘스트 커뮤니케이션과 합병할 당시만 해도 새로운 고객 서비스로 시장 주도력을 확장해가던 중이었다. 하지만 합병과 동시에 US 웨스트의 능력 있는 간부들이 모두 회사를 떠나버렸다. 그 결과, 참담한 일이 벌어졌다. 전망이 밝던 통신 사업이 꺾여버리고 말았던 것이다. 지금은 새로운 리더십이 성공 사이클을 다시 궤도에 올려놓기 위해 애를 쓰고 있다.

고통스런 돌파 전략을 끊임없이 추진하느니 차라리 회사를 좋은 가격에 팔아버리는 게 더 나을지 모른다는 유혹이 들 수도 있다. 하지만 돌파의 잠재력은 기업의 인수나 합병과 동시에, 특히 전략의 지도자가 바뀌는 순간, 사라져버린다. 기업을 높은 가격에 팔 수 있다는 사실은 성공을 거두었음을 의미한다. 하지만 그렇다고 해서 전략이 성공한 건 분명 아니다. 돌파 전략을 이끄는 지도자들 대부분은 재정적인 성공 하나만으로는 만족하지 못한다.

전략 자체가 부실하기 때문에 실패할 수도 있는데, 이 전략이라는 것도 궁극적으로 최고경영자의 책임이다. 부실한 전략 때문에 실패하지 않으려면 목표 내용을 분명하게 조준하기 전까지는 방아쇠를 당기지 말아야 한다. 한데, 목표를 조준할 때의 상황이 방아쇠를 당겨야 할 때의 상황과 다를 경우, 다시 말해 그 사이에 상황이 바뀔 경우는 어떻게 할까? 이럴 경우, 대부분의 전략에서는 그러한 상황을 미리 예견하고 있어야 하는데, 그렇지 않다 하더라도 즉각 상황에 맞게 시나리오를 수정해야 한다.

전략이 부실한 대표적인 경우는, 현실성 있는 청사진으로 높은 열망을 지원하고 현실화시켜야 하는데 그러지 못하는 상황이다. 과감하게 설정한 목표를 실천 없이는 결코 달성할 수 없다. 아무리 고상하고 그럴듯한 목표라 하더라도, 현실성 있는 실천과 혁신으로 이윤을 높이고 시장에서의 위치를 높이지 않는 한 백일몽에 지나지 않는다. 이 문제를 해결할 수 있는 방법은 공정을 처리하는 체계나 방식 그리고 기업의 형태와 면모 등과 같은 기본적이고 실천적인 관점에서 목표를 설정하는 것이다. 시장에서 차지하고자 하는 위치 혹은 재정적인 목표 그 자체만으로는 충분하지 못하다.

　돌파 전략이 부닥칠 수 있는 결정적인 위험 상황은 미래를 향하는 전략이 현재의 사업이나 조직과 유리되는 경우이다. 이 둘을 통합하기 위해 모든 노력을 기울여야 한다. 이와 관련된 실패 요인으로, 돌파 전략을 완수하기까지 너무 먼 기간을 설정하는 오류를 꼽을 수 있다. 이 경우 돌파 전략과 회사의 일상적인 활동을 따로 떼어놓으려는 경향이 강하다. 돌파 전략은 단기적인 결과를 확인할 수 있도록 단계를 구분 지어야 한다. UTi에서 로저 맥팔레인은 '제2의 도약' 전략을 추진하면서 분기별로 성과를 발표하길 원했다. 처음 UTi의 돌파 전략엔, 5년에 걸쳐 운영 순수익을 10퍼센트에서 20퍼센트로 끌어올리는 목표도 포함되어 있었는데, 이는 나중에 분기별 목표와 연간 목표로 수정되었고, 핵심 사업들을 매 분기마다 착수했다. 월별 및 분기별 경영 보고서가 '제2의 도약'이 어떤 성과를 거두는지 발표하고 집중적인 조명을 받도록 했다. 옐로 코포레이션의 최고경영자 빌 졸러스는 보다 간명한 말로 이렇게 표현했다.

　"멀리 있는 언덕에 불을 밝히고, 그 다음 발아래 땅을 살펴라."

　UTi의 로저 맥팔레인과 그의 동료들은 '제2의 도약'이 회사 전체 조직의 관심을 끌 수 있도록 온갖 노력을 다 기울였다. 일상적인 업무 외에 '제2의 도약'의 핵심적인 목표를 달성하는 데 성공했는지 실패했는지를 판별 기준으로 삼는 새로운 보상 제도를 추가로 도입했다. 보상 제도를 포함한 관리 제도를 수정하는 것은 돌파 전략을 수행하는 데 필수적이다. 이것 하나만으로도 전략에 입각한 활동을 일상의 활동이나 우선순위와 분리하려는 경향을 막을 수 있다.

마지막으로, 가장 두려운 실패 요인은 지도자의 신뢰 상실이다. 어떤 조직이든지 핵심 사업에 대한 지도자의 태도가 어떤지 시험하려 들게 마련이다. 언젠가 로즈라는 여자를 만난 적이 있다. 그녀는 통신 회사에서 청구서를 발송하는 부서에 근무했다. 그녀가 맡은 업무는 작지만 중요한 일이었다. 로즈는 다른 사업 담당자로부터 업무 지원 요청을 자주 받았다. 이 상황에 대해 로즈는 다음과 같이 말했다.

"난 그게 중요한 사업인지 아닌지 냄새를 맡을 수 있어요. 거의 직감적으로 알아차리죠. 나는 그 사업의 책임자가 진짜 열정이 있는지, 아니면 건성으로 마지못해 그 일을 하는지 금방 알 수 있어요. 그 일에 그다지 열정이 없어 보이면, 저는 두 말 하지 않고 거절해버리죠."

모든 조직에는 로즈 같은 사람이 많이 있다. 이들이 가지고 있는 이런 냉소적이고 소극적인 태도는 물론 자연스러운 것이고, 나름대로 정당화할 수가 있다. 이들로서는 진정으로 중요한 사업에 기여하고 싶을 뿐이다. 이들을 사업에 동참하게 하려면 확고한 신념과 열정으로 신뢰를 얻어야 한다.

야망을 품은 지도자들을 위한 충고

최고의 돌파 전략 지도자들에게는 공통적인 특성이 있고, 이들이 전략에 접근하는 방식에도 공통점이 있다. 성공적인 돌파 리더십을 위한 이상적이고도 핵심적인 특징을 몇 가지 추려보았다.

현장 가까이에서 모든 세부적인 사항을 챙겨라

　최고의 돌파 전략 지도자들은 사업 전반의 활동에 깊숙하게 개입해 있다. 그들은 사업이나 프로그램의 세부적인 부분까지도 그게 전체 속에서 어느 단계에 있는지 또 책임자가 누구인지 잘 알고 있다. 최고경영자가 사업이 얼마만큼 진행되었는지 혹은 얼마만큼 지연되었는지 알고 있다는 사실만으로도 전략을 수행하는 데 커다란 추동력이 된다. 이런 정보를 날마다 직원들과 얘기하고 세부적인 업무 깊숙이 개입하라. 돌파 전략 지도자가 작업 현장에 모습을 드러내거나 혹은 몇 마디 알고 있는 사실을 얘기하거나 질문하는 것만으로도 충분하다. 지도자의 이런 모습은 집단의 사기를 높인다. 이런 활동을 통해서 핵심적인 기여를 하는 직원들에겐 일 대 일의 개인적인 관계로 칭찬을 아끼지 말아야 한다.

　US 웨스트의 최고경영자 솔 트루질로는 지칠 줄 모르는 사람이었다. 고위 간부들이 밤늦게 혹은 새벽에 트루질로에게서 걸려오는 전화를 받는 건 비일비재한 일이었다. 트루질로는 방금 읽은 자료나 보고받은 사항에 대해서는 시간을 가리지 않고 질문하고 또 자기 의견을 얘기했던 것이다. 그는 회사에서 진행되는 거의 모든 일에 대해서 다 알고 있었으며, 핵심적인 사안에 대해서는 관심의 끈을 놓지 않고 지켜보았다. 너무 많은 업무를 하부의 지도 단위에 위임해서는 결코 안 된다.

머뭇거리지 마라

성공적인 돌파 전략 지도자들이 가장 흔히 했던 말이 이런 게 아니었을까 싶다.

"이 일을 끝내고 나면, 아마 나는 훨씬 큰 자신감과 확신을 가지고 전략 수행에 임할 수 있을 것이다."

전략의 초기 단계에서는 개방적인 태도로 다양한 가능성을 열어놓는 게 중요한 시기가 있다. 하지만 시간이 흐른 뒤에는 최고경영자가 선택한 경로에 확신과 자신감을 가지는 게 매우 중요하다. 이건 외적으로 드러나는 행동보다 더 중요하다. 자신감과 확신이 있을 때 판단을 정확하게 내리고, 자원을 적극적이고 공격적으로 배분할 수 있다. 캄포리스가 설정한 목표 가운데 하나는, 경과 시간에 대한 생산성 있는 시간의 비율을 높이는 것이었다. DFT 사업을 착수한 뒤, 그는 회사 내 회의의 횟수를 70퍼센트 줄이기로 했다. 조정하고 협력하기 위해 필요한 시간은 분명히 있었다. 하지만 토론이나 판단 과정을 지연시키는 일체의 요소들을 모두 제거했다. 쉽게 말하면 이런 것이었다.

"회의를 끝내면 사기가 올라갈 것이다."

전략을 본 궤도에 올린 다음에는 절대로 머뭇거리거나 모호한 태도를 보여서는 안 된다.

기준을 높이 잡아라

대담한 돌파 전략의 목표는 달성 가능한 내용으로 축소될 수 있지만, 전략을 수행하는 과정을 통해서 당신 조직의 능력은 한계점까지 확장된다. 돌파 전략을 수행하는 데는 수많은 직원들의 개인적인 희생이 뒤따른다는 걸 인식해야 한다. 이건 중요한 일이다. 하지만 동시에 수많은 사람들에게는, 돌파 전략이 개인적으로 자신을 성장시키고 성취감을 느낄 수 있게 해줄 최상의 기회가 된다는 사실도 알아야 한다. 전략을 수행하는 기간 동안 회사는 조직의 모든 사람들에게 최대한의 능력을 요구할 것이다. 바로 이 지점을 목표의 기준으로 삼아야 한다. 그리고 전략적 목표를 위해 모든 걸 기꺼이 바치는 핵심 지도자 군단에게도 고도로 높은 기준을 제시하고 그들을 독려하고 자극하고 지원해야 한다. 이 원칙은 간부들에게 우선적으로 적용해야 한다. 최고경영자는 상상도 할 수 없을 정도로 열정과 노력을 쏟아야 할 시기에 대비해 스스로 준비해야 한다.

돌파 전략은 당신의 체력과 정력을 시험할 것이다. 돌파 전략을 수행하는 과정은 마라톤과 같다. 따라서 완주할 수 있을 만큼, 나아가 상위에 입상할 수 있을 만큼 충분하게 준비해야 한다. 그리고 한 가지 더, 회사의 전 직원이 함께 달리는 이 마라톤 경주에서 속도를 조절하는 것은 지도자가 할 일이다.

개인적인 동반자 관계를 쌓아라

돌파 전략을 수행하는 동안 많은 지도자들이 조직 내에서 누군가와 동반자적인 관계를 쌓았다. 성공적으로 돌파 전략을 이끈 최고경영자 가운데 많은 사람들이 한두 명의 핵심적인 동반자에게 크게 의지했다. 우리가 살펴본 지도자 가운데 가장 과학적이었던 돌파 전략 최고경영자 ADP의 존 골딩은 그의 분신이라 할 수 있는 최고운영책임자 게하드 블렌드스트럽과 밀접한 관계를 유지했다. 프로그레시브의 사례에서도 최고경영자와 최고운영책임자의 막강한 친화 관계를 확인할 수 있다. 고도로 혁신적이었던 최고경영자 피터 루이스는 최고운영책임자이던 브루스 말로를 의지했다. 커다란 밑그림을 완벽하게 장악하는 강력한 최고경영자와 운영의 세부적인 사항들을 장악하는 부지런한 최고운영책임자의 결합은 그야말로 이상적이라고 할 수 있다.

하지만 놀랍게도, 최고경영자에게 직접 보고하는 각 담당 영역의 책임자 역할을 강조하는 조직 형태가 확산되면서 최고운영책임자라는 직책은 점차 사라지고 있다. 심지어 단일 라인 조직에서도 최고운영책임자를 찾아볼 수 없다. 아메리칸 스탠더드의 캄포리스와 같은 몇몇 경우에서 볼 수 있는 것처럼, 최고경영자가 최고운영책임자의 역할까지 적극적으로 떠맡는다. 캄포리스 같은 사람이야 두 역할을 다 해낼 수 있었지만, 아무래도 이 두 역할을 분담한 사람들이 팀을 형성하는 게 보다 강력한 체제가 되지 않을까 싶다.

리더십을 강화할 수 있는 또 하나의 방책은 프로그램 위원회 혹은 이에 상당하는 조직을 구축하는 것이다. 최고운영책임자가 있는 회사에서는 이게 그가 수행하는 역할 가운데 하나가 될 수도 있다. 이 위원회의 역할은 통합적인 전략 사업과 일상적인 시업들을 통합하는 것이다. 최고운영책임자가 없는 조직일 경우, 이 위원회 책임자의 역할은 매우 중요하다. 활동적인 고위 간부의 지원하에, 그는 나날의 일상적인 요구들을 헤치고 전략 사업을 전진시켜야 한다. 이 업무는 힘들고 어렵지만 전략을 수행하는 데 핵심적이다.

회사 내의 인간관계를 담당하는 리더십 또한 중요하다. 돌파 전략을 수행한 기업 가운데 놀랍게도 많은 수가 이 부분의 리더십을 따로 갖추지 않고 있고, 고위 간부들이 이 역할을 나누어서 수행했다. 어떤 경우에는, 돌파 전략을 수립하고 추진하는 단계에서 이 부분의 리더십을 상실하는 경우도 있었다. 이 부분에서 많은 회사들이 차이를 드러낸다. 하지만 강력한 전략적 인간관계 리더십이 가치를 따질 수 없을 만큼 소중한 자산이라는 사실만큼은 분명하다. 인간관계 부문의 사려 깊은 리더십이 다른 부문의 리더십과 어깨를 나란히 할 때 전략 수행의 성공 가능성은 그만큼 더 커질 것이다.

보상을 내리고 칭찬하라

돌파 전략을 수행할 때, 기존의 보상 및 업무 평가 체제를 돌파 전략의 핵심 과제 성취 여부를 중심으로 재편하는 건 매우 시급하게 처리해야 할 일 가운데 하나이다. 이렇게 하지 않으면, 새로운 전략을 추진하는 동력이 오래 가지 못한다. 개인적인 칭찬을 아끼지 않는 것도 마찬가지 이유로 매우 중요하다.

수많은 기업들과 상담하면서 나는 늘 최고경영자에게 이런 주문을 한다. 최고경영자는 일주일에 한 시간을 따로 빼서, 전략 사업을 추진하는 데 공을 세운 사람들과 개인적인 전화 통화를 해야 한다고. 이런 전화 통화는 전화를 받는 사람은 물론이거니와 전화를 거는 사람에게도 대단한 사기 진작 수단이 된다. 지도자로서 성공한 사람들이 이러저러한 시상에 개인적인 시간과 열정을 얼마나 많이 할애하는지 생각해보라.

주류主流를 형성하라

돌파를 위한 전략적 프로그램이나 사업이 단순한 볼거리로 전락하는 경향이 있다. 이 사업들 가운데 많은 수가 조직의 중심부에서 계획하고 배치하는 것이어서, 회사의 구성원들은 수동적으로 임하게 된다. 이런 경향을 억제하기 위해서 하부 조직의 기여도나 주도권을 이 사업들 속으로 통합하는 틀을 마련하는 것도 하나의 방법이 될 수 있다. 하부 조직에서 이룩한 성취 내용의 가치를 파악하고 보상을 내리는 체계가 필요하다는 말이다.

보다 근본적으로 따지자면, 조직의 중앙에서 설정하고 배치한 사업을 하부 조직이 얼마나 수행해내느냐가 궁극적으로 전략의 성패를 결정한다고 볼 수 있다. UTi의 경우, 전 세계의 핵심 고객들과 기본 물류 동반자(PLP, Primary Logistics Partner) 관계를 구축하는 걸 목표로 잡았는데, 이건 '제2의 도약' 전략의 핵심 목표 가운데 하나였다. 이 목표를 달성하기 위해 전 세계 200여 개의 지사에 지사별 PLP 핵심 대상들을 파악하라는 지시와 함께, 이들 대상과의 관계를 목표 수준으로 끌어올릴 구체적인 계획을 마련하고 배치하라는 지시를 내렸다. 하부 조직이 새로운 체계와 새로운 공정 그리고 고객 서비스를 채택하고 활용하도록 했음은 물론이다. 그리고 이 목표들은 전체 조직의 관리 및 보상 체계로 통합함으로써 조직의 중앙과 하부 조직의 거리감을 없앴다.

이견을 잠재워라

이견은 돌파 전략을 추진하는 지도자들이 늘 부닥치는 문제였다. 지도자들은 모두 직원 가운데 상당수가 새로운 전략에 회의적이거나 적극적으로 반대 의사를 표명하리란 걸 알고 있었다. 수동적인 저항은 그렇다 치더라도, 적극적으로 이견을 표명하거나 노골적으로 태업하는 건 전혀 다른 문제였다. 여기에 관해 존 골딩은 다음과 같이 말했다.

"열정과 신념으로 똘똘 뭉친 백 사람이 이룩한 성과라도 단 한 사람의 태업이 단번에 망가뜨릴 수 있다."

우리가 살펴본 모든 지도자들 가운데, 조직을 재편하는 데는 골딩이 가장 적극적이고 공격적이었다. 아메리칸 스탠더드가 3년 동안 10퍼센트의 인사 이동을 기록하며 변신을 수행한 데 반해, 골딩은 직원의 80퍼센트를 물갈이했다. 에콜랍스의 최고경영자 앨 셜먼은 이 문제에 관해서 다음과 같이 말했다.

"현장에서 이견을 제기하는 건 질색입니다. 현장의 직원들은 병사입니다. 그들의 임무는 우리의 전략을 충실하게 수행하는 것입니다."

골딩이나 셜먼의 태도는 정치적인 입장에서 옳지 않을 수도 있다. 하지만 전략이 올바르다는 가정하에서는 이런 접근 방식이 매우 유용하고 효율적이다. 조직 전체가 정연하게 전략에 동참하도록 모든 노력을 기울여라. 그리고, 이견을 표명하고 저항하는 사람들을 어떻게 처리할지 준비하라.

반복하라

조직 구성원 대부분이 아직 준비되지 않았다는 사실을 명심하라. 언젠가 캄포리스와 마주앉아서, 아메리칸 스탠더드가 DFT에 쏟은 5년 동안의 노력에 대해서 이야기를 나눈 적이 있다. 그는 이렇게 말했다.

"앞으로 2년만 더 계속하면, 아마 그때쯤이면 DFT가 우리 회사의 바탕에 자리를 잡을 것입니다. 앞으로도 계속 반복해야죠."

단일한 초점을 계속 유지해야 한다. 그리고 끊임없이 설득하고, 전략의 추동력을 강화하고, 산만한 사업이나 활동을 쳐내야 한다.

새로운 조직과 과정을 구축하라

공식적인 관리 체계가 전략 수행에 가속도를 붙일 수 있다. 돌파 전략을 지원하는 업무만 담당하는 전문가 조직을 만들어 제반 사업을 관리할 수 있는 능력을 구축하라. 이것을 바로 당신 회사의 핵심 역량으로 만들어야 한다. 그리고, 전략 사업을 제안하고 구성하고 착수하고 나아가 추진하기 위한 표준적인 처리 과정을 구축하라. 이 과정을 전략 지도 조직과 긴밀하게 연결해야 한다. 이렇게 함으로써 전략적 목표에 도달할 수 있는 가능성을 한층 높일 수 있으며, 또한 예상치 못했던 조건이나 상황에서도 기민하게 대응할 수 있다. 정보 기술 조직에 관심을 기울여서 현재의 도구들과 처리 과정을 보다 폭넓게 활용될 수 있도록 하라. 의사소통 능력을 강화하는 것도 돌파 전략을 수행하는 데 말로 다할 수 없을 만큼 중요하다. 그러니 숙련된 의사소통 전문가를 핵심 조직에 꼭 확보토록 하라.

휴머니스트 독재자가 되어라

최고의 돌파 전략 지도자들은 휴머니즘과 독재성을 동시에 보여준다. 명령과 통제에 능한 지도자들은 보통 인간적인 면모가 부족하다. 하지만 명령과 통제를 효과적으로 활용해온 돌파 전략 지도자들을 많이 알고 있다. 돌파 전략에서 단호한 명령은 본질적인 요소이다. 하지만 이 때문에 인적인 물갈이가 많이 일어난다는 것 또한 사실이다. 우리가 관찰한 수많은 기업들이 돌파 전략을 수행하는 동안 높은 이직률을 기록했다. 돌파 전략 수행의 모범적인 사례로 들 수 있는 ADP나 프로그레시브 보험이 이런 범주에 속한다.

이견이나 자율성이 높은 산만한 사업들을 처리할 때, 휴머니즘과 독재성을 겸비한 지도자들은 자기 조직과 직원을 자극하고 독려해서 돌파 작업에 가속도를 붙인다. 이런 접근 방식을 정식화한 아메리칸 스탠더드는 2년 만에 돌파 프로그램을 완수했다. 반면에 비슷한 프로그램을 추진하던 캐터필러는 여러 해 동안 힘겹게 씨름해야 했다. 아메리칸 스탠더드는 감독과 훈련 그리고 인간적인 리더십 형성에 많은 투자를 했고, 이것이 좋은 결과를 낳았다. 휴머니즘과 독재성을 겸비한 지도자였던 IBM의 루 거스트너 역시 돌파 전략을 신속하고 성공적으로 수행한 사례로 꼽힌다. 오랫동안 직원에 대한 투자를 아끼지 않았던 것이 IBM의 놀라운 변신에 가장 큰 기여를 했다고 볼 수 있다. 그럼 여기서 이렇게 결론을 내리자. 독재성은 돌파 전략의 리더십에 본질적인 요소이고, 휴머니즘은 돌파 전략의 수행을 가속화하는 요소이다, 라고.

우리가 목격한 가장 참담한 실패는 포드 자동차의 사례이다. 나는 자크 낫세르가 훌륭한 돌파 전략 지도자임을 깨달았다. 캄포리스처럼 낫세르도 근동近東 지역에서 태어났고, 포드의 지사에서 일하다가 1990년대 중반에 포드의 최고경영자로 선임되었다. 그는 포드의 운영 전반에 관해 엄청나게 많은 걸 알고 있었고 자동차에 대한 열정도 컸다. 또 포드의 전망에 대해 야심만만한 계획을 가지고 있었으며 이걸 실천에 옮겼다. 포드의 운영 체제를 현대화하고 세계화하기 위해 핵심적인 프로그램들을 실행했다.

이 사업들은 정교하고 정확하게 고안된 것이었다. 포드라는 거대 조직을 설득하고 준비시키고 훈련시키는 데 엄청난 노력이 들었다. 그리고 적절한 자원 및 인력이 간부 조직의 지원하에 배분된 가운데 우선순위가 높은 여러 개의 사업들이 착수되었다. 새롭게 눈을 뜨는 조직의 간부들 중 많은 사람들이 이 사업에 열정을 불태웠다. 그 결과 핵심적인 운영 과정을 새로 도입하고 세계화하는 데, 새로운 제품을 출시하는 데, 그리고 포드 브랜드를 새로 구축하는 데 괄목한 만한 성과가 나타났다.

그런데 이와 동시에, 낫세르는 GE의 사례를 모범으로 삼아 업무 수행과 관련해서 새로운 제도를 실시했다. 업무 수행의 등급을 매기고 하위 10퍼센트를 강제로 퇴직시키는 것이었다. 하지만 이러한 제도는 포드의 전통적인 기업 문화로 볼 때 받아들일 수 없을 만큼 지나치게 가혹한 것이었다. 조직에 '우리와 그들'이라는 이분법이 나타나기 시작했다. 결국, 이 제도와 관련해서 포드가 입은 조직적·문화적 상처는 거센 역풍을 몰고 왔고, 이는 마침내 낫세르의 퇴진으로까지 이어져 포드 내에서 일기 시작한 변신의 시도는 사그라들고 말았다. 포드의 경우, 보다 인간적인 접근 방식을 채택했더라면 더 나은 결과가 있었을 것이다.

드넓은 선善을 생각하라

위대한 사람들 곁에 함께 있다는 건 아주 커다란 행운이자 특권이다. 많을 걸 배울 수 있기 때문이다. 특히 그들이 가는 길고 힘든 여행의 초기 단계에서라면 더욱 그렇다. 이렇게 운이 좋았던 경우가 바로 리조트 콘토미니엄스 인터내셔널(RCI)의 공동 설립자인 크리스텔드 한과의 만남이다. RCI는 휴가 시설을 교환해서 공동으로 사용하는 사업과 시장을 최초로 개척한 고도로 개혁적인 기업이다.

크리스텔은 10대에 미국으로 이주해서 비서로 처음 일을 시작했다. RCI의 공동 설립자로서 그녀는 이 회사가 처음 애송이에서 오로지 열정 하나를 밑천으로 힘들게 헤쳐왔던 그 힘든 시간을 잘 기억하고 있었다. 크리스텔은 RCI의 잠재적인 가치를 예견하고 동반자에게서 모든 지분을 매입해서 단일 소유주이자 최고경영자가 되었다. 그녀는 새로이 성장하는 그 분야 시장의 지배자가 되기 위한 전략을 세웠다. 그리고 성장과 시장 주도권을 확보하기 위해 앞선 기술과 시스템에 많은 투자를 했다. 바로 이 시기에 우리는 크리스텔과 함께 일하면서, 그녀가 보여준 열정과 겸손함에 놀라고 또 지칠 줄 모르는 정력에 놀랐다. 숱한 날, 밤 아홉 시가 되어서야, (혹은 아홉 시가 제법 지나고 나서야), 크리스텔은 이렇게 말했다.

"친구들! 아홉 시가 지났는데 서녁 먹으러 갈까요, 아니면 계속 일을 할까요?"

그녀는 이 질문을 너무도 진지하게 했다. 저녁을 먹은 뒤에 그녀는 다시 일을 하러 간다고 했지만 우리는 그녀를 말리곤 했다. 하지만 RCI의 간부 조직은 RCI 전략을 세우고 집행하는 동안에는 새벽부터 밤늦게까지 하루 종일 일을 했다. 1990년대 말, RCI는 연 수익 2억 달러를 돌파했다. RCI가 센던트에 매각된 이후에 크리스텔은 새로운 사업에 열정을 쏟았다. 제3세계의 고아들을 포함해서, 고아들에게 교육과 의료 기회를 지원하는 중심 단지를 여러 개 만들고 이들을 네트워크로 연결하는 일이다. 현재 수십 개의 '크리스텔 하우스'가 전 세계에서 수천 명의 고아들을 지원하고 있다.

외국인인데다 정식 교육을 받지도 않았지만, 그녀 연배에 그녀만큼 성공한 여성 최고경영자는 없었다. 성공한 모든 돌파 전략 지도자들이 그랬던 것처럼, 그녀도 목표를 높이 잡았고, 열심히 일했고, 자기 팀에 동기를 부여했다. 그녀가 보여준 리더십이 다른 사람들의 리더십보다 특히 돋보이는 부분은, 직원과 간부들 더 나아가 그녀의 회사가 이끌고 봉사했던 주변 공동체에 그녀가 독특하고도 진정한 방식으로 애정을 쏟았다는 사실이다. 위대한 지도자는 드넓은 선을 이루기 위해 애쓴다.

고위 간부의 위치는 회사의 이익과 관심에 가장 예민하게 반응하게 마련이다. 그들은 무엇이 최우선인지 그리고 협동 혹은 함께 한다는 게 얼마나 큰 가치를 일구어내는지 누구보다도 잘 알고 있다. 드넓은 선에 초점을 맞추는 건 최고의 돌파 전략 지도자의 기본적인 특성이다. 그리고 이는 대부분의 회사에서 새롭게 떠오르는 차세대 지도자들이 점차 더욱 중요하게 생각하는 덕목이기도 하다. 이런 관점을 잃지 말고, 어떤 결정을 내리든 항상 이 관점에 입각하라.

그럼 여기서 보다 근본적인 문제를 생각해보자. 드넓은 선을 생각하라는 말은, 조직의 하부 단위에 있는 지도자가 자기 조직 단위의 우선순위만 생각하는 것과 무엇이 다른가? 똑같이 비판을 받아야 하는 게 아닌가? 기업의 통합성을 희생하기는 둘 다 마찬가지 아닌가? 최고의 돌파 전략 지도자들은 보다 폭넓게 생각한다. 이들이 고객의 입장을 최우선으로 생각한다는 사실은 분명하다. 프로그레시브의 피터 루이스는 그러지 않아도 되는데 굳이 3천만 달러라는 돈을 고객에게 투자하면서 그 이유를 다음과 같이 설명했다.

"우리는 고객에게 투자하면서 그 돈이 어떤 수익을 가져올지 생각하지 않았습니다. 우리는 다만 고객을 위해서 그렇게 해야 한다고 느꼈을 뿐입니다."

ADP의 존 골딩도 자동차 보험의 전 부문 구성원들에게 이익이 되게끔 사업의 초점을 맞추었다. 크리스텔 드 한 역시 유가 시설 공유 시장이라는 확장된 공동체에 소속된 사람들을 모두 가족처럼 여겼다. 최고의 돌파 전략 지도자들은 주주뿐만 아니라 보다 확장된 시장 공동체, 나아가 사회 전체를 생각한다.

하지만 이러한 원칙도 이윤 창출을 추구하는 기업으로서는 수익성으로 뒷받침되어야 한다. 수많은 돌파 전략 지도자와 기업이 보다 확장된 공동체를 위해 일했다. 디깃은 순수익의 5퍼센트를 지역 사회에 기부함으로써 기업의 지역 사회 공헌이라는 새로운 길을 닦았다. 세계 최고의 기업을 목표로 하고 있는 타깃은 다섯 가지 구체적인 목표를 가지고 있다. 이 가운데 하나가 지역 사회 개발에 이바지하는 데 세계 최고가 되겠다는 것이다.

마노 캄포리스나 크리스텔 한 같은 지도자들이 기업 경영의 일선에서 물러나 사회봉사 활동에 전념하고 있다는 사실을 눈여겨볼 필요가 있다. UTi 월드와이드의 이사장인 타이거 베셀스는 남아프리카 공화국의 흑인 권익 투쟁과 교육 사업을 회사가 지원한다는 사실을, 기업 활동을 통해 기대한 만큼 수익을 창출한다는 사실 못지않게 자랑스럽게 여긴다. 드넓은 선을 생각하고 실천하는 건 최고의 돌파 전략 지도자들이 가져야 할 핵심적인 요건이다.

ADP(ACS의 사업 단위) : 대규모 데이터베이스와 수리비 산정 도구, 휴대용 전송 장치, 정비 공장 관리 그리고 부품 확보를 위한 네트워크 등을 도입해서, 자동차 보험의 고객 청구 처리 과정에 혁신을 일으켰다.

BC 시스템스(캐나다) : 공공 부문에서의 온라인 서비스를 개척해, 비용을 획기적으로 줄이면서도 고객 서비스의 품질은 높였다. 지금은 캐내디언 크라운으로 이름을 바꾸었다.

CR 잉글랜드 : 트럭 운송업에 종사하던 이 회사는 '정보 경영(MBI)' 시스템을 도입해서 운송 능력과 안전성 그리고 적시適時 운송 능력을 획기적으로 개선했다. 또한 온라인으로 고객과 연결하는 시스템을 구축해서 고객 만족도를 높이는 동시에 비용을 줄였다.

EMC : 이 회사는 세 개의 돌파를 연속적으로 이루어냈다. 하나는 네트워크 스토리지의 표준을 만듦으로써 이 분야의 주도권을 잡았고, 두 번째는 개방형 스토리지 시스템을 도입하는 것이었고, 세 빈째는 스토리지 에어리어 네트워크(광 저장장치 영역 네트워크)를 도입하는 것이었다.

IBM : 전자 상거래 부문 시장에서 주도권을 잡고 서비스와 솔루션 분야에 초점을 맞추는 걸로 변신에 성공함으로써 빅 블루의 영광을 되찾았다.

JC 페니 : 이 회사는 소리도 없이 미국 최대의 주문형 다이렉트 마케팅 회사로 성장했다.

MANCO : 작은 기업이었음에도 불구하고 다른 기업에 인수되기 전까지, 유통 경로와 고객 관리 그리고 거래 행위에 기준 원가 관리(activity based costing, 각종 간접비 부문을 '구매-제조-판매-유통'의 활동별로 추적함으로써 되도록 정확하게 원가를 뽑아내자는 기법 – 옮긴이) 영역을 개척해서, 판매비 및 일반 관리비의 간접원가를 매출액의 11퍼센트 수준까지 줄였다.

Mrs. 필드 쿠키 : 자체 개발한 소매점 운영 관리 시스템인 ROI를 상업화했다.

RCI : 센던트에 인수되기 전, 휴가 시설을 교환해서 공동으로 이용하는 사업을 개척하고 이 분야 시장을 지배했다.

TRW : 엑스페린에 인수되기 전까지, 'TRW 정보 서비스'는 10억 달러 규모의 정보 서비스 시장으로 빠르게 성장했다.

US 웨스트 : 원래 벨(Bell)사의 지역 기반 지사였는데, 퀘스트에 인수되기 전까지 광역 패키지 소비자 서비스 분야에서 놀라운 속도로 성장했다.

USAA : 핵심 고객들에게 확장된 추가 상품들을 판매하는 전략을 지원하기 위해서 기업 정보 기반과 핵심 처리 과정을 통합했다.

UTi 월드와이드 : 소규모 수취인 지불 화물 운송 회사였지만 지금은 전 세계에 네트워크를 구축하고 통합적인 물류 관리 서비스 부문에서 무서운 속도로 성장하고 있다.

노텔 : 이 회사는 아날로그 기반에서 디지털 기반으로 성공적으로 변신했고, 지금은 전통적인 전화, 정보 제공 기술 그리고 광학 분야의 통합을 선도적으로 이끌고 있다.

뉴브런즈윅 텔(지금의 일리안트) : 지방의 작은 전화 회사지만, 통합 전자 서비스를 선도하며 전자 생활의 미래상을 제시함으로써, 세계에서 가장 앞선 기업으로 꼽힌다.

다솔트 시스템스 : 프랑스의 항공 회사에서 CAD/CAM 도구와 시스템 분야의 시장 지배자가 되었다.

다이에이 : 세계 최대의 잡화 소매 기업 자리를 놓고 월마트와 치열하게 경쟁. 소매 신용카드와 소매 금융 서비스 부문을 개척했으며, 고객 서비스를 다각화했다.

델 컴퓨터 : 개인용 컴퓨터 시장에서 주도자의 위치를 장악하기 위해서 인터넷을 통한 직접 판매망 그리고 대량 주문 제작 방식을 도입하는 돌파 전략을 성공적으로 이끌었다.

도요타 자동차 : 재고 상태를 최소로 줄일 수 있는 즉시 공급(JIT, Just In Time) 생산 방식, 끊임없는 개선, 그리고 생산 가능한 설계 등의 핵심적인 원칙을 지킴으로써 꾸준히 성장했고, 조립식 주택 사업이나 항공 산업까지 확장해 들어간다.

레비스트로스 : '레비링크 시스템'으로 바코드 사용을 개척해 의복의 재

고 관리 능력을 획기적으로 개선했다. 이로 인해 소매점에서는 재고 혹은 품절에 대한 경제적 부담을 덜 수 있었다.

로건 알루미늄 : 이 회사의 '테크니컬 어플리케이션 시스템'은, 생산 과정의 수백 개 데이터 지수를 실시간으로 통계적 공정 제어 장치와 결합함으로써 알루미늄 산업에서의 품질 기준을 획기적으로 개선했다. 그리고 제품의 정밀도와 공급망 통합에서도 새로운 기준을 만들었다.

로열 뱅크 오브 캐나다 : 현재 세계 최고의 기술 기반을 갖춘 은행이라는 평가를 받고 있으며, SRF 시스템을 도입해서 모든 고객의 정보를 통일하고 고객 서비스를 지원한다. 사업 정보 시스템의 선구자이다.

로젠블루스 트래블 : 작은 여행사지만 모든 항공사의 컴퓨터 예약 시스템을 정보 기반으로 통합, 여행 관련 상품을 아웃소싱함으로써 50억 달러의 매출액을 기록했다.

마이크로 J : 이 작은 회사는 통합 신규 채용 관리 시스템과 데이터베이스로 온라인 신규 채용 시스템을 최초로 도입했다.

머빈스 : 물품의 구매에서 진열 및 판매에 이르는 과정을 혁신적으로 개선함으로써 수익성을 개선했다.

모토로라 : 무선 웹 서비스 분야에서 주도권을 잡기 위해 공격적인 노력을 펼쳤다.

바클레이스 뱅크(영국) : 고객 정보를 한데 모으고 정보통신의 하부 구조를 구축, 통합적인 서비스를 제공함으로써 개인 은행 업무 분야를 개척했다.

베테랑 호스피털 : 우리는 이 병원이 확보한 '베테랑 호스피털 관리망(VHA)'이 미국에서 가장 혁신적인 건강관리 망임을 확인하고는 깜짝 놀랐다. VHA는 고객을 여러 기준으로 분류하고 병이 발생하기 이전에 가능한 위험을 미리 알려주는 혁신적인 고객 관리 시스템이다. 또한 VHA는 네트워크를 통해서 최고 수준의 일반 개업의와 자료를 공유하고 있다.

본스 : 잡화 소매업에서 선진 기술과 공정 관리를 개발하고 도입했다. 1996년 세이프웨이가 인수했다.

블루 크로스 블루 쉴드 오브 미주리 : '건강관리 X체인지' 시스템으로 온라인 지원 서비스 부문을 개척했다.

사우스웨스트 항공 : 운영과 인적 자원 관리 부문에서 혁신을 이룩함으로써 지방의 변변찮던 기업에서 항공 운송 시장의 지배자로 우뚝 섰다.

선 마이크로시스템스 : 우리는 이 회사와 1990년대 초반부터 중반까지 공급 부문의 전자 상거래 규모를 늘리기 위해 컨설팅 작업을 했다. 초기에 이 돌파 전략은 상당한 성공을 거두었다. 하지만 이것은 이 개척자가 인터넷 혁명의 핵심 기업으로 변신한 데 힘입은 바가 컸다.

시게이트 : 탄력 있는 이 디스크 드라이버 생산업체는 줄곧 시장의 주도권을 유지하고 있다. 이는 끊임없는 혁신, 즉 기민한 연구·개발, 빠른 생산 설비 증설과 감축, 그리고 품질 관리 능력이 있었기 때문에 가능했다.

아마존 : 최초의 온라인 소매 기업. 서적 판매 부문에서 시장을 주도하며, 일반 잡화용품으로 확장해나가는 중이다.

아메리칸 스탠더드 : 전 세계의 공장을 대상으로 '수요 흐름 기술(DFT)'을 실시해서 재고 회전율을 네 배로 늘리고, 주문에서 물품 인도까지의 기간을 90퍼센트 단축시키며, 품질을 높이는 동시에 비용을 줄였다.

아메리칸 항공(Sabre) : 정보 서비스의 가능성을 최초로 인식한 기업 가운데 하나. 독립적인 사업 단위 트레블로시티를 통해 웹에 기반을 둔 여행 상품 시장에서 주도적인 위치를 확보했다.

월마트 : 이 유명한 잡화 소매 기업은, 새로운 공급사 재고 관리(vendor-managed inventory)와 유통상의 주도권을 통해 물품의 조달과 공급의 효율성에서 최고 수준의 기술을 보유하고 있다.

인터마운틴 헬스 케어 : 선도적인 건강관리 업체로서 HELP 시스템을 도입해서 정보화된 의료 관리를 지원했다.

인포캘리포니아 : 초기의 공공 부문 프로그램으로서 건강과 복지, 취업 등에 관한 정보를 실수요자에게 제공하기 위해 온라인 서비스를 활용하게끔 설계되었다.

찰스 슈왑 : 할인 증권 위탁업을 하던 중 인터넷 기반 주식 거래 및 금융 서비스 부문을 개척함으로써 틈새시장에서 핵심 시장으로 진출했다.

캐터필러 : '미래가 있는 공장(PWAF)' 프로그램을 통해서 주문에서 납품까지의 기간을 90퍼센트 단축했고, 불량률을 줄여 배상 보증금 지급을 40퍼센트 줄였다. 또 공장의 건평을 줄이면서도 생산 능력을 두 배 가까이 높였으며, 새로운 사업 단위인 캐터필러 로지스틱스를 세웠다.

컨트리와이드 크레디트 : 주택 담보 대출 관련 처리 과정을 한 사람이 처리할 수 있도록 획기적으로 바꾸었다. 이는 앞선 기술을 도입하고 업무 내용을 개선해 핵심 과정을 통합하고 혁신함으로써 가능했다. 이러한 혁신의 결과, 대출 신청에서 승인까지 걸리는 시간을 90퍼센트 단축했으며, 대출 한 건당 비용도 80퍼센트 감축했다. 고객 서비스의 품질을 한층 높인 건 두말 할 필요도 없다. 이런 혁신을 통해서 이 회사는 3년 만에 대출금이 20억 달러에서 500억 달러로 증가하며, 주택 담보 대출 시장을 주도하기에 이르렀다.

케이블 & 와이어리스 : 최상의 고객 서비스와 청구서 발송 시스템을 개발했으며, 업계 최고의 고객 장기 유치율을 기록했다. 지금은 인터넷 서비스 사업 분야에서 주도적인 위치를 차지하려고 노력중이다.

타임스 미러스 북 : 이 출판사는 일련의 돌파 전략을 수행해서 디지털 제작 체계를 확보하고, 주문형 교과서를 출판하며, 온라인 서비스를 확대했다. 나중에 맥그로힐에 인수되었다.

토토 : 일본의 화장실 설비 생산업체로 인공 지능 화장실과 '환경 사업'의 세계로 쇄도해 들어간다.

프랑스 텔레콤(미니텔) : 최초의 공공 부문 온라인 서비스를 한 이 회사는 인터넷의 힘을 시연試演했다.

프로그레시브 보험 : 이 보험 회사는 고객이 청구를 한 시점에서 문제를 해결하는 데까지 걸리는 시간을 놀라울 만큼 단축함으로써 비용을 절감하고 고객 만족도를 높였다. 이런 혁신 작업을 통해서 자동차 보험업계에서 빠르게 성장했다.

프리미어 프로페셔널 서비시즈 : 존슨 & 존슨에서 나온 사람들이 고도로 정교한 인간 관계 관리 시스템을 개발했다.

플레인스 코튼 : 지금도 여전히 잘 알려져 있지 않은 이 회사는 세계 최
초로 전자 시장을 열어 면화 시장에 혁명을 불러일으켰다. 지금은 미
국 최대의 면화 시장이 되었다.

필립스 페트롤늄 : '필립스 비즈니스 인포메이션 시스템'은 재고량, 가격
그리고 석유화학 제품 관련 자료 등의 정보를 실시간으로 현장의 의
사결정권자에게 제공했다. 이렇게 함으로써 1년 만에 총자본 이익률
을 두 배로 끌어올렸다.

부록 2 | 돌파 기업의 주가 변동

기업	7월 1일 주가				수익률		
	1993	1998	2002	2003	1년	5년	10년
ADP	12.13	36.94	42.21	34.29	−18.76	−7.17	182.7
EMC	1.32	10.96	7.08	10.56	49.15	−3.65	700.0
IBM	34.6	58.38	67.60	83.59	23.65	43.18	141.6
JC 페니	12.31	71.25	20.86	16.62	−20.33	−76.67	−35.0
UTi 월드와이드	N/A	2.10	20.10	31.33	55.87	1205.4	N/A
노텔	3.31	14.02	1.47	2.9	97.28	−79.32	−12.39
다솔트 시스템스	15.5	48.88	44.50	32.38	−27.24	−33.76	108.9
델	0.29	23.48	25.18	31.92	26.77	35.95	10907.0
도요타	29.38	52.44	52.00	52.23	0.44	−0.4	77.77
로열 뱅크	11.62	30.59	34.46	42.71	23.94	39.62	267.5
모토로라	13.94	17.64	14.3	9.57	−33.08	−45.75	−31.35
사브르	31.62	37.19	24.05	24.99	3.90	−32.8	−20.97
사우스웨스트	5.83	8.96	15.43	17.13	11.02	91.18	193.8
선 마이크로시스템스	.92	5.37	4.72	4.79	1.48	−10.8	420.7
시게이트	N/A	N/A	11.25	19.5	73.33	N/A	N/A
아마존	N/A	19.02	13.55	37.25	174.9	95.85	N/A
아메리칸 스탠더드	N/A	45.00	74.93	74.03	−1.20	64.51	N/A
월마트	12.68	30.25	54.40	54.35	−0.09	79.67	328.6
웰스 파고	13.49	38.56	49.33	50.71	2.79	38.56	275.9
찰스 슈왑	1.38	7.72	11.00	10.39	−5.54	34.59	652.9
캐터필러	18.50	53.94	48.00	54.74	14.04	1.48	195.9
컨트리와이드	20.17	52.31	48.86	69.85	42.96	33.53	246.3
퀄컴	3.74	7.02	26.43	36.04	36.36	413.4	863.6
타깃	4.13	25.00	36.75	37.62	2.36	50.48	810.9
프랑스 텔레콤	34.6	71.25	11.23	24.54	118.5	−65.56	−40.99
프로그레시브 보험	10.29	51.25	57.22	73.96	28.91	43.92	616.8
돌파 기업 평균					26.21	104.67	765.9
다우존스 지수	3510.53	9048.67	9109.79	9040.95	−0.756	−0.085	157.5
나스닥 지수	703.58	1914.6	1403.8	1641.77	16.95	−14.25	133.3

출처 : Annual Reports, NASDAQ.COM

NOTES

1장

1. "Akers Cracks Down on IBM's Managers," from Associated Press, *Los Angeles Times*, May 30, 1991, p.D13.
2. Source for Progressive's 1990 auto insurance market share : share of earned premiums, National Underwriter Property & Casualty/Risk & Benefits Edition, special report on auto and personal lines, April 15, 1991. Source for 1999 market share : share of net premium written, A.M. Best Co., *BestWire*, March 21, 2000.
3. Aliant Corporation 2000 Annual Report.

2장

1. Ira Sager, "Gerstner on IBM and the Internet," *Business Week*, Dec. 13, 1999, p.EB40.
2. Ira Sager, "We Won't Stop... Until We Find Our Way Back," *Business Week*, May 1, 1995, p.116.
3. Sager, "Gerstner on IBM."

3장

1. Katherine Hobson, "Kohl's Promises Big Things as Big Boxes Push into Northeast," TheStreet.com, March 2, 2000.
2. Jagdish Sheth and Rajendra Sisodia, *The Rule of Three*, The Free Press, 2002.
3. Barbara Bowers, "Putting on the Squeeze," Best's Review, Property/

Casualty Edition, August 1999, p.53.

4. David Harkleroad, "Pneumatiques Michelin 1B." *In Managing the Global Corporation : Case Studies in Strategy and Management*, William Davidson and Jose de la Torre, editors. New York : McGraw Hill, 1989.

5. *Managing the Global Corporation*, op. cit.

6. Ron Shinn, "Through the Wringer at Goodyear," *New York Times*, May 24, 1981, p.3.

7. "Sumitomo Rubber, Goodyear Sign Global Alliance Deal," *Japan Weekly Monitor*, Feb. 8, 1999.

4장

1. "Solid Worldwide 3Q 2000 PC Demand with 18.5% Unit Growth," IDC news release on second quarter 2000 PC sales, Sept. 7, 2000. Company news release : "Dell Takes No. 1 Spot in Worldwide Workstation Shipments," Aug. 21, 2000. "Y2K Didn't Slow PC Server Sales in 1999, IDC Reveals," International Data Corporation news release, Feb. 2, 2000. "Explosive Small Business PC and Server Purchases Via the Internet Channel Propel Direct Vendor Gains," Access Markets International news release, Sept. 11, 2000.

2. For a discussion of these generic breakthrough strategies, see S. Davis and W. Davidson, *2020 Vision*, Simon and Schuster (New York), 1992.

3. Leah Nathans Spiro, "Merrill's E-Battle," Business Week Online, Nov. 15, 1999, cover story.

4. "Discount Brokerage Firms Agree to Merge," *New York Times*, June 18, 1981, p.D-4.

5. "US Banks Invade Brokerage Business but "Bull" Sees No Red Flag, So Far," *Christian Science Monitor*, July 26, 1982, p.10.

6. "The Changes in Discounting," *New York Times*, July 10, 1981, p.D-8.

7. From company PR materials.

8. Schwab news release, PR Newswire, Jan. 19, 1999.

9. David Wanetick, "Online Brokerage Frenzy Threatens Banks," *Web Finance*, June 7, 1999, p.9.

10. "Online Brokerage Storms Back after Poor Third Quarter," US Bancorp Piper Jaffray news release, Feb. 2, 2000.

11. Jeff Pelline, "Red Ink Flows at SF's First Nationwide," *San Francisco Chronicle*, July 26, 1991, p.C1.

12. Michael Flagg, "Pasadena Lender Thrives in Sluggish Housing Market," *Los*

Angeles Times, April 27, 1993, p.D2-33.

13. Edmund Sanders, "To Assure Customers They're Real, Virtual Banks Are Getting Physical," *Los Angeles Times*, Aug. 6, 2000, p.C1.

14. William Streeter, "E-commerce Killer," ABA Banking Online, January 2000, www.ababj.com.

15. Patrick McGeehan, "Banks Are Slow to Move Online, But So Are Their Customers," *New York Times*, June 7, 2000, p.H6.

16. Kenneth Cline, "Mobilizing for E-Strategy," *Banking Strategies*, March/April 2000.

17. Jason K. Krause, "Wells Fargo and the Wild, Wild Web," TheStandard.com, Feb. 17, 2000.

18. "Online Banking is Exceeding Forecast," *Cincinnati Post*, Nov. 29, 1999.

19. Kenneth Cline, "Mobilizing for E-Strategy," *Banking Strategies*, March/April 2000.

20. Kenneth Cline, "Mobilizing for E-Strategy," *Banking Strategies*, March/April 2000.

21. "First Among Equals," *The Economist*, U.S. edition, Aug. 26, 2000.

5장

1. Lori Liggett, "The Founders of Sears, Roebuck & Company," in *1890s America: A Chronology*, American Culture Studies department, Bowling Green State University Web site, 1997.

2. Statistical Service Center, Association of American Publishers, Feb. 16, 2000.

3. Joann Muller, "Can Borders Turn the Page?" *Business Week*, April 3, 2000, p.75.

4. Based on trends for department store sales volume from the U.S. Department of Commerce Bureau of the Census, 1992-1997.

5. Theodore Levitt, "Marketing Myopia," *Harvard Business Review*, July-Aug. 1960, p.45.

6. R. Mauborgne, Creating New Market Space, *Harvard Business Review*, Jan. 1999, p.83.

7. Maury Wright, "The Disk Drive: Winner and Still Storage Champion," InfoAccess, Jan. 21, 1999.

8. See Christensen, Clayton M., *The Innovator's Dilemma: When New Technologies Cause Great Firms to Fail*, Harvard Business School Press, Cambridge, 1997, for a discussion of the disk drive industry.

9. Peter Nulty, "Big Memories for Little Computers," *Fortune*, Feb. 8, 1982, p.50.

10. "The Disk-Drive Boom Has Suppliers Spinning," *Business Week*, Feb. 6, 1984, p.68.

11. Brian O'Reilly and Lynn Fleary, "How Tom Mitchell Lays Out the Competition," *Fortune*, March 30, 1997, p.90.

12. Lawrence M. Fisher, "Seagate Trips, Industry Cringes," *New York Times*, Aug. 23, 1988, p.D-1.

13. "Happy Days Again For Hard Disk Makers," *Investor's Business Daily*, May 20, 1994, p.A3.

14. Brian Deagon, "Executive Update; Competition," *Investor's Business Daily*, Oct. 22, 1993, p.4.

15. Seagate 1995 Annual Report.

16. Peter Elstrom, "Why More Mergers May Hit Splintered Disk-Drive Field," *Investor's Business Daily*, Oct. 5, 1995, p.A8.

17. David McKendrick, "Hard Disk Drives," in *U.S. Industry in 2000: Studies in Competitive Performance*, 1999, The National Academy Press, pp.287-328.

6장

1. Neal St. Anthony, "Honeymoon's Over," *Minneapolis Star Tribune*, July 9, 2000, p.1D.

2. Milt Freudenheim, "Fiercer Aetna Sets Its Sights on Dominating Health Care," *New York Times*, Dec. 14, 1998, p.C1.

3. "Shareholder Settlement to Cost Aetna $82.5M," *New York Daily News*, Sept. 27, 2000, p.37.

4. Porter, M. E., "From Competitive Advantage to Corporate Strategy," *Harvard Business Review*, May/June, 1987, pp.43-49.

5. *McKinsey Quarterly*, Winter, 1998, No. 1, pp.56-66.

6. M. A. Donnellan, W. Likhit, and D. J. Price, Foresight on the Web Newsletter, PricewaterhouseCoopers, January 1999, http://www.indiainitiative.com/foresightnew/jan1999/fsindex.htm

7. R. N. Ashkenas, L. J. DeMonaco, and S. C. Francis, "Making the Deal Real: How GE Capital Integrates Acquisitions," *Harvard Business Review*, Jan.-Feb., 1998, pp.165-177.

8. A. Reinhardt, "Meet Cisco's Mr. Internet," *Businessweek Online*, Sept. 13, 1999, http://www.businessweek.com

9. G. Donnelly, "Acquiring Minds: Cisco and Lucent Buy into the Telecom

Revolution with Strategies that Clash—and Converge," *CFO Magazine*, Sept. 1999.

10. Clayton M. Christensen, *The Innovator's Dilemma: When New Technologies Cause Great Firms to Fail*, Harvard Business School Press, Cambridge, 1997.

11. Schwab 1998 Annual Report.

7장

1. Transforming Globally-Integrated Manufacturing, MESA Research Report, May 1993.

2. op.cit.

3. James C. Collins and Jerry I. Porras, *Built to Last*, Harper Business (New York), 1994.

8장

1. Jim Collins, *Good To Great*, Harper Business (New York), 2002.

2. Robert Pirsig, *Zen and the Art of Motorcycle Maintenance*, Corgi Books (London), 1974, p.206.

3. See Morgan W. McCall and Michael M. Lombardo, *Off the Track: Why and How Successful Executives Get Derailed*, Center for Creative Leadership, Technical Report No. 21.

4. Steve Pressfield, *The Tides of War*, Doubleday (New York), 2000, p.479.

저 | 자 | 후 | 기

이 책을 펴내면서 내가 인사해야 할 사람이 한두 명이 아니다. 먼저 IBM의 어드밴스드 비즈니스 연구소의 앨 바네스에게 감사 인사를 드린다. 앨은 이 책을 집필하는 동안 소중한 도움을 수없이 많이 주었다. IBM의 이사들도 많은 도움을 주었지만 그 가운데 특히 IBM 컨설팅의 최고 책임자였으며 나중에는 사이언트의 최고경영자가 된 밥 휴, 그리고 IBM 글로벌 서비스의 진니 로메티가 없어서는 안 될 도움을 주었다. 메사 리서치의 직원들에게도 감사의 말을 전한다. 이들 가운데 많은 사람들은 사우스 캘리포니아 대학의 마샬 경영대학 출신들이다.

또, 이들이 없었으면 결코 이 작업을 완성하지 못했을 만큼 큰 도움을 준 사람들이 있다. 초기의 여러 리서치 사이트에서 프리랜서로 일했던 척 리더베리를 필두로 해서 데이빗 플로레스, 크리스 리, 샌디 홈, 크리스 노블렛, 브레인 히모트, 그리고 내 동료인 론 허버트와 에릭 앤더슨이 그들이다. 웬디 오웬은 원고를 마지막으로 손질해주었다. 이 모든 이들의 도움을 소중하게 생각하고 있음을 기억해주길 바란다. 하지만 우리와 함께 자신들의 경험을 나눈 수많은 기업의 경영자와 이사들이 무엇보다 큰 도움을 주었다. 이 책에서 언급하고 있는 여러 기업들의 최고경영자 및 이사들에게 깊이 감사드린다.

이 책에서 언급한 회사와 인물들 외에 특히 US 웨스트의 솔 트루질로, 존 켈리, 수 팍스, 지금은 보케라의 최고경영자가 된 모토로라의 줄리 쉬머, 옐로 코포레이션의 빌 졸러스, 그레그 리드, 돈 바거, 셰브론 텍사코의 배리 레스킨, 모토로라의 짐 라이트, 브란치 오브 델로이트 & 터치의 빌 케이크와 브래드, BAE의 존 활렌과 그의 동료들, 그리고 지금은 골드만 삭스에 있는 스티브 커에게 고맙다는 말을 전한다.

그리고 내가 이런 생각을 하고 여기까지 성장하게 도와준 분들에게도 인사를 드리고 싶다. 학문적인 접근과 현실 사회의 적용이라는 두 영역에서 어떻게 건강하게 균형을 잡아야 할지 가르쳐준 하버드 비즈니스 스쿨의 은사 레이 버넌, 역시 하버드 비즈니스 스쿨의 테드 레비트, 독창적인 돌파 개념으로 기업 전략의 장을 새롭게 바꾼 마이클 포터, 에머리 대학교의 잭 쉐드, 다트마우스 턱 스쿨의 브라이언 퀸, 사우스 캘리포니아 대학교의 워렌 베니스, 제임스 콜린스 그리고 게리 하멜이 그 고마운 분들이다. 이 모든 분들이 전략과 리더십 분야에 놀라운 업적을 남겼는데, 내가 감히 바라는 게 있다면 이들 속에 내 이름도 나란히 올리는 것이다.

빌 데이빗슨

사물은 바라보는 태도에 따라서 의미가 달라진다는 사실은 누구나 잘 알고 있다. 물이 반쯤 채워진 컵을, 어떤 사람은 물이 반밖에 없다는 식으로 비관적·비판적으로 바라보고 어떤 사람은 물이 반이나 있다는 식으로 낙관적·긍정적으로 바라본다는 비유를 우리는 곧잘 한다. 그리고 어떤 중요한 결정을 내려야 할 때는, 그 결정을 뒷받침하기 위해서 위의 두 가지 태도 중 어느 한 가지를 선택한다. 하지만 이런 태도는 결정을 내릴 때마다 바뀌고, 또 바뀔 수밖에 없다. 환경은 끊임없이 변화하며 늘 새로운 결정을 요구하기 때문이다. 이런 변화 속에서 기업이 경영 목적을 달성하기 위해 채택하는 것이 바로 경영 전략이다. 저자는 경영 전략의 핵심이 '돌파(breakthrough)'라고 파악하고, 이 개념에 입각해서 기업이 성공적으로 살아남고 또 성장하기 위해서는 '돌파 전략'이 필수적이라고 제안한다.

기업은 유기체이다. 나서 성장하고 또 어느 시점에선가 소멸한다. 기업뿐만 아니라 기업을 둘러싼 환경, 즉 기술이나 경쟁 상황, 시장

등도 역시 유기체이다. 기업이 처한 내외의 관계와 조건은 끊임없이 변화하고 움직이는 것이다. 국내, 나아가 세계 시장에서 명멸해간 수많은 기업들이 이를 증명한다. 그렇다면, 영원히 성장하기를 원하는 기업이 있다면, 이 기업은 영생불사를 꿈꾸며 불로초를 찾던 진시황의 허망한 소망을 답습하는 것과 무엇이 다를까? 이 원초적인 질문에 대한 탐색이 바로 이 책이 추구하는 문제의식이다. 그리고 저자는 분명하게 말한다. 기업에게 영생불사의 불로초는 분명히 존재한다고. 또, 그 영약이 바로 '돌파 전략'이라고.

저자가 제시하는 틀은 간단하다. 시장에서 별 변화 없이 오래 머물며 노쇠한 기업이나 막 태어나 살아남을 수 있을지 지극히 걱정스러운 신생 기업을 '돌파'를 통해 '젊고 강한 육체'의 새로운 기업으로 변화시키는 것이다. 육체는 바뀌지만 성체싱은 바뀌지 않는 놀라운 기적이 일어난다. 판타지 문학이나 영화에서 자주 볼 수 있는 기법이다. 이 책은, 인간은 불멸을 이룰 수 없지만, 인간이 창조한 기업은 불멸을 이룰 수 있다고 강력하게 주장한다.

　IBM, 컨트리와이드, 아메리칸 스탠더드, HP 등 70여 개 이상의 기업을 대상으로 한 10년 동안의 연구와 컨설팅 노하우를 담고 있는 이 책은, 2003년까지의 생생한 자료를 동원해서 세계 최고의 기업들이 어떤 과정을 통해서 지금 그 자리에 올라섰는지 자세하게 보여준다. 이 책은 어떤 기업이 어떤 방식으로 '돌파'에 성공했으며, 또 어떤 기업이 어떻게 '노쇠한 육체'를 끌어안고 소멸해갔는지 수많은 사례들을 통해서 어떻게 하면 영생불사의 기적이 가능한지 설명한다.

　이 책의 장점은 단순히 '돌파 전략'이라는 직관과 이 직관에 입각해서 설명하는 성공과 실패의 사례에만 머물지 않는다. 기업을 둘러싼 환경의 변화를 파악할 수 있게 하는 도구, 변화하는 환경에 대한 대응력을 구비할 수 있게 하는 도구, 그리고 과감한 목표를 설정하고 이를 실천할 수 있게 하는 도구 등을 생산·판매·재무 등 기업의 모든 활동 영역에 걸쳐 제공한다는 점이 이 책의 가장 큰 미덕이다.

이 책이 제공하는 현실적이고 실천적인 제안은, 이 책이 사례로 다루고 있는 세계 굴지의 기업들 규모에 버금가는(혹은 그걸 목표로 하는) 기업에만 적용되는 게 아니다. 저자가 제공하는 '돌파 전략'이라는 방법론은 그야말로 방법론일 뿐이다. 이 방법론은 대기업의 경영 전략을 담당하는 사람에게 유용할 뿐만 아니라, 식당이나 문구점 등의 작은 사업체를 운영하는 사람에게도 동일하게 적용할 수 있는 것들이다. 가장 현실적인 태도로 가장 멀리 바라보며 자신의 사업체를 성장시키고 한 단계 높은 단계로 끌어올리려는 비전을 가지고 있는 사람이라면 누구나 이 책에서 자신이 필요로 하던 걸 발견할 수 있을 것이다. 많은 사람들이 '기적의 불로초'를 맛보길 기대한다.

2004년 4월

이 경 식

돌파경영
돌파전략

빌 데이빗슨 지음 / 이경식 옮김

1판 1쇄 발행 / 2004. 5. 1.
1판 2쇄 발행 / 2004. 5. 7.

발행처 / Human & Books
발행인 / 하응백
출판등록 / 2002년 6월 5일 제2002-113호

서울특별시 종로구 경운동 88 수운회관 1205호
마케팅부 6327-3537, 편집부 6327-3535, 팩시밀리 6327-5353
이메일 / hbooks@empal.com

값은 표지에 있습니다.

ISBN 89-90287-37-5 03320